国家社会科学基金项目（16BJY125）
国家社会科学基金项目（19CJY048）
黑龙江省博士后面上经费资助项目（LBH-Z19128）

中国零售业业态结构调整及空间网络优化研究

ZHONGGUO LINGSHOUYE
YETAI JIEGOU TIAOZHENG
JI KONGJIAN WANGLUO YOUHUA YANJIU

杨守德　著

中国财经出版传媒集团
经济科学出版社
Economic Science Press

图书在版编目（CIP）数据

中国零售业业态结构调整及空间网络优化研究／杨
守德著. —北京：经济科学出版社，2021.6
ISBN 978 - 7 - 5218 - 2658 - 6

Ⅰ.①中… Ⅱ.①杨… Ⅲ.①零售业 - 产业结构 - 研
究 - 中国 Ⅳ.①F724.2

中国版本图书馆 CIP 数据核字（2021）第 119221 号

责任编辑：孙怡虹　刘　博
责任校对：靳玉环
责任印制：王世伟

中国零售业业态结构调整及空间网络优化研究
杨守德　著
经济科学出版社出版、发行　新华书店经销
社址：北京市海淀区阜成路甲 28 号　邮编：100142
总编部电话：010 - 88191217　发行部电话：010 - 88191522
网址：www. esp. com. cn
电子邮箱：esp@ esp. com. cn
天猫网店：经济科学出版社旗舰店
网址：http://jjkxcbs. tmall. com
北京季蜂印刷有限公司印装
710×1000　16 开　15.25 印张　275000 字
2021 年 6 月第 1 版　2021 年 6 月第 1 次印刷
ISBN 978 - 7 - 5218 - 2658 - 6　定价：75.00 元
（图书出现印装问题，本社负责调换. 电话：010 - 88191510）
（版权所有　侵权必究　打击盗版　举报热线：010 - 88191661
QQ：2242791300　营销中心电话：010 - 88191537
电子邮箱：dbts@ esp. com. cn）

前　言

　　随着经济发展进入新常态，我国居民消费层次、结构、方式和理念正在发生深刻变化，这对零售业优化升级发展提出了新的要求。消费升级的方向是零售业调整和优化的重要导向，只有围绕消费市场的变化趋势进行投资、创新和布局，才能最大限度地提高零售服务的有效性，进而实现更有质量和效率的增长。当前我国零售业优化升级的突出矛盾在于业态创新转型和业态结构调整。

　　本书借助创新经济和产业组织理论，从零售服务供需动态平衡和技术创新的视角出发研究零售业态结构调整。详细论述了零售业态结构调整与零售业网络优化之间的互动机制，明确指出零售业态结构调整与零售空间网络优化之间具有"两位一体"的关联关系，两者是"零售服务创新"一个问题的两个方面。进一步地，从发展规模、经济贡献、经营绩效、商品结构和市场化情况等方面对零售业发展现状进行了深入分析。高度概括了当前我国零售业态结构发展的鲜明特征，即当前我国零售业正处在技术革新和业态结构调整的深刻变革当中，而这场变革又以网络零售业成熟发展为最鲜明的特征，实体零售与网络零售正在从冲突走向融合、从竞争走向互补，而网络零售将在这个过程中起到领导作用。此外，本书还深刻地阐述了零售业态结构调整面临的根本矛盾、主要矛盾和直接矛盾，并从经营规模、商品结构、售卖方式、服务功能和管理手段五个方面全面梳理了未来零售业态的发展趋势。

　　在借鉴评价技术创新活动"效率"和"质量"的分析框架基础上，综合考虑零售主体、客体和经济社会多方利益诉求，设计了一个包含盈利性、有效性、消费者满意和经济发展的业态结构调整原则体系，并且根据原则体系对业态结构调整的具体操作标准进行了实证量化。在对策建议的探寻方面，微观上借助豪泰林模型对新型零售业态布局的特点和趋势进行了博弈模拟；宏观上运用社会网络分析方法围绕零售业态结构调整对零售空间网络产生的潜在影响进行了量化分析。最后结合新型零售业态布局和零售空间网络优化存在的突出问题，坚持"供给侧调整"的优化思想以及"结构调整、创新驱动、协调发展、服务导向、市场配置"的优化原则，分别从区域、城乡、商圈和虚拟零售空间网络四个方面出发，探寻业态结构调整背景下我国零售空间网络优化的可行路径。

本书内容能够对处在创新转型和重新定位的实体零售企业，特别是实体零售企业当中百货店、购物中心、家居建材店和大型超市提供对策建议。还可以为亟待转型进入零售领域的批发企业和渠道商进行业态选择、空间布局和线上线下融合发展提供思路，为商务职能部门制定宏观调控政策提供科学依据。

杨守德

2021 年 3 月

目 录

第一篇　零售业业态结构调整及空间网络优化

第二篇　流通理论再认识与零售业态转型新逻辑

零售业业态结构调整及空间网络优化

第一章

导　　论

本书的研究目的在于通过理论和实证分析相结合的方式，借助定性和定量的分析方法，梳理制约我国零售业持续创新、协调发展的业态结构和空间布局因素，并探索解决以上问题的有效途径。

第一节　研究背景与目的

当前我国已进入消费需求持续增长、消费结构加快升级、消费拉动经济作用明显增强的重要阶段。随着经济发展进入新常态，我国居民消费呈现出从注重量的满足向追求质的提升、从有形物质产品向更多服务消费、从模仿型排浪式消费向个性化多样化消费等一系列转变。以传统消费提质升级、新兴消费蓬勃兴起为主要内容的"新消费"，蕴藏着巨大发展潜力和空间。消费升级的方向是零售业态调整和优化发展的重要导向，只有围绕消费市场的变化趋势进行投资、创新和布局，才能最大限度地提高零售服务的有效性，进而实现更有质量和效率的增长。

一、研究背景

（一）消费成为拉动经济增长最可靠动力，"新消费"引领"新零售"发展

我国已进入消费需求持续增长、消费结构加快升级、消费拉动经济作用明显增强的重要阶段。根据《中国统计年鉴》数据，2016 年全年我国共实现社会消费品零售总额 33.2316 万亿元人民币，同比增长 10.4%。截至 2016 年底，我国已经实现社会消费品零售总额连续 30 年稳定增长，并且每年仍然保持着较好的增长势头。与此同时，消费对经济增长的贡献率也不断提高，2014 年最终消费支出对 GDP 增长的贡献率首次超过了资本形成总额，2015 年这一数值升至 66.4%，2016 年稳定在 64.6%，接近于 2/3 的水平。

随着经济发展进入新常态，我国居民消费呈现出从注重量的满足向追求质的提升、从有形物质产品向更多服务消费、从模仿型排浪式消费向个性化多样化消费等一系列转变。以传统消费提质升级、新兴消费蓬勃兴起为主要内容的"新消费"，蕴藏着巨大发展潜力和空间。消费升级的方向是零售业调整和优化发展的重要导向，只有围绕消费市场的变化趋势进行投资、创新和布局，才能最大限度地提高零售服务的有效性、优化业态结构，实现更有质量和效率的增长。

（二）电子商务成为经济增长新引擎，网络零售进入全面发展和联动发展新时期

根据商务部发布的数据，2011～2015 年，全国电子商务成交金额从 6 万亿元增长到 21.8 万亿元。中国早已经成为世界上成交体量最大、增长速度最快的网络零售市场。与此同时，网络零售额也从 7500 亿元猛增至 3.9 万亿元，其中实物商品成交规模为 3.3 万亿元，所占比重为 84.6%，电子商务经济已经成为经济增长新引擎。随着电子商务发展进入平稳期，线下业务逐渐成为互联网新的增长点，例如阿里巴巴战略投资苏宁，京东集团投资永辉超市、收购 1 号店并与沃尔玛百货有限公司达成战略合作，互联网零售发展格局进入强强联合新阶段，电商在品牌、物流、服务等方面的较量也逐渐展开，电商物流农村化布局不断加快。

（三）"闭店潮"由百货商店向购物中心蔓延，实体零售创新转型迫在眉睫

根据中华全国商业信息中心公布的数据，2013 年全国一二线城市陆续出现中小型百货商店停业关店现象，而后发展到大型百货商店。2014 年以来，已有 40 家大型百货商店停业，其中不乏外资巨头。国内部分企业也开始调整，关闭了部分经营不善的门店并对其余门店进行阶段性整改。到目前为止，三四线城市也出现了同样的迹象，可见这一"闭店潮"已经成为全局性问题而非区域的、局部的问题。更为堪忧的是，购物中心也正在酝酿这种态势，目前我国已有购物中心近 4000 家，仍有数千家门店已被立项批准或即将竣工，可需要面对的一个事实是，据不完全统计将近一半的企业面临关闭的风险。长久以来，我国实体零售企业已经暴露出发展方式粗放、有效供给不足、运行效率不高等突出问题，实体零售发展面临前所未有的挑战。

（四）批发行业流通职能减弱，大量实体批发市场、渠道商涌入零售行业

我国批发市场经过多年的培育和发展已经形成了相对规范有序的商品市场体系，但有形批发市场流通职能正在不断弱化。一方面，在信息化浪潮的推动下，批发市场受到新兴业态与信息化的冲击；另一方面，在新型城市建设过程中，实体批发市场虽占据着关键的商圈位置，但发挥着十分有限的市场作用。可以预见到，数年内批发市场的发展将呈现"三分"的局势。一是一部分位置靠近市中心核心商圈的批发市场将关闭，二是一部分批发企业将涌入零售行业或以兼有零售服务的形式经营，三是一部分占市场支配地位的批发企业将探索线上与线下对接融合的方式提升批发服务专业化水平。大量实体批发市场、渠道商涌入零售行业如何进行业态选择和服务定位，成为各级政府部门、商务管理部门和批发商户必须面对的紧迫问题。

（五）统筹全国和局部流通资源、重新布局零售产业成为新型城镇化建设重要内容

网络零售的快速发展使得我国原来流通资源配置严重失衡的局面得到了显著改善。但与此同时，网络零售发展不平衡以及催生的相关业态创新、实体零售转型等问题又甚嚣尘上。合理规划零售业态、布局零售网点不仅关乎企业自身的生存发展，同时还涉及一个城市商业生态系统的构建。无论哪一种商业业态都需要考虑到其对应的商圈和市场规模，城市发展不能盲目追求所谓的城市地标性建筑和盲目遵从滞后的商业发展规划。从供给侧进行改革，科学合理地规划零售业态和布局零售网点将成为新型城镇化建设的重要内容。

二、研究目的

一是深入分析零售业态优化升级以及零售业态结构调整的本质过程。在产业组织理论分析框架下，借助豪泰林（Hotelling）博弈模型观察在消费者偏好变动的条件下零售商的最优选址活动，来模拟消费升级后零售商进行业态创新与选择的过程。

二是为零售业态结构调整确立原则和标准体系。零售业态创新转型和空间布局与居民消费便利、社会资源配置和底层社会就业改善息息相关，所以进行零售业态结构调整需要制定科学精准和可操作性强的标准体系，既要考虑"效率"又要兼顾"质量"。本书将从技术有效性和技术创新外部性两方面出发围绕"效率原则"和"标准原则"设计零售业态结构调整标准体系。

三是合理布局和优化我国零售空间网络。借助零售吸引力理论和社会网络分析方法，系统分析不同零售业态的零售吸引力差异，以及零售业态结构调整对"区域零售空间网络""城乡零售空间网络""商圈零售空间网络""虚拟零售空间网络"的不同影响，探索从以上四个方面优化我国零售布局。

四是总结当前政策环境对零售业态结构调整提出的客观要求以及未来有店铺零售、无店铺零售的内在发展趋势，分析在零售业态结构调整背景下中国零售业态空间网络优化存在的问题及可行路径。

第二节　相关研究综述

本书将零售业态创新转型的本质理解为零售企业为迎合消费需求变动所进行的零售服务创新，而将零售业态结构调整视为零售商实施差异化战略对零售业态创新和选择的结果。从这一视角出发，围绕创新理论、技术扩散与技术溢出、零售业结构调整和零售空间网络优化、零售吸引力等内容搜集、整理和阅读了大量国内外相关研究资料。这些研究成果对本书写作思路的形成起到了极大的启发作用，而且部分研究成果一定程度上直接或间接地验证了本书的观点，为本书的撰写奠定了坚实的基础。

一、关于零售业态演进的理论体系

纵观整个零售行业发展史，每一次业态创新或业态革命从酝酿到发生，再从兴盛到落寞，都有着一定规律可循。在对这些规律进行梳理和归纳的过程中发现，由于零售实践走在世界的前列，绝大多数学术观点多由欧美学者提出并逐渐发展成为理论体系，最具代表性的有："零售之轮"理论、"手风琴"理论、"真空地带"理论、"核心与周边市场"理论、"自然选择论"和"辩证过程论"等。其中影响最为深远、传播最为广泛的应属"零售之轮"理论，中西正雄（Masao Nakanishi）等学者在这一学术构想基础上又纷纷提出"新零售之轮"理论。此外，"核心与周边市场论"和"真空地带论"在原理上有着异曲同工之妙。我国学者金永生（1997）、周文仓（1999）、荆林波（2002）、赵萍（2006）对上述理论进行了详细梳理和对比，并对中国零售组织变革进行了前瞻分析。此外，吴小丁（1999，2001）翻译了中西正雄的相关著作，较早地尝试"新零售之轮"理论的推广使用，将相关模型与零售业布局和零售业态过度竞争研究相结合（见表1-1）。

表1-1 零售业态演进的理论体系

学 者	主要观点	
	零售业态演进理论	零售业态结构调整的思想
麦克奈尔（M. P. McNair, 1958）	提出"零售之轮"理论	业态创新、更替呈现周期变化，新业态以价格优势出现、以服务优势竞争，随优势的消失而退出
布兰德（E. Brand, 1963）和霍兰德（S. Hollander, 1966）	提出"手风琴"理论	零售业态经营范围和商品结构总在"综合—专业"之间循环
尼尔森（O. Nielsen, 1966）	提出"真空地带"理论	"真空市场空间"的存在为新型零售业态的产生提供可能
奥尔德森（W. Alderson, 1957）提出"核心与周边市场论"；德里斯曼（A. R. Dreesmann, 1968）提出"自然选择论"；马罗尼克和沃克（T. J. Maroniek & B. J. Walker, 1974）提出"辩证过程论"		
中西正雄（Masao Nskanishi, 1996）	提出"新零售之轮"理论	某一时期的技术水平限制了零售价格与零售服务水平的最优组合，越靠近技术边界线的业态越具竞争优势
金永生（1997）、周文仓（1999）、荆林波（2002）、赵萍（2006）	对欧美零售业态演进理论进行了详细梳理和对比，并对当时中国零售组织变革进行了前瞻分析	
吴小丁（1999，2001）	翻译了中西正雄相关著作，较早地尝试"新零售之轮"理论的推广使用，将相关模型与零售业布局和零售业态过度竞争研究相结合	

二、我国零售业态相关研究的历史背景及视角

"经济学是一门被一系列实践激励和引导的经验学科"①，任何经济学问题的研究都无法脱离产业发展的实践以及所处的历史时期。我国零售业态发展以2010年为界大致可以分为两个时期，在此之前的时期我国零售业一直处于对国外零售业模仿和追赶的状态，中国零售业经过改革开放下不同经济和流通体制的轮转，从传统走向现代、从弱小走向成熟，业态种类不断丰富和完善，

---

① N. Gregory Mankiw. Macroeconomics（Seventh Edition）. New York：Worth Publishers, 2010, p. xxii.

形成了中国特色的零售业态发展道路，这一时期我国学者的相关研究成果多以借鉴和发展国外零售理论为主，其中柳思维和王娟（2012）对1978～2010年我国零售业态变迁进行了细致描述。直到2010年我国网络零售业交易规模以及消费者活跃度均居世界网络零售市场首位，份额接近20%（2016年末网络零售交易规模占比39.2%）①。此后，特别是在国际网络零售业发展不瘟不火的状况下，中国网络零售业独辟蹊径、一直独秀，不断摸索创新，在实现了空前快速发展的同时还带动了上下游及相关产业的调整发展。自此中国在网络零售领域的探索实践已经领先于世界，相应的研究成果也较国外学者有所突破（见表1-2）。

表1-2　　　　　　　　我国零售业态相关研究的历史背景及视角

历史背景				
国际零售经验借鉴时期（1978～2010年）			国际零售经验领先时期（2010年至今）	
重构期 1978～1990年（原有供销体系仍发挥作用，百货商店发展迅速，业种店向业态店演变）	多元化成长期 1990～2004年（多业态丰富完善，连锁店、购物中心、网络零售相继出现）	国际化发展期 2004～2010年（业态整合、连锁化发展，融入国际零售市场体系）	成长期 2010～2016年（网络零售从城市走向农村、从电脑走向移动终端、从国内走向国际）	成熟期 2016年至今（网络零售从线上走向线下，"新零售""数字门店"等概念出现）
研究空白阶段 1978～1990年	研究起步阶段 1990～2004年	研究繁荣阶段 2004年至今（2004年零售业态分类国家标准正式实施）		
研究视角	商业模式	李越（1997）、徐印州（1998）、夏春玉（2002）、晏维龙（2003）	刘向东和沈健（2011）、刘向东和李敏（2012）、刘向东（2014）、刘向东等（2017）	
	技术创新	周泽信（2000）、秦陇一（2003）	刘晓雪（2009）、阿里研究院（2007～2018）	

从研究视角来看，我国学者多选取"商业模式"和"技术创新"两方面视角对零售业态演变以及零售业态结构调整问题进行研究。而其中选择"商业模式"视角的学者又占绝大多数，李越（1997）根据世界城市零售业态变革规律探寻了我国城市零售业态主体结构模式，徐印州（1998）、夏春玉（2002）、晏维龙（2003）对零售业态多样化发展对中国消费和商贸格局产生的影响进行了细致分析。特别是刘向东和沈健（2011）、刘向东和李敏

（2012）、刘向东（2014）、刘向东等（2017）对我国各零售业态竞争优势、营利模式、全渠道经营现状以及中国、美国、欧洲零售学术研究的现状和趋势进行了持续和深入的研究。以"技术创新"作为研究视角的学术成果直到进入 21 世纪才显著出现，周泽信（2000）、秦陇一（2003）、刘晓雪（2009）从技术创新的视角出发对不同业态之间的竞争和共生关系进行了辩证分析，提出业态结构调整过程中要注意消费与生产间关系、消费与城市发展间关系等问题。此外，作为中国数字经济领域最为重要的智库之一，阿里研究院向社会定期发布的研究报告中既有详尽扎实的数据统计资料又有鞭辟入里的前瞻分析[1]，其对"新零售"的构想和阐释以及线上线下实践的融合尝试正在深远地改变人们对传统零售实践的认知。以往研究对本书写作提供了较为成熟的研究框架和分析方法，本书从技术创新的视角出发对零售业态结构调整的本质进行了重新界定，并据此设计了零售业态结构调整的原则及具体操作标准，填补了相关研究领域的空白。

三、关于技术创新与创新经济学的研究

（一）前熊彼特时代的创新经济理论

经济学家对创新（innovation）的认识主要是基于技术的应用对经济增长及生产力发展的影响进行分析。创新经济学最早的理论阐述能够从亚当·斯密的古典经济学理论当中窥见一斑。他指出，人类进步发展，分工是劳动生产力提高的重要因素，新的机械使用和发明创造将加速这个过程。卡尔·马克思同样表示，学术研究进入工厂车间就变化为加工能力，生产力当中蕴含了科学知识。[2] 然而总体来说，由于认识的局限和历史的局限，20 世纪以前的经济学研究，虽然对技术进步也给予了或多或少的关注，但都没有正式将"创新"纳入经济学的研究框架。

（二）熊彼特的技术创新理论

创新经济学得到极大发展是进入 20 世纪以后。众多经济学家当中约瑟夫·熊彼特（Joseph A. Schumpeter）被称为创新经济学的集大成者。熊彼特摒弃了马斯洛学派通过均衡研究经济学问题的分析框架，认为促进经济发展恰恰是打破均衡的创新行为，所以他将经济问题研究的重心放在技术创新上。他关

---

① 中国电子商务研究中心. 2016 年度中国网络零售市场数据监测报告［R］. 杭州：中国电子商务研究中心，2017.

② 马克思，恩格斯. 马克思恩格斯全集（第 25 卷）［M］. 北京：人民出版社，2001：97.

于创新经济学的理论观点有：（1）首次提出了市场结构与创新关系的理论；（2）首次提出企业家是创新的主体；（3）明确表示创新是经济和社会发展的原动力；（4）首次提出了创新的概念，并且构建了一个包含"创新"影响因素的社会生产函数。

（三）后熊彼特时代的创新经济理论

纵观各家学者之见，经过多年的丰富和发展，逐渐分立出两个体系清晰的学术派别，一个以研究技术创新为主，另一个以研究制度创新为主。技术创新这一研究领域以研究技术创新所需的环境、技术创新与市场的关系、技术创新的动力机制等为主要研究内容，而制度创新领域则是以研究制度改善与社会创新互动机制为主要研究内容。基于创新活动是以人为主体的涉及经济、科技、政治、社会、文化、生态等各个领域的动态均衡发展的过程。上述两大流派的研究不断呈现合流与交叉。到了 20 世纪 90 年代初期，系统论和控制方法被引入技术创新研究领域，使得研究区域和国家的创新体系成为可能。中共中央、国务院在 20 世纪 90 年代末颁布了《关于加强技术创新，发展高科技，实现产业化的决定》，在这一文件中给出了关于技术创新的准确定义。技术创新，是指企业应用创新的知识和新技术、新工艺，采用新的生产方式和经营管理模式，提高产品质量，开发生产新的产品，提供新的服务，占据市场并实现市场价值。

四、关于零售吸引力的研究

研究网络零售业发展对于地区消费格局的影响，本质上是在研究当零售设施"重新选址"后消费者在一定收入能力下对于"购物目的地"的重新选择问题，即消费者的空间行为分析。雷利（Reilly，1929）首开先河从这一研究视角出发，提出"零售吸引力法则"，奠定了后来零售商圈研究的理论基础和一般范式，开创了"零售吸引力理论"。而后哈夫（Huff，1962）对雷利的模型加入了概率解释。20 世纪 70 年代，国内外学者在二人零售吸引力模型基础上不断修正创新，适当地增加了"魅力值"和"阻力值"参数，并发展了"类推法""微观分析法""网络模型"和"介入机会模型"等理论模型。中西正雄（Masao Nskanishi，1984）明确提出了"零售吸引力"（retail drawing power）的定义，即零售设施从周边地域吸引来的顾客与来店顾客总人数的比率，并系统梳理了此前相关研究。王德忠和庄仁兴（1996）、周一星（1998）、王欣等（2006）、孙晶（2011）在地区之间经济关联的定量分析方面进行了深入研究，大大增强了引力模型在经济研究领域的可操作性。余菜花和崔维军（2012）、林春艳和孔凡超（2016）、冯朝阳（2017）将引力理论同社会网络分析方法相结合研究特定区域范围内各地区经济空间关联关系，特别是方大春和孙明月（2015）借助这一范式研究了高铁建成后长三角城市群空间结构重构问题。以往研究对本书写作提供了较为成熟的研究框架和分析方法，相关理论在研究地区消费格局变动方面尚属于较早的尝试，为进一步发展和创新理论体系留有空间（见表1-3）。

表1-3　　　　　　　　相关研究文献梳理

学者（时间）	主要观点	
	理论贡献	"零售吸引力"测量模型
雷利（Reilly，1929）	提出"零售吸引力法则"	借鉴物理学引力模型设计"引力模型"，分析零售设施集客比例
康维斯（Converse，1949）	提出"雷利—康维斯定律"，又称"商圈分歧点法则"	在雷利"引力模型"基础上变形得到"临界模型"，计算零售设施的辐射范围和最优节点
哈夫（Huff，1962）	对雷利的模型加入了概率解释	设计了"概率模型"，计算一定区域内的消费者到店消费的概率
阿波巴姆（Applebaum，1966）提出"类推法"；麦凯（Mackay，1972）提出"微观分析法"；怀特和埃利斯（White & Ellis，1971）提出"网络模型"；斯托夫（Stouffer，1940）提出"介入机会模型"		
中西正雄（Masao Nskanishi，1984）	明确提出"零售吸引力"的定义	系统梳理了相关研究，出版《零售吸引力的理论及测量》一书
王德忠和庄仁兴（1996）、周一星（1998）、王欣等（2006）	在地区之间经济关联的定量分析方面进行了深入研究，大大增强了引力模型在经济研究领域的可操作性	
余菜花和崔维军（2012）、方大春和孙明月（2015）、林春艳和孔凡超（2016）、冯朝阳（2017）	将引力理论同社会网络分析方法相结合研究特定区域范围内各地区空间经济关联关系	

五、关于零售空间网络优化的研究

关于零售空间网络的定义，来源于洪涛（2004）对于流通空间网络的定义和延伸，他认为，流通网络是指商品流通过程中渠道、环节、网点所形成的网络体系，而流通空间网络则是以上描述的网络的空间形态。洪涛还进一步指出，商品零售空间网络具有多层次性、多中心性和整体性。零售空间网络结构具体可以分为多中心平行型结构、同心圆外推型结构、远程对流集散型结构和集散外向型结构。

关于零售空间网络优化的研究，某种意义上是企业的区位选址的研究。外国学者关于零售区位的探索从 20 世纪 10 年代末兴起，此后不断丰富完善，归纳起来大致可以划分为四个发展阶段。20 世纪前 30 年称为零售区位竞争研究时期；20 世纪 30 年代初到 20 世纪中叶，为以新古典产业区位中心地理论为代表的时期；20 世纪 50～70 年代末，学者通过分析消费者购买行为研究零售空间网络分布；20 世纪 80 年代以后，多数学者沿袭了这一研究思路。德国经济学家廖什（August Losch, 1888）最早通过研究实现利润最大化为原则确定商业销售范围，这为后来者研究商业区位选择提供了经典范式，这一范式与阿尔弗雷德·韦伯（Alfred Weber, 1909）基于运输成本最小的工业区位选择理论形成了良好的互补。此后德国著名经济学家瓦尔特·克里斯塔勒（Walter Christaller）于 1933 年出版了著名的《南部德国的中心地》，在书中他提出了著名的"中心地理论"，这一理论自问世起对后世研究零售网点布局产生了深远的影响。"中心地理论"是城市功能布局的重要区位理论，克里斯塔勒认为零售企业消费商品具有空间限制，只有选址到区域中心才有可能实现最大的消费界限。雷利（Reilly, 1931）创立了影响深远的"零售引力模型"，成为传播最广泛的零售布局理论。后续学者对与零售网点布局的研究也均有雷利零售吸引力模型的分析框架色彩。威尔逊（A. G. Wilson）于 1969 年创立了"最大熵模型"，两个位置之间的相互作用实际上是另一个点，相对于这个点的势能，它乘以整个系统相对于这个点的总势能的大小。波特（Michael E. Porter, 1985）在论述买方价值理论时，归纳出"空间利用域""信息场"和"总信息收集"的概念，从消费者的地理知识、社会经济地位和家庭构成三个方面对消费者行为进行了描述和总结。钱莫斯（J. Chalmers, 2010）独辟蹊径地从生物和生物种群与环境之间关系的生态学研究角度来看，业务类型相当于一个业务组合形式，相当于组织的不同层次，并需要综合考虑城市的整体零售结构、人口分布、地理位置和交通条件等环境因素。

国内关于零售业布局的研究普遍认为开始于 20 世纪 80 年代初，大致可以划分为三个阶段，基于商业地理学的宏观研究阶段（1980～1990 年），以城市商业网点选址和商业空间结构为基础的中观研究阶段（1991～2005 年），以大型购物中心为中心，以商店选址为基础的微观研究阶段（2006 年）。

1980～1990 年，研究零售业布局主要基于全国宏观尺度，在这一时期，大城市商业地域结构和商业网点布局、商业中心体系演变、区域中心的商业类型和功能成为学者们关注的焦点，该理论的中心是城市商业区位理论依据。对零售商业网点空间结构的研究从 20 世纪 90 年代初开始增多，学者们关于中国城市商业区位的研究从宏观层面转移到中观层面。在这一阶段（1991～2005 年），研究重点主要集中在营业网点的定位模式、层次体系和演变趋势。城市商业区位中心理论的核心理论进一步应用于实证研究，代表性的有李自珍（1993）、张水清（2002）、曹和平（2005）等。进入 21 世纪，中国的城市商业空间结构从介质转移到微观层面的零售地点，城市商业投资和商业区，商业区和零售百货的位置。微观层面上，便利店和连锁门店选址的研究成为热点，研究人员引入了时空结构和消费者行为研究的新视角，以及新的技术手段和数量模型的 GIS 手段的使用方法，促进了城市商业的发展定位，代表性的有白光润（2008）、刘申（2009）、王永超（2011）、王曙光（2014）等。

六、简要评述

通过对国内外相关研究文献的梳理，不难发现其中几点趋势。

对于零售业态演进，绝大多数学术观点多由欧美学者提出并逐渐发展成为理论体系，最具代表性的有："零售之轮"理论、"手风琴"理论、"真空地带"理论、"核心与周边市场"理论、"自然选择论"和"辩证过程论"。其中影响最为深远、传播最为广泛的应属"零售之轮"理论，中西正雄等学者在这一学术构想基础上又纷纷提出"新零售之轮"理论。

对于零售业布局，即零售企业区位选择问题的研究，归纳起来大致可以划分为四个发展阶段。20 世纪前 30 年称为零售区位竞争研究时期；20 世纪 30 年代初到 20 世纪中叶为以新古典产业区位中心地理论为代表的时期；20 世纪 50～70 年代末，学者通过分析消费者购买行为研究零售空间网络分布；20 世纪 80 年代以后，零售区位变为一项综合性研究，涉及的影响因数和选取的研究视角都更为广泛。目前国内外研究发展比较均衡，研究手段及技术均在不断提高。

虽然相关研究已经取得了丰硕的成果，但其中暴露的一个明显不足就是没有将零售业态结构调整和零售业态空间布局良好地结合起来研究，往往忽视了零售空间布局对于零售业业态创新以及优化升级发展的影响。

第三节　研究内容和基本框架

一、零售业态结构调整的本质和过程分析

本书借助创新经济和产业组织理论，从零售服务供需动态平衡和技术创新的视角出发研究零售业态结构调整。详细论述了零售业态结构调整与零售空间网络优化之间的互动机制，明确指出零售业态结构调整与零售空间网络优化之间具有"两位一体"的关联关系，两者是"零售服务创新"一个问题的两个方面。

二、全面分析我国零售业态结构的历史变迁和发展现状

本书从我国零售业整体发展状况、中国零售业态结构历史变迁和当前我国零售业态发展的鲜明特征等几方面对我国零售业态结构发展现状进行深入研究。

三、详细梳理了当前我国零售业业态结构调整面临的客观环境、动力机制和演变趋势

当前我国零售业业态结构调整的根本矛盾是人们升级的零售服务需求与低效的零售服务供给之间的矛盾，是消费需求结构变动引起的零售供给结构的调整，主要矛盾是信息技术对零售业的改造升级，直接矛盾是零售企业间差异化竞争。在这样的背景条件下，零售业态在经营规模、商品结构、售卖方式、服务功能和管理手段等方面发生了诸多变化，形成了新的演变趋势。

四、零售业态结构调整的原则和标准设计

零售业结构调整的原则和标准设计是本书最重要的创新点之一，其中"效率原则"和"质量原则"是建立整个零售业态结构调整标准体系的核心。鉴于"零售业态结构调整"的微观基础是"零售业态转型升级"，而"零售业态转型升级"的本质是技术创新这样一个界定，在确定零售业态结构调整

的方向和程度时，评价技术创新的分析框架是完全适用的。在借鉴评价技术创新活动"效率"和"质量"思路的基础上，综合考虑零售业态结构调整过程中零售主体、零售客体和经济社会多方利益诉求，设计一个包含了营利性原则、有效性原则、消费者原则和经济发展原则的零售业态结构调整原则体系，并且根据原则体系对业态结构调整的具体操作标准进行了实证量化。

五、零售业态结构调整背景下零售业态空间网络优化过程分析

本书在微观上借助豪泰林模型对新型零售业态布局的特点和趋势进行了博弈模拟，在宏观上运用社会网络分析方法围绕零售业态结构调整对零售空间网络产生的潜在影响进行了量化分析，全面梳理了在零售业态优化升级和零售业态结构调整背景下，零售空间网络优化过程中存在的突出问题和主要矛盾。

六、中国零售业空间网络优化的对策建议

坚持"创新、协调、绿色、开放、共享"五大发展理念，结合零售业态结构调整的客观环境以及零售业态优化的内生发展趋势，从"区域零售空间网络优化""城乡零售空间网络优化""商圈零售空间网络优化""虚拟零售空间网络优化"四个方面出发，探索寻找零售业业态结构调整背景下我国零售空间网络优化的可行路径。

第四节 主要研究见解和创新观点

本书在撰写过程中查阅了大量文献资料，科学运用多种研究方法，选取了独特的研究视角围绕中国零售业业态结构调整及其空间网络优化问题进行了深入研究，主要研究见解和创新观点有：

其一，通过大量查阅国内外相关文献发现，已有成果在研究零售业态结构调整的过程中并没有将其与零售业态空间布局良好地结合起来，本书详细地论述了零售业态结构调整与零售空间网络优化之间的互动机制。零售业态结构调整和零售布局优化具有"两位一体"的关联关系，两者是"零售服务创新"一个问题的两个方面，零售服务的创新，通过不断优化升级零售业

态，零售业态的构成要素和零售吸引能力发生变化，进而影响和改变零售网点选址，最终形成新的零售空间网络格局。而且，业态功能竞争性和互补性决定业态组合形式，业态服务供给能力和市场需求决定零售空间网络形态，业态合理集聚促进业态创新和发展的多样性。

其二，本书的研究视角独特，借助创新经济理论和产业组织理论，从技术创新和技术溢出的视角出发研究零售业态结构调整。零售服务是克服商品消费的时间和空间不一致，将商品从供货商转移到消费者手中的专门服务，零售企业的本质是专门提供零售服务的流通企业。"零售业态转型升级"实质就是为了迎合消费者需求偏好变动所进行的零售服务创新，其本质是技术创新，而"零售业态结构调整"不过是零售商实施服务差异化战略而进行的业态选择和创新的过程和结果。

其三，对中国零售业态结构历史变迁的清晰梳理，深入地描述了当前中国零售业整体发展现状，准确地把握了当前我国零售业态发展的鲜明特征。当前我国零售业正处在技术革新和业态结构调整的深刻变革当中，而这场变革又以网络零售业成熟发展为最鲜明的特征。实体零售与网络零售正在从冲突走向融合、从竞争走向互补，而网络零售将在这个过程中起到领导作用。当前我国网络零售业已经进入不平衡的成熟发展阶段，虽然网络零售交易规模持续增长，新模式、新业态发展迅猛，社会经济影响不断深入，但伴随网民数量增长的趋缓，网络零售也面临着总体增速趋缓、市场竞争加剧、线上成本不断攀升等情况，网络零售企业纷纷布局农村市场、大力发展跨境电商，在积极拓展新市场、新空间的同时不断加大对线下实体资源的整合力度。

其四，详细梳理了当前我国零售业态结构调整面临的客观环境、动力机制和演变趋势。当前我国零售业态结构调整的根本矛盾是人们升级的零售服务需求与低效的零售服务供给之间的矛盾，是消费需求结构变动引起的零售供给结构的调整，主要矛盾是信息技术对零售业的改造升级，直接矛盾是零售企业间差异化竞争。在这样的背景条件下，零售业态在整体趋势、经营规模、商品结构、售卖方式、服务功能和管理手段等方面发生了诸多变化，形成了新的演变趋势。从整体趋势看，零售业态将朝着场景化，网络化和智能化的方向发展；从经营规模看，零售业态经营规模呈现两极化、数字基础设施亟待完善；从商品结构看，高附加值、定制化和自营商品比例增大；从售卖方式看，全渠道零售时代已经来临；从服务功能看，零售服务朝着内容化、复合化和高水平化方向发展；从管理手段看，不断朝数字化、智能化和联动化方向发展。

其五，鉴于"零售业态结构调整"的微观基础是"零售业态转型升级"，而"零售业态转型升级"的本质是技术创新这样的理论界定，在确定零售业态结构调整的方向和程度时，评价技术创新的分析框架是完全适用的。在借鉴评价技术创新活动"效率"和"质量"思路的基础上，综合考虑零售业态结构调整过程中零售主体、零售客体和经济社会多方利益诉求，设计一个包含营利性、有效性、消费者满意和经济发展原则的零售业态结构调整原则体系，并且根据原则体系对业态结构调整的具体操作标准进行了实证量化。

其六，零售业态结构调整背景下零售业态空间网络优化过程分析。本书在微观上借助豪泰林模型对新型零售业态布局的特点和趋势进行了博弈模拟；在宏观上运用社会网络分析方法围绕零售业态结构调整对零售空间网络产生的潜在影响进行了量化分析。全面梳理在零售业态优化升级和零售业态结构调整背景下，零售空间网络优化过程中存在的突出问题和主要矛盾。结果显示当前我国地区零售空间网络格局已经发生了深刻的变化。一方面，在采取新型业态的零售企业能够有效降低售卖成本的前提下，零售企业具有明显的"中心化"布局倾向。另一方面，从消费关联关系来看，各省份之间消费互动关系日益密切。从零售空间结构来看，随着"非中心"地区网络零售业的崛起，"中心"地区中心等级有所下降，零售业出现了由消费市场集中向产地集中发展的趋势。随着网络零售业的快速发展，原有地区之间零售业发展差距在不断缩减，原有的发展不平衡正在减弱，但随之而来的网络零售业发展不平衡、城乡零售发展差距不断扩大等新的不平衡又正在形成。只有不断促进零售资源的优化配置，促进零售基础设施特别是新型零售基础设施协同建设，才能不断缩减地区零售相对差异。

其七，结合新型零售业态布局和零售空间网络优化存在的突出问题，坚持"供给侧调整"的优化思想以及"结构调整、创新驱动、协调发展、服务导向、市场配置"的优化原则，从"区域零售空间网络优化""城乡零售空间网络优化""商圈零售空间网络优化""虚拟零售空间网络优化"四个方面出发，探索寻找零售业业态结构调整背景下我国零售空间网络优化的可行路径。

本章小结

本章为全书的导论部分，第一节简要介绍了全书写作的背景和相关研究的意义，基于当前零售业发展实际，提出只有围绕消费市场的变化趋势进行投资、创新和布局，才能最大限度地提高零售服务的有效性，进而实现更有质量和效率的增长。本书将零售业态创新转型的本质理解为零售企业为迎合消费需求变动所进行的零售服务创新，而将零售业态结构调整视为零售商实施差异化战略对零售业态创新和选择的结果。第二节围绕创新理论、技术扩散与技术溢出、零售业结构调整和零售空间网络优化、零售吸引力等内容，梳理了大量国内外相关研究资料。第三节清晰地描绘了本书的主要研究内容和基本框架。第四节归纳概括了本书主要的研究见解和创新观点。

第二章

相关概念界定与理论阐述

本章结合本书研究主题对零售业态、零售业态结构和零售空间网络等概念及其内涵进行了厘清和界定，并对经典文献中涉及产业市场结构与产业空间布局的相关理论进行了详细梳理，理顺了零售业态结构调整与零售空间网络优化之间互动的关联机制。

第一节　零售业态与零售业态结构

零售业态是对零售商经营方式和组织形式的综合概括，零售业态结构是一种特殊的市场结构。

一、零售业态及其构成要素

"零售业态"一词最早起源于日本，关于零售业态的定义学术界并没有形成统一认知，但都普遍认为零售业态是对零售商经营方式和组织形式的综合概括。根据商务部零售业术语标准[1]，零售业态是指零售企业为满足不同的消费需求进行相应的要素组合而形成的不同经营形态。洪涛（2011，2014）认为，零售业态（retail formats）是围绕消费者的购买需要，零售商协调一切资源根据企业战略目标，有目的地组织适宜的网点规模、门店样式、售卖和定价策略、售前和售后服务等经营内容，最终所形成的固定经营形态[2][3]。从这

---

[1]　全国信息与文献标准化技术委员会. 零售业态分类：GB/T 18106—2004［S］. 北京：中国标准出版社，2004.

[2]　洪涛. 流通产业经济学［M］. 北京：经济管理出版社，2011：141.

[3]　洪涛. 流通产业经济学［M］. 北京：中国人民大学出版社，2014：69.

个定义出发，不难理解零售业态实际上是由规模、商品策略、目标顾客、价格策略、店铺设施、销售方法、服务功能和营业场所八个方面组成，我们将这些因素称之为零售业态的构成要素，这几种构成要素以不同样式的组合就构成了不同形式的零售业态。总结概括起来，零售业态的构成要素主要包括经营规模、商品结构、售卖方式、服务功能和管理水平五个方面。

（一）经营规模要素

经营规模要素是指零售企业售卖商品所需的营业面积、从业人员和售卖商品的种类，直接体现为投资规模和营业收入。经营规模是零售业态最为重要的特征之一，经营规模是零售吸引力最核心的指标，往往规模越大、从业人员越多、售卖的商品种类越丰富的零售企业和零售网点更受消费者的青睐，消费者乐于相信在这样的消费环境下能够获得更令人满意的消费体验。

（二）商品结构要素

商品结构要素是指零售企业为满足特定消费群体需要而提供的商品组合或商品比例关系。零售企业采购和销售过程中要对商品的大分类描述、中分类描述、小分类描述、品项数、品牌数、最小规格包装、畅销价格带、直线陈列米数以及陈列层板数等进行合理梳理。在定位准确和供货渠道稳定的前提下，使零售企业的资源（如资金、场地等）得到合理的配置、发挥最大的潜力，取得最佳的经济效益。商品结构有的时候还能够反映网点选址地区的消费质量和消费偏好。

（三）售卖方式要素

售卖方式要素是指零售企业售卖商品时销售人员与消费者之间传递商品和货币的方式。传统有店铺经营零售企业根据商品销售展示和收银结款是否相分离，可以将售卖方式分为自选式和柜台式。柜台式售卖方式是卖方市场时代或高价值、紧俏商品的经典和常用售卖方式。而自选式的售卖方式剥离了一定的展示介绍的职能，销售人员工作内容主要是结算。而无店铺零售企业的出现使得场地、货架和柜台的职能进一步弱化甚至是消失，商品的展示和结算都在"线上"，这种售卖方式称为线上式或媒介式。

（四）服务功能要素

服务功能要素是指零售企业提供的除销售服务以外的其他配套服务功能，配送服务就是其中最典型的配套服务功能，此外还包括24小时营业、延时服务、娱乐功能和等候服务等。随着我国居民生活水平的提高以及制造业的发展，商品市场也随之繁荣起来，人们对于购物行为的满意程度不再仅仅局限于商品的选购，越来越多的消费者更倾向于在购买中获得良好的体验和服务，

这部分就是由零售企业服务功能提供的。

（五）管理水平要素

管理水平要素是指零售企业或网点协调多种资源管理运营的能力。零售企业或零售店铺的管理水平体现在多个方面：是否具有完备的现代企业职能分工、管理人员的专业背景和资质、店内是否建立了完善的管理信息系统、是否实现了管理智能化等。随着商务咨询和商贸服务业的发展，现代企业很多职能都在不断剥离，一家企业管理水平的高低集中体现在是否实现了连锁化、信息化和智能化。

二、零售业态分类

根据零售活动是否依托实体门店，零售业态可被分为无店铺零售业态和有店铺零售业态。根据前面所述的五种零售业态要素（经营规模、商品结构、售卖方式、服务功能、管理水平）不同的组合方式，可以进一步将无店铺零售业态和有店铺零售业态细化分为18种零售业态，其中有店铺零售业态12种，无店铺零售业态6种。细化的零售业态包括：购物中心、百货店、大型超市、超市、专卖店、便利店、折扣店、专业店、仓储会员店、家居建材商店、厂家直销中心、食杂店、网络零售、电话购物、邮购、直销、电视购物、自动售货亭，这些业态往往也被称为典型零售业态。下面将根据上述分类对18种零售业态的内涵、特点和布局规律进行简要概述。

（一）有店铺零售

有店铺零售（store-based retailing）是指具有固定的售卖经营场所，能够为消费者购买商品和商品陈列提供所需的空间和场地的零售业态形式。有店铺零售业态共细分为12种典型零售业态（见表2-1）。

表2-1　　　　　　　　有店铺零售业态分类和基本特点

业态	基本特点				
	经营规模（营业面积）	售卖方式	商品结构	管理水平（MIS系统）	服务功能
超市	6000平方米以下	自选销售收银处结算	包装食品、日用百货、生鲜食品	较高	营业12~24小时
折扣店	300~500平方米	开架自选收银处结算	商品平均价格低于市场平均水平，自有品牌占有较大比例	一般	售卖人员少服务有限

续表

业态	基本特点				
	经营规模（营业面积）	售卖方式	商品结构	管理水平（MIS系统）	服务功能
便利店	100平方米以内，场地利用率高	开架自选收银处结算	日用百货为主，商品品种为3000种左右，售价高于市场平均水平	较高	营业16~24小时提供即时食品和多项附加服务
食杂店	100平方米以内	柜台式自选式	中低端日杂商品为主	较低或不具备	营业12小时，不具有24小时营业能力
百货店	6000~20000平方米	柜台式开架面售	综合性，门类齐全，以服饰、鞋类、箱包、化妆品、家庭用品、家电器为主	较高	设餐饮、娱乐等服务项目和设施
仓储会员店	6000平方米以上	自选销售收银处结算	自有品牌为主商品在4000种左右，实行低价、批量销售	较高会员制管理	设置停车位
大型超市	6000平方米以上	自选销售收银处结算	大众化衣、食、日用品齐全，一次性购齐，注重自有品牌	较高	设置停车位占面积40%
专业店	据商品品类而定	柜台式自选式	某类商品为主，体现专业性、深度性，品种丰富	较高	提供专业性服务
厂家直销中心	100~200平方米	开架自选大批量售卖收银处结算	为品牌制造商设立本品牌商品	一般	设置停车位
专卖店	据商品品类而定	柜台式开架面售，装修和陈列考究	某一品牌商品为主品质高、附加价值高	较高	注重品牌声誉专业性服务
购物中心	社区购物中心，50000平方米以内	（连锁）分店独立经营	内设20~40个租赁门店（包括大型综合超市、专业店、专卖店、饮食服务等）	一般	设置停车位
	市区购物中心，100000平方米以内	（连锁）分店独立经营	内设40~100个租赁门店（包括大型综合超市、专业店、专卖店、饮食服务等）	较高	设置停车位
	城郊购物中心，100000平方米以上	（连锁）分店独立经营	内设200个以上租赁门店（包括大型综合超市、专业店、专卖店、饮食服务等）	一般	设置停车位
家居建材商店	6000平方米以上	开架自选收银处结算	以改善、建设家庭居住环境的装修和装饰商品为主	一般	一站式服务设置停车位

1. 超市（supermarket）。典型的自选式开架售货，面向社区消费者日常需要的中小型零售业态。根据售卖商品结构的差异，分为食品超市和综合超市。

2. 折扣店（discount store）。主打低价折扣商品，店铺装修和售卖服务简单有限的小型超市业态。售卖商品多为品牌商品，并且具有一定数量的自有品牌。

3. 便利店（convenience store）。以提供小规模便利性消费为主的小型零售业态。

4. 食杂店（traditional grocery store）。是销售中低端日杂商品为主，无明显品牌形象的小型零售业态，管理水平粗放，一般不采取连锁经营方式。

5. 百货店（department store）。售卖若干大类商品，实行统一管理，分区销售，满足消费者综合性和多样化消费需求，一般在单体建筑内经营的大型零售业态。

6. 仓储会员店（warehouse store）。基于会员制度，实行储销一体、批零兼营，低价折扣、批量销售的零售业态。

7. 大型超市（hypermarket）。售卖商品品类齐全，一般营业面积 6000 平方米以上，能够满足消费者大量购买的大型零售业态。根据售卖商品结构的差异，可以分为经营日用品为主的大型超市和经营食品为主的大型超市。

8. 专业店（speciality store）。以专门经营某一大类商品为主的零售业态，例如汽车用品专业店、教学用具专业店、家电专业店等。

9. 厂家直销中心（factory outlet center）。由品牌制造商直接设立或委托设立，专门经营本企业品牌商品，并且多个企业品牌的营业场所集中在一个区域的零售业态。厂家直销中心以大批量售卖为主，兼有小额交易。

10. 专卖店（exclusive shop）。以专门售卖或被授权售卖某一品牌系列商品为主的零售业态。专卖店售卖商品一般具有高品质和高附加值的特点。

11. 购物中心（shopping center）。是目前规模最大的零售业态形式，一般为连锁经营形式。购物中心内集合了多种店铺和零售业态形式，有计划地租赁给其他零售业主经营，是向消费者提供综合性零售服务的大型零售综合体，一般在单体建筑内经营的大型零售业态。根据其经营规模由大到小可以进一步分为城郊购物中心、市区购物中心和社区购物中心，购物中心具有很强的品牌效应和带动示范效应。

12. 家居建材商店（home center）。售卖以改善、建设家庭居住环境的装修和装饰商品为主的零售业态。

（二）无店铺零售

无店铺零售（none-store retailing）是指没有固定的售卖经营场所，制造商或分销商之间将商品传递给消费者的零售业态形式。无店铺零售业态共细分为6种典型零售业态（见表2-2）。

1. 网络零售（network retailing）。网络零售是借助互联网络下单售卖商品的零售业态。

2. 电视购物（home shopping channel）。电视购物是专门借助电视节目和广告作为商品信息传播、展销和订单达成渠道的零售业态。

3. 自动售货亭（automatic vending）。自动售货亭是借助自动贩卖机进行售卖活动的零售业态。

4. 电话购物（tele-shopping）。电话购物是借助推销员电话沟通完成售卖的零售业态。

5. 直销（direct market）。直销是制造商或分销商销售人员通过直接接触消费者，展示商品并达成订单的零售业态形式。

6. 邮购（mail order）。邮购是借助邮寄商品宣传册或产品目录向消费者推介展示商品，再通过订单和商品回邮的方式完成商品交易的零售业态形式。

表2-2 无店铺零售业态分类和基本特点

业　态	基本特点		
	商品结构	售卖方式	服务功能
网络零售	商品种类繁多 同质性强	门户网站 电子商务平台	自营物流配送 第三方物流配送
电视购物	反木桶原理商品 具有突出优势和极强替代性	电视媒体、节目和广告	第三方物流配送
自动售货亭	小规格包装商品为主 展销品类少	自动售卖机器 （无人值守货架）	现售现提
电话购物	品牌商品，商品品类单一	电话沟通	第三方物流配送
直销	品牌商品，商品品类单一	制造商或分销商 销售人员直接接触消费者	送货上门 自营物流配送为主
邮购	商品包装规范，便于储运 拥有用户忠诚度的品牌商品	邮寄商品宣传册 订单和商品回邮	自营物流配送为主

三、零售业态历史演化过程

零售业态是零售产业和商品市场发展到成熟阶段的产物。批发零售职能相分离之后，商品售卖先后经历了"肩挑手提""杂货铺""业种店"和"业态店"四个阶段。前三个阶段合称为"前业态店"零售阶段。最原始的商品售卖方式是沿街叫卖的偶然售卖方式，没有固定的售卖场所，典型的代表就是义乌小商贩"鸡毛换糖"的例子，这一阶段零售商并没有明确和固定的客户群体，买卖行为带有偶然的色彩。到"杂货铺"阶段，一部分零售商贩会在特定的居住区建立小型商铺，售卖多种剩余产品，商铺多以日常用品和食品为主，规模较小布局也较分散，空间上关联并不显著、不成体系。"业态店"的出现是伴随着制造业产业分工而随之产生的，由于标准化和专业化生产的产品的出现，零售商售卖的商品不再是原始的剩余产品而是专业化生产中提供的特种产业产品，代表性的诸如"布行""米行""五金行"等。这三种零售方式并不具备构成业态的几种要素，属于原始和初级的形态。这三种零售阶段并没有清晰的界限，更多的时候三种售卖方式都是并行存在的，慢慢发展逐渐过渡到"业态店"阶段。西方现代零售业是从"业态店"开始的，准确地说是从百货商店的出现开始的，经过近两百年的不断演化，产生了现在主流的 18 种零售业态格局，整个过程大致上经历了四次零售业态变革或革命，第五次变革正在酝酿中。每一次革命都伴随着一种新型业态的出现，宣告着传统业态的凋敝和转型，都以零售结构重新调整收尾，但伴随着技术创新孕育着下一次变革。

第一次零售业态变革，以百货商店的出现为标志。1852 年，人类历史上第一家百货商店诞生在法国巴黎。与传统零售方式相比，百货商店经营规模更大，经营的商品品类更多，商品实行明码标价，极大地增加了消费者选购的自由度和热情，而尽可能减少了商家与消费者议价的尴尬和不便。在当时零售企业的规模化是零售行业最突出的矛盾，百货商店出现之前的零售业态并不具备现代企业制度和管理方式运行的条件，正是百货商店的出现使得多业种和多业主经营的产权制度和经营方式得到创新，拉开了现代零售业发展的大幕，遍布世界各个角落。

第二次零售业态变革，以连锁零售商店的出现为标志。百货商店利用规模化和集约化的经营方式解决了商品短缺的矛盾，但伴随而来的商户和商场之间的矛盾日益凸显，加之单一商店的规模化扩张总归十分有限。1862 年，连锁零售商店这一零售组织方式在美国诞生，连锁店的经营方式改变了传统零售业经营规模扩张的方式，单体门店的扩张不再是主流，进而取得的是连锁式的分散和扩张，这为日后跨区域、超巨型的零售企业出现提供可能性。我们注意到商业业态的创新并不是偶然的，推动前两次变革的动力其实都是制造业技术革命导致的商品市场极大丰富。

第三次零售业态变革，以超级市场的出现为标志。20世纪30年代，超级市场在美国诞生。成熟的零售信用氛围将售货员从柜台解放出来，超级市场对传统售卖方式进行了变革，采取开架销售、自助式购货的销售方式，消费者在购买行为中获得了更大的主动权。超级市场的出现为现代物料管理系统发展提供了良好的试验场，专业化和社会化的组织方式引入零售业经营，这为此后计算机网络技术信息化管理奠定了基础。

第四次零售业态变革，以互联网和信息技术普及为标志，伴随着无店铺零售业态的出现，特别是网络零售业态的出现。结合了互联网等一系列信息技术的网络零售业与传统零售业有着截然不同的商品信息展示、交易结算和信用授受方式，消费者购买商品更加便捷，商品价格也更具竞争力，零售企业与消费者间商流、信息流也更为通畅。20世纪90年代世界上第一家真正意义上的电子商务企业亚马逊诞生于美国，这场变革时至今日仍对全球零售产业发展产生着深远的影响。

第四次零售业态变革在2010年达到高潮，以"智能化"为鲜明特征的第五次零售业态变革正在酝酿当中。"智慧门店""数字门店"等新型基于大数据和人工智能技术的零售业态，融合了智慧终端，连接了线上线下整套商贸体系，能够为消费者提供简单、高效、人性化的信息和购买服务环境，满足人们对智慧生活的需要（见表2-3）。

表2-3　　　　　　　　　　历次零售业态变革

业态变革	标志	时间	主要变革动力	消费者购买倾向
第一次	百货商店出现	19世纪50年代	制造业技术变革带来商品市场极大繁荣	质量导向
第二次	连锁零售商店出现	19世纪60年代	制造业技术变革带来商品市场极大繁荣	质量导向
第三次	超级市场出现	20世纪30年代	买方市场和现代商业信用体系的形成	质量导向
第四次	无店铺零售业态出现	20世纪90年代（21世纪10年代达到高潮）	信息技术的普及和现代商业信用体系的健全	便捷导向
第五次	"智能商店"出现	正在酝酿	人工智能技术的普及和智慧生活理念深化	体验导向

四、零售业态结构及其内涵

零售业态结构是零售商实施差异化战略对零售业态创新和选择的结果，反映了在某一特定的时间和空间范围内不同的零售业态分布的状况或比例，消费需求的多样性和发展性是各种零售业态得以并存、共生和互补的内在原因。零售业态结构本质上是一种市场结构或竞争格局。

零售业态结构是一种市场结构，不同零售业态在消费市场所占的市场份额体现了业态的市场势力，这是零售业态结构问题研究的关键点和落脚点。所以对零售业态结构全面的研究就要包括零售业态结构与创新动机、零售业态结构与市场绩效、零售业态结构与社会福利三个方面。通过对零售业态结构与创新动机的研究可以分析出零售业态结构调整的动因和发展趋势；通过对零售业态结构与市场绩效的分析可以得出零售业态结构调整的原则和标准、方向和程度；通过对零售业态结构与社会福利的研究主要分析零售业空间布局对于消费者福利的影响。对于零售业态结构问题的研究具有两个特殊性，第一个特殊性就是由于不同的零售业态提供的零售服务具有明显的差异性，这也导致不同的零售业态之间很难形成完全替代的竞争关系，也就是说对于零售业态结构问题的研究要借助不完全竞争理论的分析框架。第二个特殊性就是零售业态的空间布局问题与零售业态息息相关，不同的业态组织形式就会采用不同的经营规模、售卖方式和管理手段等，这些因素都直接影响业态的零售吸引能力或集客能力，所以研究零售业态结构变动要同零售业态结构研究结合到一起（见图2-1）。

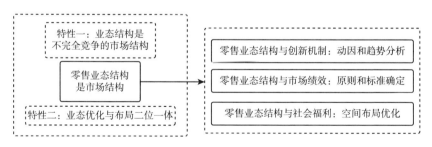

图2-1 零售业态结构调整分析框架

引起零售业态结构变动的原因有很多，概括起来可以分为内生动因和外生动因，其中内生动因可以分为直接动因和原始动因，外生动因主要包括政策动因、技术动因、开放市场动因、政治动因等。零售商在现有供需关系和政策、技术环境下为了谋求更高的利润水平通过实施差异化竞争策略不断增加业态的市场势力，最终呈现的竞争格局就是零售业态结构，所以零售企业的竞争合作关系是造成零售业态结构变动的直接动因。但这并不是导致零售业态结构调整的根本动因或原始动因，而商品市场的供需关系变动才是。在一定价格水平下当消费者需求偏好、购买能力发生变化或是商品生产供给一侧发生变化时，都会引起消费者购买行为的变化，而零售企业则相应地需要进行调整以迎合这种变化。政策因素、技术因素、开放市场因素和政治因素等外生动因对商品供需关系和竞争合作关系都起到不同程度的影响，间接地对零售业态结构变动产生影响（见图2－2）。

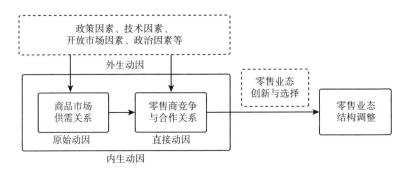

图2－2　零售业态结构和创新动机

第二节　零售业态布局规律及零售空间网络

　　零售业态的空间布局问题与零售业态息息相关，不同的业态组织形式会采用不同的经营规模、售卖方式和管理手段等，这些因素都直接影响业态的零售吸引能力或集客能力，所以研究零售业态的创新转型和零售业态结构调整问题就不得不涉及零售业态布局优化问题，在前面已经阐述了零售业态优化及其布局"两位一体"的关联关系，本节将对零售业态的布局规律和零售空间网络进行论述。

一、零售业态布局的一般规律

　　不同零售业态由于经营规模、商品结构、售卖方式、服务功能和管理水平等构成要素的组合形式不同，其各自对于消费者的吸引能力或集客能力也不尽相同，面向的客户群也有所差别，这就决定了每种零售业态都有着不同的布局规律（见表2－4）。

表2－4　　　　　　有店铺零售业态布局的一般规律

零售业态		空间布局	目标消费群
超市		遍布城乡各级商业中心	辐射半径2千米 目标消费群体为普通居民
折扣店		租金相对便宜的地区	辐射半径2千米 目标消费群体为普通居民
便利店		商业、生活、加工、学校等 公共活动区	辐射范围为步行5分钟内到达区域 目标消费群为单身者、年轻人
食杂店		居民区、商业区	辐射半径300米 目标消费群体为普通居民
百货店		各级商业中心、传统商业集聚地	目标消费群体为普通居民 中老年消费群体
仓储会员店		城乡接合部的交通要道	辐射半径5千米以上 目标消费群为会员为主
大型超市		各级商业中心、城郊接合部 及大型居住区	辐射半径2千米 目标消费群体为普通居民和流动顾客
专业店		各级商业中心以及百货店 购物中心内	目标消费群体为专业商品的消费者
厂家直销中心		远离核心商圈	目标消费群为高品牌忠诚度顾客
专卖店		各级商业中心、专业街 及百货店、购物中心内	目标消费群为中高档消费者 年轻消费者
购物中心	社区购物中心	区级和社区商业中心	商圈半径5～10千米
	市区购物中心	市级商业中心	商圈半径10～20千米
	城郊购物中心	城乡接合部的交通要道	商圈半径30～50千米
家居建材商店		城乡接合部的交通要道 自有房产较高的地区	目标消费群体为自有房产所有者

二、零售空间网络及其特点

零售空间网络是指商品通过零售渠道、环节和网点所形成的网络体系、分布状态以及比例关系，是零售业在一国或地区范围内的空间分布和组合。

零售空间网络是零售企业经营要素和经营能力在空间上的分布状况，从宏观角度主要表现为区域、城乡和城市之间的空间摆布和因此形成的相互间经济联系的格局，从微观角度则表现为各个零售商之间的空间摆布和因此而形成的相互间经济联系的格局，即零售网点布局。零售空间网络是一个空间或地理概念，零售空间网络当中的节点具体指代的并不是实物，而是所指地区之上零售业态所表示的零售资源的总体。根据区域划分的视角不同，零售空间网络当中的节点指代也有所不同。

零售空间网络是一种多层次、互相交叉的立体结构。零售空间网络具有多层次性、多中心性、整体性、结构性、集聚性和非对称性六个特点。

（一）多层次性

零售空间网络具有多层次性，零售空间网络当中的节点具体指代的并不是实物，而是所指地区之上零售业态所表示的零售资源的总体。由于地区在不同的划分角度上具有层次性，从不同经济板块、省份或城市群角度划分，零售空间网络可以理解为区域零售空间网络，从城市和农村之间的商品输送和零售资源配置来理解，零售空间网络可以理解为城乡零售空间网络，此外还有城市商圈零售空间网络和虚拟零售空间网络等。

（二）多中心性

未来新城镇的发展趋势必将是要形成以城市群为主体，大中小城市和小城镇协调发展的格局。不同的区域会形成不同规模的城市群，这就决定了在零售空间网络当中中心并不是一元的，而是多中心形成的格局不断调整的零售网络。正是由于多中心的存在，零售空间网络的节点关系也变得更为复杂。

（三）整体性

整体性是指零售空间网络以区域为主体、城市为中心、以农村为基础，区域协调发展、城乡深度结合、相互依存成为一个完整的整体。商品和零售要素可以在整体网络中流动，网络中的节点和不同区域是有机地结合在一起的，不能将任何一部分或节点单独拿来分析。

（四）结构性

地区和城乡之间发展是不均衡的，不同节点之间的市场势力也是不均衡的，这就导致零售资源和商品之间也不可能是均匀配置的，购买力强的地区、处于交通枢纽的地区和延边开放地区更容易形成中心优势，其他节点则成为网络中的边缘，这就是零售空间网络的结构性。

（五）集聚性

零售空间网络的集聚性又称凝聚性，零售基础设施完善、商业气候成熟

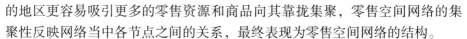

的地区更容易吸引更多的零售资源和商品向其靠拢集聚，零售空间网络的集聚性反映网络当中各节点之间的关系，最终表现为零售空间网络的结构。

（六）非对称性

非对称性是指零售空间网络节点之间的地位不是对等的，制造业发达的地区会向欠发达的地区输送更多的商品，反之则不会。城市会向农村输送更多的商品，而反之农村向城市输送的十分有限。交通枢纽地区会向周边地区输送更多商品，而边缘地区向中心地区输送得很少。由此，节点之间的零售资源也是非对称的。

三、零售空间网络类型

零售空间网络是一个空间或地理概念，根据区域或地理空间划分的角度不同，零售空间网络大致可以分为区域零售空间网络、城乡零售空间网络、商圈零售空间网络和虚拟零售空间网络四种类型。

（一）区域零售空间网络

区域零售空间网络是指商品通过零售渠道、环节和网点在区域板块之间所形成的网络体系、分布状态以及比例关系，是零售资源在地区范围内的空间分布和组合。进一步还可以划分为经济区块的零售空间网络，比如"四大经济区"或"八大经济区"，又比如可以分为城市群零售空间网络，可以是城市群内部也可以是城市群之间的零售空间网络。常见的区域零售空间网络可以分为多中心平行型结构、同心圆外推型结构、远程对流集散型结构和集散外向型结构四种网络结构。多中心平行型结构，是指在一个零售空间网络当中，具有多个同等流通地位的中心；同心圆外推结构，是指在零售空间网络中所有节点围绕一个中心向外辐射；远程对流集散型结构，对于空间距离较远的中心节点彼此形成零售对流的结构；集散外向型结构，是指外向型城市和地区特有的进出口结构。

（二）城乡零售空间网络

城乡零售空间网络是指商品通过零售渠道、环节和网点在城乡之间所形成的网络体系、分布状态以及比例关系，是零售资源在城乡范围内的空间分布和组合。城乡二元经济格局使得城乡零售空间网络自然形成了以城市为中心，乡村为边缘的零售网络结构，如何实现城乡零售网络的融合协调发展是研究的重点内容。

（三）商圈零售空间网络

商圈零售空间网络是指商品通过零售渠道、环节和网点在城市商圈所形成的网络体系、分布状态以及比例关系，是零售资源在城市商圈内的空间分布和组合，特指在城市商圈范围内，不同业态如何差异化合理布局，实现协同共生的理想状态。商圈零售空间网络是对零售业态的微观考察和具体分析，涉及不同业态点、线、面、流的综合布局考量以及城市中央商圈、区域商圈、社区商圈和特色商业街区的定位和布局。

（四）虚拟零售空间网络

虚拟零售空间网络是指商品通过无店铺零售业态销售渠道、环节在地区之间所形成的网络体系、分布状态以及比例关系，是无店铺零售业态在地区之间的空间分布和组合。虚拟零售空间网络主要是考虑无店铺零售业态的空间布局问题，以网络零售为代表的无店铺零售业态由于商品售卖并不依托于实体店铺，并且能够实现跨区域的零售销售和购买行为，对于它的研究对于平衡区域零售资源配置有着重要的积极作用（见表2-5）。

表2-5 零售空间网络的不同类型

网络类型	节点关系	网络结构
区域零售空间网络	经济板块间、省份间、城市群间、中心城市间	同心圆、多中心、远程对流和集散外向多种结构
城乡零售空间网络	城镇与乡村之间	二元双向网络结构
商圈零售空间网络	城市四级商圈之间	相互覆盖重叠的网络结构
虚拟零售空间网络	特指无店铺零售业态形成的空间网络	远程对流为主的多种结构

第三节　零售业态结构调整与空间布局相关理论

在第二章第一节中已经详细阐述，零售业态结构实质上是一种不完全竞争的市场结构，这是零售业态结构问题研究的关键点和落脚点。市场结构与创新动机理论有助于分析业态结构调整的动因和发展趋势；市场结构与市场绩效理论有助于分析业态结构调整的原则和标准、方向和程度；零售新引力选址布局理论有助于分析业态结构调整对零售空间布局产生的影响以及进一步的优化措施。

一、市场结构与创新动机理论

以熊彼特（Joseph Schumpeter，1912）和阿罗（Kenneth J. Arrow，1962）

等为代表的"市场结构创新理论"研究学者认为技术创新是推动产业持续增长的决定性因素，但不同的市场结构对于企业创新行为的影响也不尽相同，针对这一问题创新学派内部也产生了不同的研究结论，但普遍认为垄断竞争的市场结构最有利于技术创新。在垄断竞争的市场结构中，企业难以发生技术研发的勾结行为，这使得创新能力强的企业能够获得暂时的竞争优势和超额利润，此外垄断竞争的市场结构是一种相对稳定的长期市场结构，注重长期利益的企业会产生研发和技术创新的动机。本书借助这一理论框架分析业态结构调整的动因和发展趋势。

二、市场结构与市场绩效理论

以马歇尔（A. Marshall，1890）为代表的古典经济学派推崇市场结构绩效理论，认为随着产业的发展，竞争市场结构比垄断市场结构更倾向于实现经济资源的有效配置和实现更高水平的社会福利。贝恩（Bain，1958）在马歇尔、张伯伦和克拉克等市场结构竞争行为理论的基础上提出了著名的市场结构（structure）—市场行为（conduct）—市场绩效（performance）分析范式，这一范式下产业结构决定了产业内的竞争和垄断状态，进而决定了企业之间的经营行为和策略，最终决定了企业和产业的绩效。与此同时，企业也可通过自身和行业绩效，调整经营行为和策略，进而改变市场结构。本书在这一理论框架下，分析业态结构调整的原则和标准、方向和程度。

三、零售吸引力选址布局理论

在众多零售布局理论当中，无论是经典的产业布局理论、区域经济学公共设施区位选择理论、流通经济学"点线面"布局理论等在分析多业态选址问题时都不具有很好的普遍意义。雷利（Reilly，1929）提出的零售吸引力理论借鉴物理学中的万有引力定律来衡量零售店铺对于消费者的吸引能力。零售吸引力理论是最原始、最基本的商圈理论法则，此后众多的零售选址布局理论绝大多数都源于零售吸引力的核心思想。本书借助这一理论框架分析业态结构调整对零售空间布局产生的影响以及进一步的优化措施。

第四节　零售业态结构调整与空间网络优化
互动机制分析

零售业态结构的变动势必会引起零售空间网络的调整，因为零售业态结构调整和零售布局优化具有"两位一体"的关联关系，两者是"零售服务创新"一个问题的两个方面，零售服务的创新，通过不断优化升级零售业态，零售业态的构成要素和零售吸引能力发生变化，进而会改变零售网点的布局，最终形成新的零售空间网络格局。零售业态结构调整和零售空间网络优化是同步发生的。

一、二者是"零售服务创新"一个问题的两个方面

零售行业归根到底是提供零售服务的流通产业，当商品市场供需关系发生变化，为了迎合这种变化适应新的供需平衡，零售行业势必要对零售服务进行创新。零售服务创新的综合表现就是进行组织重构，调整经营规模、商品结构、售卖方式、服务功能和管理水平，不断优化升级零售业态，由此可见零售业态优化升级的本质就是零售服务创新。零售商通过对零售业态的创新和重新选择，在竞争关系的作用下，会形成一定的零售业态结构，与此同时由于零售业态零售吸引力和辐射范围的差异，形成了不同的空间分布格局，即零售空间网络。所以，我们说零售业态结构调整和零售空间网络优化具有"两位一体"的关联关系，两者是"零售服务创新"一个问题的两个方面。

二、业态功能竞争性和互补性决定业态组合形式

消费者多样化的需求决定了业态的多样性，零售业态之间服务的目标消费群体相互交叉但互有不同，这也决定了不可能出现一种业态独占市场的情况，业态之间差异化的定位使得彼此之间既有竞争性又有互补性。在任何尺度的区域上，零售业态服务功能相近的业态之间存在着竞争和排挤关系，业态功能存在互补关系的业态之间存在互补关系，所以业态的组合形式取决于零售业态零售服务功能的竞争性和互补性。

三、业态零售服务供给能力和市场需求决定零售空间网络形态

地区商品市场需求状况是指地区购买力、销售者偏好、物价水平等多种因素的综合需求表现，地区零售业态服务供给能力是指地区交通、制造业和零售业态规模、结构等因素综合起来提供零售服务的能力，存在什么样的市场需求就需要相应的零售服务供给能力来满足。一个地区或城市商圈范围内的消费者总体对于零售服务的需求决定了业态的类型。在决定地区商品市场需求的诸多因素中购买力是最为关键的因素，地区购买力的大小决定了布局的零售业态的规模、售卖商品的种类、附加服务功能等方面。例如，不同地区的便利店发展阶段与地区的经济发展水平或者说购买力有着密切的关联关系。根据《中国连锁经营发展报告》相关研究，人均 GDP 在 3000 元以上 5000 元以下的地区，便利店发展处于起步阶段；人均 GDP 在 5000 元以上 10000 元以下的地区，便利店发展处于成长阶段；人均 GDP 在 10000 元以上 20000 元以下的地区，便利店发展处于竞争阶段；人均 GDP 在 20000 元以上的地区便利店发展处于成熟阶段。

在商业网点布局时一般会综合考虑居民人均收入、人口数量和购买力密度。一般当人口密度达到 2000 人/平方千米时，相应地可以设置便利店、生鲜食品店、医药店等网点；当人口密度达到 5000 人/平方千米时，可增设综合超市、服务类店铺；当人口密度达到 100000 人/平方千米时，可增设大型综合超市等，当人口密度达到 500000 人/平方千米时，可增设中型购物中心、仓储式商店等大型网点。

四、业态合理集聚促进业态创新和发展的多样性

同类业态或客户群定位和零售功能相近的零售业态如果布局在临近区域，势必会引起业态之间的竞争。如果是具有互补效应的业态布局在一起，彼此能够起到招徕消费者的作用。无论是竞争作用或是合作作用，都会刺激零售商产生进行服务创新的动力，具有合作效应的业态之间会持续增加经营的差异性，具有竞争效应的业态之间会通过强化附加服务、价格手段等提升竞争实力。布局如果过于稀疏会造成消费者和零售商福利水平的降低，如果布局得过于紧凑则会出现零售业态饱和的状况，容易出现恶性竞争、商店关店率提升等状况，所以应当适当布局零售业态。零售业态结构调整和零售空间网

络优化"两位一体"关联关系如图 2 - 3 所示。

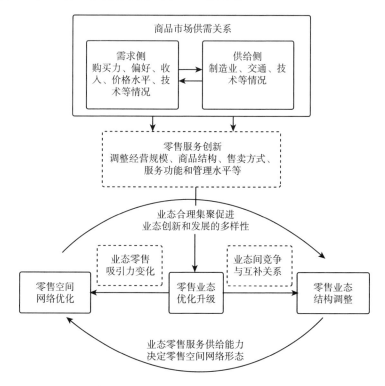

图 2 - 3 零售业态结构调整和零售空间网络优化"两位一体"关联关系

本 章 小 结

本章结合本书研究主题对零售业态、零售业态结构和零售空间网络等概念及其内涵进行了厘清和界定，并对经典文献中涉及产业市场结构与产业空间布局的相关理论进行了详细梳理，理顺了零售业态结构调整与零售空间网络优化之间互动的关联机制。

"零售业态"是对零售商经营方式和组织形式的综合概括。零售业态的构成要素主要包括经营规模、商品结构、售卖方式、服务功能和管理水平等几个方面。按照零售店铺业态构成要素的组合特点可将零售业分为：食杂店、便利店、折扣店、超市、大型超市、仓储会员店、百货店、专业店、专卖店、家居建材商店、购物中心、厂家直销中心、电视购物、邮购、网络零售、自动售货亭、直销、电话购物 18 种业态。其中有店铺零售业态 12 种，无店铺零售业态 6 种。西方现代零售业大致上经历了四次零售业态变革或革命，每一次革命都伴随着一种新型业态的出现，宣告着传统业态的凋敝和转型，都以零售结构重新调整收尾，但伴随着技术创新，孕育着下一次变革。

不同零售业态由于经营规模、商品结构、售卖方式、服务功能和管理水平等构成要素的组合形式不同，其各自对于消费者的吸引能力或集客能力也不尽相同，面向的客户群也有所差别，这就决定了每种零售业态都有着不同的布局规律。零售空间网络是一种多层次、互相交叉的立体结构。零售空间网络是一个空间或地理概念，根据区域或地理空间划分的角度不同，零售空间网络大致可以分为区域零售空间网络、城乡零售空间网络、商圈零售空间网络和虚拟零售空间网络四种类型。

零售商通过对零售业态的创新和重新选择，在竞争关系的作用下，会形成一定的零售业态结构，与此同时由于零售业态零售吸引力和辐射范围的差异，而形成了不同的空间分布格局，即零售空间网络。所以，我们说零售业态结构调整和零售空间网络优化具有"两位一体"的关联关系，两者是"零售服务创新"一个问题的两个方面。

第三章

中国零售业态结构历史变迁 及发展现状

当前我国零售业正处在技术革新和业态结构调整的深刻变革当中，而这场变革又以网络零售业成熟发展为最鲜明的特征。本章将从我国零售业整体发展状况、中国零售业态结构历史变迁和当前我国零售业态发展的鲜明特征等几个方面对我国零售业态结构发展现状进行深入研究。

第一节　中国零售业整体发展情况

我国已进入消费需求持续增长、消费结构加快升级、消费拉动经济作用明显增强的重要阶段。本节将从零售规模、经济贡献、要素效率、商品结构和市场化情况等几个方面对我国零售业整体发展状况进行全面分析。

一、零售规模分析

2016 年，我国共实现社会消费品零售总额 332316.0 亿元人民币，同比增长 10.4%。自改革开放以来，我国已经实现社会消费品零售总额连续近 40 年稳定增长，并且每年仍然保持着较好的增长势头。从 1997～2016 年的情况来看，近 20 年我国社会消费品零售总额平均每年以 13.2% 的速度增长，2016 年社会消费品零售总额相比于 1997 年创造了翻十番的奇迹。近 20 年我国零售市场交易规模扩张速度不断增长，在 2008 年达到峰值的 22.7%，此后进入减速增长阶段。2007～2016 年减速增长的 10 年间，我国社会消费总额翻了三番，平均增速 15.5%。随着我国经济发展进入新常态，零售市场规模仍然保持着比较强劲的增长势头，"十二五" 至 "十三五" 前两年增速均

保持在两位数以上，高于国内生产总值增长速度，2016 年规模相较于 2011
年翻一番（见图 3 - 1）。

图 3 - 1　1997～2016 年中国社会消费品零售总额变动情况

资料来源：历年《中国统计年鉴》。

2007～2016 年，我国零售业法人单位数量持续增加，到 2016 年末拥有
法人企业 98305 个，是 2007 年的近 4 倍。20 世纪 90 年代中期到 2008 年是我
国零售企业迅速扩张阶段，平均每年以接近 20% 的速度增长，2008 年以后增
速开始放缓，这与我国零售企业服务功能能力增强以及网络零售业的快速发
展密切相关（见图 3 - 2）。

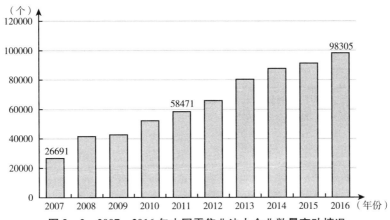

图 3 - 2　2007～2016 年中国零售业法人企业数量变动情况

资料来源：历年《中国统计年鉴》。

二、从经济贡献分析

作为拉动经济增长的"三驾马车"之一,最终消费对于经济增长的贡献水平持续上升。自改革开放以来,拉动经济增长的"三驾马车"中,"投资"一直都是最为强劲和稳定的,长期以来一直保持在50%以上,在2009年一度达到了最高的87.6%。另一驾马车"净出口"虽然偶有突破但并不稳定,金融危机之后,"净出口"受国际经济形势下行影响,2008年以来"净出口"对于经济增长的拉动作用一直为负。"三驾马车"当中"最终消费"对于经济发展的拉动作用不断提升,2011年最终消费支出对GDP增长的贡献水平首次超过了资本形成总额,2016年稳定在64.6%,接近2/3的水平,消费对经济发展的"稳定器""压舱石"作用进一步增强(见图3-3)。

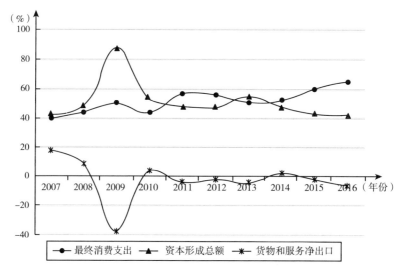

图3-3 2007~2016年三大需求对经济增长的贡献水平要素回报分析

资料来源:历年《中国统计年鉴》。

三、要素效率分析

从2007~2016年零售业年末就业人数来看,零售行业吸纳和解决就业的能力不断提升,2016年末行业从业人数是2007年的近2倍。不仅如此,零售业劳动力要素效率也在不断提升,从2007年的每年263.4亿元/万人提高到 2016 年的每年 476.3 亿元/万人。但从图 3－4 中我们不难发现从业人员的销售效率提高的速度并没有从业人员增加的速度快，这表明，目前零售行业劳动力要素边际产出已经开始递减，零售业每增加一单位劳动力的投入所获得的销售额回报不断减少。

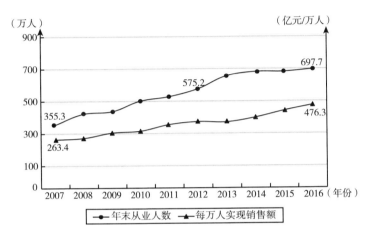

图 3－4　2007～2016 年零售业年末就业人数及其效率水平变动情况

资料来源：笔者根据历年《中国统计年鉴》数据计算得出。

从 2007～2016 年零售业营业面积来看，零售行业对于零售经营场所的投资力度不断加大，2016 年末零售业营业面积达到了 33905.3 万平方米，是 2007 年的 2.1 倍。与此同时营业面积的销售效率也在稳步提升，从 2007 年的 5.8 亿元/万平方米增加到 9.8 亿元/万平方米。此外，从图 3－5 中营业

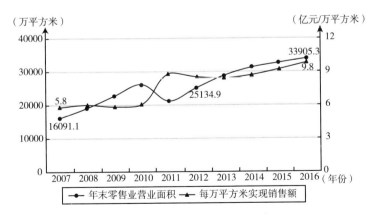

图 3－5　2007～2016 年零售业营业面积及其效率水平变动情况

资料来源：历年《中国统计年鉴》。

面积及其销售效率增加的速度进一步分析，两者增加的速度几乎同步，也就是说我国零售业营业面积规模增加始终处于与社会零售需求增长相适宜的稳定状态。

从2007～2016年固定资产投资情况来看，我国零售业固定资产投资总额不断增大，到2016年末累计固定资产投资已经达到了18166.9亿元，是2007年固定资产投资水平的6.3倍，是2012年水平的1.9倍。但不能忽视的一个问题是，固定资产投资回报却在逐年降低，从2007年单位固定资产投资32.4元下降到2016年仅有18.3元的水平（见图3-6），我们发现进入21世纪我国零售业的销售额增长已经不依赖于固定资产的投资，固定资产的销售额回报效率在一直降低，这与网络零售业为代表的无店铺零售业态的快速兴起有着直接的必然联系。

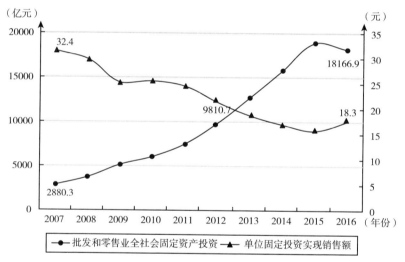

图3-6 2007～2016年零售业固定资产投资及其效率水平变动情况
资料来源：历年《中国统计年鉴》。

从2007～2016年限额以上零售企业营利情况来看，中国零售业主营业务收入和主营业务利润连续递增，到2016年末实现主营业务收入和主营业务利润分别为110428.1亿元和12449.6亿元，是2006年利润水平的7.1倍，"十二五"初期水平的2倍。从利润率水平变化来看，利润率在2008年达到峰值的13.6%，随后进入平稳增长期，始终保持在12%左右，2016年达到12.8%（见图3-7）。

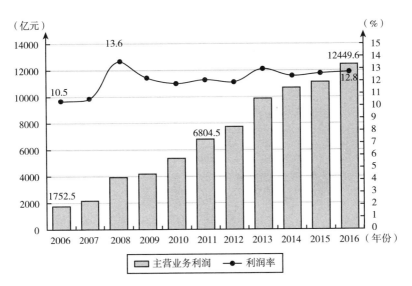

图 3 - 7　2007 ~ 2016 年零售业营利水平变动情况

资料来源：历年《中国统计年鉴》。

四、商品结构分析

从 2016 年限额以上零售业各类商品销售情况来看，汽车及配件商品、综合零售商品、家用电器和电子产品、货摊及无店铺零售、医药及医疗器械和纺织服饰产品已经成为居民消费的主要内容，这六类商品占据居民消费 91% 的内容，五金家具、文化体育用品、食品饮料烟草合计占到 9%，特别汽车及配件商品、综合零售商品、家用电器和电子产品和货摊及无店铺零售四项就占据了 80%，其中汽车及配件商品占比 44%，综合零售商品占比 22%，家电和电子产品占比 8%，货摊及无店铺零售商品占比 6%。2016 年限额以上零售业各类商品销售情况如图 3 - 8 所示。

值得注意的是，2016 年综合零售类商品销售额为 27392.6 亿元，其中百货商店零售额为 15060 亿元，占比 55%；超级市场零售额为 10957.3 亿元，占比 40%，这两项合计占到了整个综合零售类商品的 95%（见图 3 - 9）。而在货摊、无店铺零售及其他零售商品 8183.3 亿元销售额中，互联网零售额就达到了 6482.8 亿元，占比 79%（见图 3 - 10）。

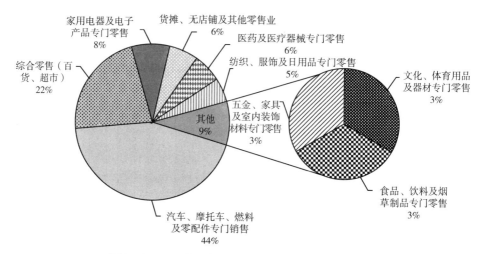

图 3 - 8　2016 年限额以上零售业各类商品销售情况

资料来源：国家统计局贸易外经统计司．中国贸易外经统计年鉴（2017）［M］．北京：中国统计出版社，2017．

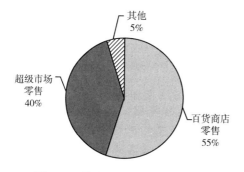

图 3 - 9　综合零售业商品销售情况

资料来源：国家统计局贸易外经统计司．中国贸易外经统计年鉴（2017）［M］．北京：中国统计出版社，2017．

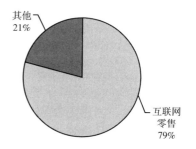

图 3 - 10　货摊、无店铺零售商品销售情况

资料来源：国家统计局贸易外经统计司．中国贸易外经统计年鉴（2017）［M］．北京：中国统计出版社，2017．

五、市场化情况分析

从 2016 年限额以上注册资本结构不同的零售企业销售情况来看，我国零售业市场开放情况良好，内资企业实现销售额 105205.1 亿元，占比 88%，仍据主导地位。外商投资零售企业和港、澳、台商投资零售企业，合计实现销售额 14758.6 亿元，占比 12%。从内资企业销售情况来看，零售业市场化程度较高，国有零售企业和集体零售企业合计占比仅为 2%，有限责任公司、私营零售企业和股份有限公司在零售行业中占据主导，合计占比达到86%。其中，有限责任公司实现销售额51367.5亿元，占比43%；私营企业实现销售额40389.1亿元，占比34%；股份有限公司实现销售额10409.9亿元，占比9%（见图3－11）。

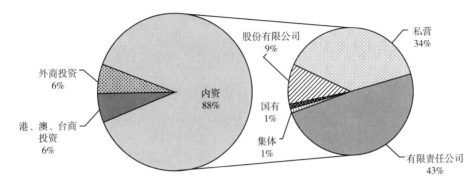

图3－11　2016年不同资本结构零售企业销售情况

资料来源：国家统计局贸易外经统计司. 中国贸易外经统计年鉴（2017）［M］. 北京：中国统计出版社，2017.

第二节　中国零售业态结构历史变迁

我国零售业态发展大致可以分为两个时期，两个时期以2010年为界，在此之前的时期我国零售业一直处于对国外零售业模仿和追赶的状态，中国零售业经过改革开放下不同经济和流通体制的轮转，从传统走向现代、从弱小走向成熟，业态种类也不断丰富和完善，形成了中国特色的零售业态发展道路。直到2010年我国网络零售业交易规模以及消费者活跃度均居世界网络零售市场首位，份额接近20%（根据艾瑞咨询发布的数据，2016年末网络零售交易规模占比为39.2%）。此后时期特别是在国际网络零售业发展不瘟不火的状况下，中国网络零售业独辟蹊径、一直独秀，不断摸索创新，在实现了空前的快速发展同时还带动了上下游及相关产业的调整发展。我国零售业态结构发展先后经历了两个阶段共五个时期，即国际零售经验借鉴阶段（1978～2010年）和国际零售经验领先阶段（2010年至今）。国际零售经验借鉴时期又可以细分为业态重构期（1978～1990年）、多元化成长期（1990～2004年）和国际化发展期（2004～2010年）三个时期，国际零售经验领先阶段又可以细分为网络零售成长期（2010～2016年）和网络零售成熟期（2016年至今）。

一、国际零售经验借鉴阶段

1978 年的改革开放拉开了中国经济体制转变和市场经济建设的大幕，同时宣布新的商品流通和配置机制将逐渐形成，市场将在其中发挥决定性作用，供销体系作为计划经济时代遗留的产物也随之逐渐退出历史舞台。我国现代零售业态发展起步于改革开放，从传统走向现代、从弱小走向成熟，业态种类也不断丰富和完善，形成了中国特色的零售业态发展道路。这一阶段，我国零售业一直处于对国外零售业模仿和追赶的状态，先后经历了业态重构、多元化成长和国际化发展三个时期。

（一）业态重构期（1978～1990 年）

自中华人民共和国成立到推行改革开放，我国一直推行苏联的计划经济，这个时期配给制和供销体系是适合我国经济社会发展的实际需要的，但随着人们生活水平的日益提高，这种供销体制所带来的商业体系结构固化、商品流通效率等问题就显现出来，由此对于制造业的引导促进作用就显得十分有限。

随着改革开放的深入推进，中国经济发展潜力被极大地激发出来，而此时中国零售业已经与世界零售行业发展严重脱轨，错过了三次零售业态的变革。20 世纪 80 年代末，我国零售业仍然是以国营和集体所有的百货商店为主体，多种方式和渠道并存、共同发展。这一时期具有批发职能的业种店兼有零售的职能，它们成为当时零售业转型"先试先行"的突出代表。而装饰精美、布局讲究的百货商店更是成为人们最为推崇的零售业态形式。当时中国的零售市场被压抑和束缚得太久，百货商店的兴起极大地调动了人们的消费热情，柳思维（2012）曾把当时的这种状况概括为"百货零售商店最为辉煌的十年"，长期的卖方市场以及紧缺经济时代使得人们对于百货商店这种零售业态也是全盘接受的，几乎是"建一个、火一个"。据商务部统计，在"第七个五年规划"期间（1986～1990 年）建设的大型百货商店，几乎是新中国成立以来前 35 年的总和，零售业从业人员也在短短的五年中从 100 万人增加到 220 万人。综合概括起来，这一时期的特点主要是：原有供销体系仍发挥作用，百货商店发展迅速，业种店向业态店演变。

（二）多元化成长期（1990～2004 年）

随着百货商店的快速扩张，竞争加剧的同时，单体规模达到上限同时又缺乏有限的管理手段，零售服务水平低下也被人们所诟病。进入 20 世纪 90 年代，国内市场化改革方向日渐明确，这为零售业的繁荣发展提供了良好的政治和制度环境，零售业态变革不再仅仅只是为了解决百货零售与传统零售方式之间矛盾的冲突，这场变革渐渐演化为一场综合性的、多业态的、始终伴随创新和优化升级的全面零售业态结构调整。在激烈竞争中的百货商店经营者、原有供销体系的企业和民间资本成为新一轮零售业态结构调整的主力军。新型业态不断引入，超级市场、连锁店、购物中心、网络零售等业态相继出现，城镇商区不断发展并形成鲜明层次。超级市场与百货商店之间的博弈正式拉开序幕，到 20 世纪末购物中心登上中国零售舞台，网络零售也在孕育中。

中国百货零售业发展迎来的"第一场寒冬"。20 世纪 80 年代末到 90 年代初是百货商店蓬勃发展的 10 年，零售业主们对百货零售商店产生了盲目的乐观预期，这为"第八个五年规划"期间百货商店过度膨胀埋下了伏笔，整个"八五"期间新增百货商店规模的速度超过了社会消费品零售总额的平均增长速度。许多百货商店出现了亏损和关门停业的现象，这其中以国营①和集体所有的百货商店最为明显，许多老字号百货商店或是被民营资本兼并或是被原百货商店管理者个人和员工团体承包。随着新型零售业态的不断兴起，百货商店的停业转型不断加剧，这是百货商店引入中国零售市场面临的"第一场寒冬"。

新型零售业态不断涌现。最先向百货商店发难的是超级市场，早在 20 世纪 80 年代初超级市场就已产生，在名称上多将其称为"自选商店"，但规模普遍较小、经营不规范，1981 年广州友谊商店超级市场和 1984 年北京京华自选商店是目前有据可查的我国最早的超级市场。进入 90 年代，超级市场这种零售方式普遍被消费者熟知，丰富的产品种类和自选的购物方式倍受追捧。几乎都是在 90 年代初，多种业态如雨后春笋般遍地开花，竞相与百货商店这只"独秀"争夺零售市场份额。②

以连锁超市为代表的连锁经营方式在零售行业兴起。1990 年，广东东莞糖烟酒公司创办了美佳连锁超市，1991 年上海华联连锁超市正式营业。1996 年沃尔玛成立合资公司进入中国零售市场，这对中国本土超级市场和连锁商店的发展产生了巨大的借鉴作用，其纷纷效仿和复制"沃尔玛"模式，在连锁店发展的过程中连锁超市独占鳌头。此外，1993 年广州天河万客隆的开业，使其成为中国第一家仓储会员店，依托百年老店和国外知名品牌的专业店和专卖店也快速发展起来。③

购物中心取代百货商店的城市商圈中心地位。在 20 世纪 90 年代以前，

---

① 1993 年"国营企业"改称"国有企业"。

② 李飞. 零售革命 [M]. 北京：经济管理出版社，2009：34.

③ 晏维龙. 流通革命与我国流通产业的结构变动 [J]. 财贸经济，2002（10）.

城市商圈层次并不十分清晰，随着零售网点的增多，城市商圈层次日渐分明，并且原先处在城市商圈中心地位的百货商店被购物中心代替。中国第一家真正意义上的购物中心广州天河城诞生于 1996 年。随着生活水平的不断提高，人们开始不满足于百货商店柜台式的售卖方式，希望在购物的同时获得更好的消费体验，同时百货商店售卖的商品品牌化程度和产品质量普遍不高，这与人民更高品质的消费需求形成了鲜明对比，购物中心的兴起应运而生，背后的规律是消费升级。

（三）国际化发展期（2004～2010 年）

2004 年是中国零售业国际化发展的元年，因为我国加入世界贸易组织时承诺，将在 2004 年 12 月 11 日之前全面对外开放商业零售业，自此中国零售业进入全面国际化发展阶段，这一时期零售业开放式的多业态竞争格局基本形成。多种业态进一步丰富和完善，百货零售业进入深度整合、品牌化和连锁化发展阶段，国际零售品牌纷纷涌入国内市场，有实力的本土零售企业开始走向国际市场，特别是这一时期以网络零售为代表的无店铺零售开始萌芽发展，而这种新兴的零售业态将在未来几年内改变世界的消费方式。

二、国际零售经验领先阶段

（一）网络零售成长期（2010～2016 年）

2010 年之前，我国零售业一直处于对国外零售业模仿和追赶的状态，经过改革开放下不同经济和流通体制的轮转，中国零售业从传统走向现代、从弱小走向成熟，业态种类也不断丰富和完善，形成了中国特色的零售业态发展道路。据艾瑞咨询发布的数据显示，直到 2010 年我国网络零售业交易规模以及消费者活跃度均居世界网络零售市场首位，份额接近 20%，2016 年末网络零售交易规模占比达到了 39.2%，近乎四成的水平。

网络零售业的快速发展，对实体零售业态特别是大型零售业态产生了严重冲击。2013 年全国一二线城市陆续出现中小型百货商店停业关店现象，而后发展到大型百货商店。2014 年以来，已有多家大型百货商店停业。到目前为止，三四线城市也出现了同样的迹象。2012～2016 年全国重点大型零售企业零售额增速创 1999 年以来最低，零售额实际同比增长 8.0%，增速比 2011 年下降了 10.5 个百分点。中国连锁经营协会发布的《2016 年中国连锁百强》数据显示，在 50 家主要百货企业中，门店增长率为负的有 9 家，关店率为两位数的占了大约一半。

（二）网络零售成熟期（2016 年至今）

进入 2016 年，网络零售业发展速度开始放缓，纯粹的网络零售业态发展即将触碰到"天花板"。以"智能化"为鲜明特征的第五次零售业态变革正在酝酿当中，"智慧门店""数字门店"等新型基于大数据和人工智能技术的新型零售业态不断涌现。这些新型业态将会融合智慧终端连接线上线下整套商贸体系，能够为消费者提供便捷、高效、人性化的信息交互和购买服务环境，满足人们对智慧生活的需要。

中国零售业业态结构历史变迁如表3－1所示。

表3－1　　　　　　　　　　　中国零售业业态结构历史变迁

时间	国际零售经验借鉴阶段（1978～2010年）			国际零售经验领先阶段（2010年至今）	
	业态重构期 1978～1990年	多元化成长期 1990～2004年	国际化发展期 2004～2010年	网络零售成长期 2010～2016年	网络零售成熟期 2016年至今
特征	原有供销体系仍发挥作用，百货商店发展迅速，业种店向业态店演变	多业态丰富完善，超级市场、连锁店、购物中心、网络零售等业态相继出现	业态整合、连锁化发展，融入国际零售市场体系	网络零售全面快速发展；实体零售业态受到巨大冲击	网络零售从线上走向线下，"新零售""数字门店"等概念出现
业态结构	百货商店一枝独秀	百货商店、超级市场、购物中心主导	多种连锁经营业态并存	网络零售业态比重大幅提高	线上线下深度融合，业态边界模糊化，业态种类减少

第三节　当前我国零售业态发展的鲜明特征

当前我国零售业正处在技术革新和业态结构调整的深刻变革当中，而这场变革又以网络零售业成熟发展为最鲜明的特征。一方面是百货商店及其他实体零售业态"闭店潮"的蔓延，另一方面是网络零售增速放缓，线上零售对线下零售不断兼并融合。无论哪种业态都面临着一个重新塑造自己价值的机遇和挑战，我国零售业态发展已经进入了创新转型的关键时期。实体零售与网络零售正在从冲突走向融合、从竞争走向互补，而网络零售将在这个过程中起到领导作用。只有那些能在不同时空依赖偏好的消费者中找准定位的业态形式才能够在这场零售变革中摆脱被淘汰的命运，而存活下来的传统业态和新型业态在其技术手段、商业模式和空间布局上都将会发生重大调整。

一、网络零售业异军突起，消费渗透不断提升

当前我国零售业态发展的最主要的特征之一就是网络零售业的快速发展。

进入21世纪第二个10年，我国网络零售业发展一枝独秀、异军突起。根据《中国统计年鉴》数据显示，2012年我国网络零售市场交易额达到13205亿元，占世界网络零售总额23.1%，成为世界第一大网络零售市场。2012~2016年五年间我国网络零售业保持快速平稳发展势头，网络零售市场交易规模快速发展，2016年达53288亿元，突破了5万亿元大关，全球份额达到39.2%，我国世界第一大网络零售市场地位进一步稳固。从网络零售市场交易额与社会消费品零售总额占比情况来看，2012年我国网络零售市场交易规模就已占到了社会消费品零售总额的6.2%，2016年占比达到了历史最高的16.0%，这一比值仍会继续上升（见图3-12）。

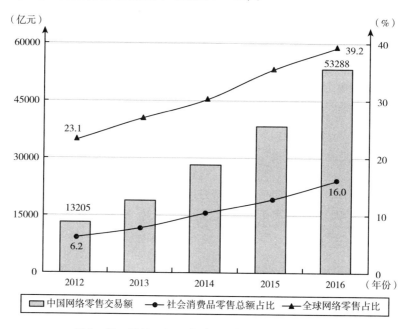

图3-12　2012~2016年中国网络零售业发展情况

资料来源：历年《中国统计年鉴》。

根据艾瑞咨询发布的数据显示，目前中国和美国是世界最大的两个网络零售市场，两国网络零售市场交易额合计占全球网络零售市场的65.0%以上。从网络零售额占比社会消费品零售总额的情况来看（即网络零售渗透率），2016年全球平均网络零售渗透率为8.7%，在全球主要的经济体中中国的网络零售渗透率达到了最高的16.0%，美国网络零售渗透率为7.3%，略低于全球平均水平，欧盟和日本仅分别达到了5.8%和3.1%。由此可见，从全球范围来看，我国的网络零售业确实领先于世界，正在被世界争相模仿和学习（见图3-13）。

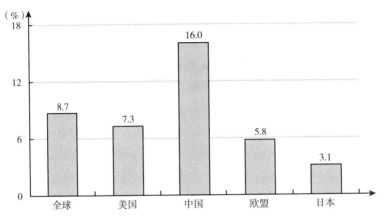

**图 3 – 13　2016 年主要经济体网络零售额与社会消费品零售
总额比值（网络零售渗透率）**

资料来源：中华人民共和国国家统计局. 中国统计年鉴2017 ［M］. 北京：中国统计出版社，2017.

根据《中国统计年鉴》数据显示，2016 年我国移动网络零售市场交易规模达 44726 亿元（见图 3 – 14），占到了整个网络零售市场份额的 83.9%，2012～2016 年年平均增速达到了惊人的 253%。从农村网络零售数据来看，近两年农村网购市场增速超过城市，逐渐成为网络零售发展新动能。2016 年农村网购市场规模达 8945 亿元，同比增长 153.4%，占整个网络零售市场的比重接近 16.8%。

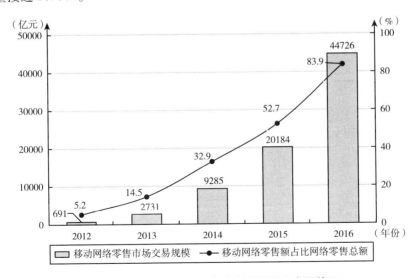

图 3 – 14　2012～2016 年移动网络零售业发展情况

资料来源：历年《中国统计年鉴》。

二、有店铺零售业态受到网络零售发展不同程度的影响

受到网络零售业态发展影响最为剧烈的当属大型有店铺经营零售业态，特别是百货商店、购物中心和大型超市。长久以来我国实体零售企业已经暴露出发展方式粗放、有效供给不足、运行效率不高等突出问题，实体零售发展面临前所未有的挑战。

零售企业关店是我国零售业结构调整与发展方式转变的一种重要表现，从2012～2016年我国主要连锁经营的百货商店、购物中心以及2000平方米以上的大型超市业态关店的统计情况来看。大型零售业态出现大规模关店现象是在2012年，2012～2015年是大型零售企业关店的高峰。从关店的城市来看，从一线城市向二三线城市蔓延，较早受到关店影响的是外资大型零售企业，逐渐向内资企业蔓延（见图3－15）。根据中华全国商业信息中心统计数据显示，从全国百家重点大型零售企业销售额增长情况来看，2007～2016年我国百家大型零售企业销售额增速经历了由高速增长向停滞发展的转变。2007～2011年是我国大型零售企业高速增长阶段，平均增速在20%以上，一直到2011年达到最高值22.6%。此后，我国大型零售企业销售额增长经历了断崖式的下滑，不到两年的时间，我国增速就跌破了10%，这一时期恰好是网络零售业增速最快的时段。2014～2016年我国大型零售企业销售额几乎没有增加，始终处于停滞的状态。从另外一个方面来看，我国网络零售业发展至今已经进入成熟阶段，对大型实体零售的冲击作用已经开始减弱（见图3－16）。

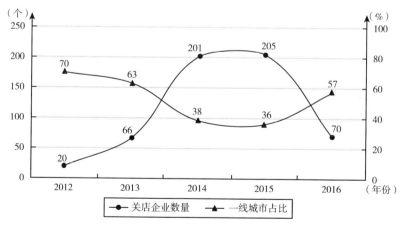

图3－15　2012～2016年主要大型连锁零售企业关店情况

资料来源：中华全国商业信息中心。

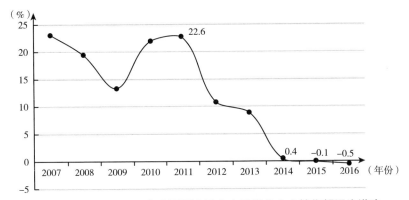

图 3 - 16　2007 ~ 2016 年全国百家重点大型零售企业销售额同比增速

资料来源：中华全国商业信息中心。

　　由于受到网络零售业发展的影响，实体零售业市场份额一直在不断萎缩，从有店铺零售业态经营情况来看，2012 ~ 2016 年只有厂家直销中心和专卖店实现了快速发展，平均增速分别为 49.91% 和 17.46%，专卖店 2014 年后增长放缓，厂家直销中心仍然保持着较高的增长势头。形成鲜明对比的是家居建材店、折扣店、百货店、专业店、超市出现了明显的衰退迹象，其中以家居建材店、折扣店和百货店最为严重（平均增速为负），专业店和超市则处于"原地踏步"状态（平均增速接近 0）。此外大型超市、便利店和仓储式会员店平均增速稍高于社会消费品零售总额平均增速，保持平稳发展（见图 3 - 17）。

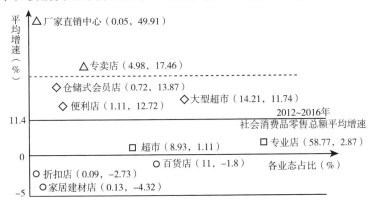

图 3 - 17　2016 年有店铺零售业态结构和增速情况

　　注：为了保证数据的可比性，对所有原始数据进行价格平减，剔除了价格变化影响因素。以 2010 年价格作为基期价格。

　　资料来源：笔者根据《中国统计年鉴》（2011 ~ 2016 年）历年"商品零售价格指数"（retail price index，preceding year = 100）统计计算求得。

三、网络零售业进入不平衡的成熟发展阶段

一方面，我国网络零售交易规模持续增长，新模式、新业态发展迅猛，社会经济影响不断深入；另一方面，伴随网民数量增长的趋缓，网络零售也面临着总体增速趋缓、市场竞争加剧、线上成本攀升的发展环境，电商企业纷纷布局农村市场、大力发展跨境电商、加快"走出去"步伐，在积极拓展新市场、新空间的同时不断加大对线下实体资源的整合力度，但在融合发展过程中，我国网络零售也出现了线上与线下、城市与农村、国内与跨境发展不平衡，政策挑战日趋明显等问题。

（一）当前我国零售业已经进入成熟发展阶段

经过可比价格处理后的数据显示，2012～2016 年网络零售市场交易规模总量不断增大，并且每年增速均高于全国社会消费品零售总额近 5 年的平均增速。但从中可以明显看出，我国网络零售业的增长已经出现了显著的收敛趋势，增速逐年下降。从网络零售巨头经营情况来看，网络零售业基本形成了稳定的市场格局，近五年排名前三的 B2C 平台顺序没有发生过变化，排名前六的 B2C 平台也相对稳定，据中国电子商务研究中心监测数据（100EC. CN）显示，2016 年中国 B2C 网络零售市场，天猫依然稳居首位，份额占比为 57.7%，京东凭25.4% 份额紧随其后，唯品会的市场份额为 3.7%。排名第 4 到 6 位的平台分别为苏宁易购（3.3%）、国美在线（1.8%）、当当（1.4%），行业前三家企业占据整个网络零售市场份额的 86.8%，前六家份额占到了 93.3%[①]。以上情况正是阿里巴巴集团孕育"新零售"概念最为重要的行业背景，网络零售商迫切地开始加快线上线下融合的步伐，加紧对线下"流量"的抢夺，布局未来"全渠道"零售市场。2012～2016 年可比价格下网络零售业增长趋势如图 3 - 18 所示。

从网络购物（以下简称"网购"）用户规模增长情况来看，2012～2016 年我国网购用户数量以及其中手机网购用户数量持续增加，2016 年末我国网购用户数量达到了 46670 万人，其中手机网购用户 44093 万人，占比 94.5%。但从增速来看，我国网购用户规模增速不断降低，从 2012 年的 24.8% 降低到 2016 年的 12.9%。手机网购用户数量增速经历了先增后减的过程，2013 年达到惊人的 160.2%，随后逐年减速（见图 3 - 19）。

---

① 参见中国电子商务研究中心. 2016 年度中国网络零售市场数据监测报告［DB/OL］. http：//www.100ec.cn/zt/zhiku，2017 - 05 - 17/2017 - 08 - 10.

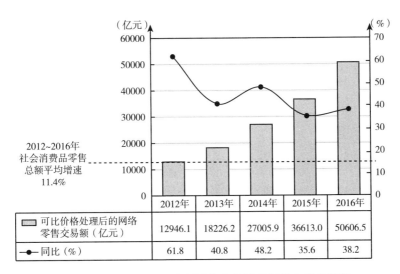

	2012年	2013年	2014年	2015年	2016年
可比价格处理后的网络零售交易额（亿元）	12946.1	18226.2	27005.9	36613.0	50606.5
同比（%）	61.8	40.8	48.2	35.6	38.2

图3-18　2012～2016年可比价格下网络零售业增长趋势

资料来源：中国电子商务研究中心.2016年度中国网络零售市场数据监测报告［R］.杭州：中国电子商务研究中心，2017.

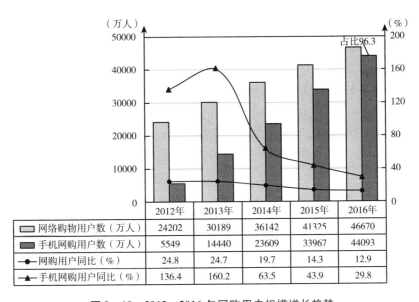

	2012年	2013年	2014年	2015年	2016年
网络购物用户数（万人）	24202	30189	36142	41325	46670
手机网购用户数（万人）	5549	14440	23609	33967	44093
网购用户同比（%）	24.8	24.7	19.7	14.3	12.9
手机网购用户同比（%）	136.4	160.2	63.5	43.9	29.8

图3-19　2012～2016年网购用户规模增长趋势

资料来源：中国电子商务研究中心.2016年度中国网络零售市场数据监测报告［R］.杭州：中国电子商务研究中心，2017.

　　无论是借助产业生命周期理论或是市场结构理论来理解，任何产业发展都不可能永远保持高速增长，网络零售业也不例外。网络零售业作为新兴产业或新型零售业态，其所面临的潜在的市场最终会接近饱和，市场结构或市场竞争格局也会逐渐趋于稳定，在新一轮技术革命到来前依赖上一代信息技术驱动发展也终将面临乏力。任何产业发展过程中都面临着来自产业内和产业外各种因素的限制，抛开产业外部的技术和政策环境这些长期和复杂的因素不谈，单从产业内部生产发展来分析，产业发展面临的限制条件主要来自供给侧和需求侧两个方面，在供给一端主要面临着要素市场、生产条件和管理水平等因素的限制，而需求一端则受购买潜力、消费偏好和消费结构等因素影响。

当前中国网络零售业的发展，技术和政策束缚基本消除，要素市场和生产管理水平也趋于成熟。我国网络零售业已经进入了成熟发展阶段，并且即将或已经触碰到了发展的"天花板"，现阶段网络零售业发展的最大障碍就是线上零售市场的饱和以及上下游产业的配套情况。当下网络零售业为了谋求进一步发展，就需要不断刺激潜在线上消费市场，进一步借助周边产业的发展优势，通过移动终端等新兴网络零售手段抢夺线下消费"流量"，加速线上零售与线下零售相融合，打造新型的网络零售为主导的全渠道零售格局。

从行业内生发展来看，经过近 10 年的快速发展，我国网络零售业占全社会零售市场份额仍然在不断扩大，但增长速度已经开始明显放缓。从网络零售业发展的外部性来看，经过测算，其在释放社会消费潜力、推动经济社会发展和提升经济运行效率方面作用十分显著，社会消费弹性系数（SV1）、经济发展弹性系数（SV2）、经济效率弹性系数（SV3）近五年间始终为正[①]。从 2012～2016 年平均水平来看，每当网络零售业市场规模增加 1 个单位，全社会消费总额相应增加 5.03 个单位，全社会经济总量相应增加 8.21 个单位，全社会经济效率相应提升 0.74 个单位[②]。从测算结果中不难看出，2012～2016 年虽然网络零售业的发展持续向全社会释放着积极的外部性，但从整体趋势上来看，这种外部效应已经开始逐渐减弱。综上所述，当前我国网络零售业不仅自身增速放缓，其对于经济增长和经济效率提升的贡献水平也在逐年下降，我国网络零售业已经进入了由内而外的全面收敛发展状态（见图 3 - 20）。

---

① 计算细节详见附录 C。
② 高铁梅、王金明、陈飞、刘红玉. 计量经济分析方法与建模：EViews 应用及实例 [M]. 北京：清华大学出版社，2009：372.

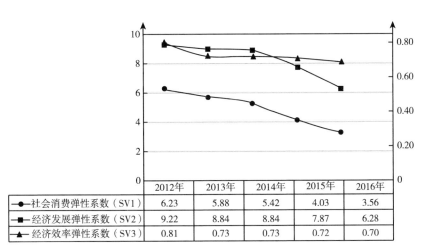

	2012年	2013年	2014年	2015年	2016年
● 社会消费弹性系数（SV1）	6.23	5.88	5.42	4.03	3.56
■ 经济发展弹性系数（SV2）	9.22	8.84	8.84	7.87	6.28
▲ 经济效率弹性系数（SV3）	0.81	0.73	0.73	0.72	0.70

图 3 - 20　2012～2016 年网络零售业外部性收敛发展趋势

资料来源：见附录 C。

（二）网络零售业区域发展不平衡

我国东、中、西部地区经济发展差异较大，零售资源在空间分布上长期处于不平衡的状态，网络零售业的快速发展使得零售商的辐射范围大大增加，使得跨省份、跨区域零售真正形成规模，我国流通资源配置严重失衡的局面得到了显著改善。此外，网络零售在扶持创业和扶贫方面有着不可比拟的优势，对于改善区域经济结构、降低地区间发展差距有着重要的作用。但从目前网络零售业存在的严重的区域发展不平衡问题来看，网络零售业集中在东部地区发展，随着网络零售业的成熟发展，人才和技术也向其他地区溢出，产地优势逐渐在网络零售业发展中凸显（见表 3 - 2）。

表 3 - 2　　　　　　　　分地区网络零售业发展占比情况　　　　　　　　单位：%

四大经济区	占比	八大经济区	占比
东部地区	83.46	东部沿海	36.97
		南部沿海	28.07
		北部沿海	18.43
中部地区	7.92	长江中游	5.96
		黄河中游	3.93

续表

四大经济区	占比	八大经济区	占比
西部地区	7.18	西南地区	4.89
		西北地区	0.32
东北地区	1.44	东北地区	1.44

注：（1）各省份空间距离由 GeoDa 软件根据各省份质心坐标计算得到的弧度距离（Arc Distance）表示，单位为千米；空间分散度指数计算时 α 常数值取 100。（2）中部地区与黄河中游和长江中游地区并非完全包含关系，内蒙古自治区和陕西省属于黄河中游地区和西部地区，但并不属于中部地区。

资料来源：中华人民共和国国家统计局. 中国统计年鉴 2017［M］. 北京：中国统计出版社，2017.

通过分析 2016 年全国各省份网上零售额，可以发现广东省、浙江省、北京市、上海市、江苏省和福建省网络零售业发展速度较快、规模较大，这六个省份网上零售额合计占到了全国网上零售额的 76.94%，而仅广东省、浙江省和北京市就占到了全国份额的一半以上（53.44%）。从经济区域划分来看，东部地区占据了绝对的优势，全国占比达到了 83.46%，我国网络零售业地区发展差异大，空间分布不均衡。进一步地，从各种地理集中度指数来看，不考虑距离因素的绝对地理集中度指数，变异系数（CV）数值较大，集中率（CR^5）、基尼系数（GINI）数值接近 1，绝对赫芬达尔指数（MHHI）明显偏离 1/31（1/n），这些都说明中国零售业地理集中程度偏大、地理分布差异大，从参考了各地区经济规模的相对地理集中度指数和考虑了省份间距离因素的空间分散度指数（SP）来看，相应数值仍然印证了绝对指标的结论（见表 3-3）。

表 3-3 网络零售业地理集中度测算情况

未考虑省份间空间距离						考虑省份间空间距离
绝对指标				相对指标		
变异系数（CV）	集中率（CR^5）	基尼系数（GINI）	绝对赫芬达尔指数（MHHI）	相对基尼系数（GINIR）	相对赫芬达尔指数（MHHT）	空间分散度指数（SP）
1.7026	0.7236	0.7140	0.06369	0.5971	0.04206	0.10305

注：（1）各省份空间距离由 GeoDa 软件根据各省份质心坐标计算得到的弧度距离（Arc Distance）表示，单位为千米；空间分散度指数计算时 α 常数值取 100。（2）计算细节详见附录 D。

资料来源：王庆喜. 区域经济研究实用方法［M］. 北京：经济科学出版社，2014：128.

（三）网络零售业城乡发展不平衡

根据《中国统计年鉴》数据显示，城镇网络零售额一直都是我国网络零售业的主体，在 2015 年之前占比一直都在 90% 以上。从农村网络零售数据来看，2016 年农村网络零售额达到 4823 亿元，占比整个网络零售行业 10%，相较于 2015 年的 3530 亿元同比增长 36.6%。近两年农村网购市场增速超过城市，网络零售市场份额也不断增加，农村网购市场逐渐成为网络零售业发展新动能。城市网络零售市场已经进入成熟阶段，市场潜在购买力被充分利用，各大电商竞争加剧，纷纷在农村加速战略布局（见图 3－21）。

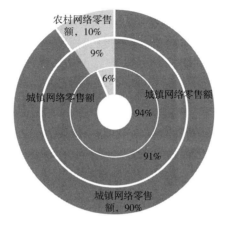

图 3－21　2014～2016 年网络零售业城乡结构发展趋势

资料来源：历年《中国统计年鉴》。

从网购渗透率（网络零售额占社会消费品零售总额）情况来看，2014～2016 年农村网购渗透率不断提高，增幅超过城镇和全国平均水平，2016 年农村网购渗透率达到了 10.4%，但从整体看来，仍低于城镇和全国水平，发展潜力巨大（见图 3－22）。

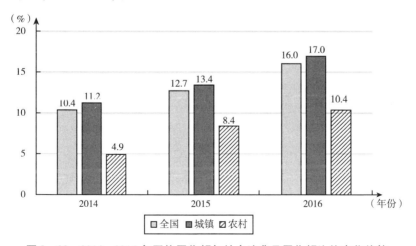

图 3－22　2014～2016 年网络零售额与社会消费品零售额比值变化趋势

资料来源：历年《中国统计年鉴》。

本章小结

本章从我国零售业整体发展状况、中国零售业态结构历史变迁和当前我国零售业态发展的鲜明特征等几个方面对我国零售业态结构发展现状进行深入研究。

从零售规模来看，自改革开放以来，我国已经实现社会消费品零售总额连续近40年稳定增长，并且每年仍然保持着较好的增长势头，消费对经济发展的"稳定器""压舱石"作用不断增强；从要素效率来看，近10年我国零售业劳动力、经营面积、固定资产投资等要素单位报酬不断提升；从商品结构来看，2016年汽车及配件商品、综合零售商品、家用电器和电子产品、货摊及无店铺零售、医药及医疗器械和纺织服饰产品已经成为居民消费的主要内容，这六类商品占据居民消费91%的内容。从资本构成情况来看，2016年内资企业实现销售额105205.1亿元，占比88%，仍据主导地位。

我国零售业态结构发展先后经历了两个阶段共五个时期，即国际零售经验借鉴阶段（1978~2010年）和国际零售经验领先阶段（2010年至今）。两个时期以2010年为界，在此之前的时期我国零售业一直处于对国外零售业模仿和追赶的状态，中国零售业经过改革开放下不同经济和流通体制的轮转，从传统走向现代、从弱小走向成熟，业态种类也不断丰富和完善，形成了中国特色的零售业态发展道路。直到2010年我国网络零售业交易规模以及消费者活跃度均居世界网络零售市场首位，后时期特别是在国际网络零售业发展不瘟不火的状况下，中国网络零售业独辟蹊径、一直独秀、不断摸索创新，在实现了空前的快速发展同时还带动了上下游及相关产业的调整发展。国际零售经验借鉴时期又可以细分为业态重构期（1978~1990年）、多元化成长期（1990~2004年）和国际化发展期（2004~2010年）三个时期，国际零售经验领先阶段又可以细分为网络零售成长期（2010~2016年）和网络零售成熟期（2016年至今）。

当前我国零售业正处在技术革新和业态结构调整的深刻变革当中，而这场变革又以网络零售业成熟发展为最鲜明的特征。一方面是百货商店及其他实体零售业态"闭店潮"的蔓延，另一方面是网络零售增速放缓，线上零售对线下零售不断兼并融合。无论哪种业态都面临着一个重新塑造自己价值的机遇和挑战，我国零售业态发展已经进入了创新转型的关键时期。实体零售与网络零售正在从冲突走向融合、从竞争走向互补，而网络零售将在这个过程中起到领导作用。

第四章

中国零售业态结构调整的
环境、动力和趋势分析

第二章我们已经论述过，零售业态结构调整是零售企业实施差异化竞争策略对零售业态优化和选择的结果，而零售业态优化升级的本质则是零售服务的技术创新。根据唯物辩证法的观点"矛盾是事物发展的动力和源泉"，要研究零售业态的优化升级行为，就要了解当前我国零售业发展面临着怎么的外生客观环境和内生发展矛盾，掌握业态优化和结构调整的趋势，本章将对以上内容进行深入分析。

第一节　零售业态结构调整的客观环境

零售业的发展、零售业态结构的调整以及零售业态的优化升级，除了行业内生因素外还会受到外界客观环境的影响，本节将对零售业态结构调整面临的政策环境、经济环境、消费环境和技术环境进行全面梳理。

一、政策环境——不断完善促进消费的体制机制

党的十八大以来，国家从深化流通体制改革、培育消费热点、改善营商环境、推动线上线下融合发展等方面陆续出台了一系列政策文件，旨在培育消费发展新动能、构建扩大消费新机制、创造消费供给新条件、建立消费市场新秩序、降低企业成本。

（一）"新常态"阶段要积极顺应和把握消费升级大趋势

2014 年中央经济工作会议指出"必须历史地、辩证地认识我国经济发展的阶段性特征，准确把握经济发展新常态"。特别强调并列举了"新常

态"的八大特征，"从消费需求看，过去我国消费具有明显的模仿型排浪式特征，现在模仿型排浪式消费阶段基本结束，个性化、多样化消费渐成主流，保证产品质量安全、通过创新供给激活需求的重要性显著上升，必须采取正确的消费政策，释放消费潜力，使消费继续在推动经济发展中发挥基础作用"。这一特征的准确把握为零售业发展指明了升级方向，蕴含了大量的战略契机。

（二）"供给侧改革"背景下流通产业为全产业"降本增效"

商务部等13部门发布的《关于开展加快内贸流通创新　推动供给侧结构性改革　扩大消费专项行动的意见》指出，我国居民消费层次、结构、方式和理念正在发生深刻变化，对生产环节和流通环节的结构性改革都提出了新的要求。要适应新形势、新任务，加快内贸流通创新发展，着力推进供给侧结构性改革，为扩大消费需求和促进经济增长提供有力支撑。为贯彻落实关于适度扩大总需求、坚定不移推进供给侧结构性改革的决策部署，进一步加快内贸流通改革创新，优化供给结构，扩大消费需求，以发展现代流通为导向，以推动供给侧结构性改革为工作主线，以加快内贸流通创新为动力，加快推进流通信息化、标准化、集约化，降低流通成本，提升流通效率，调整供给结构，挖掘需求潜力，优化消费环境，推动消费需求扩大和消费全面升级。

（三）"实体商业转型"阶段调整零售布局、业态和商品结构

实体零售是商品流通的重要基础，是引导生产、扩大消费的重要载体，是繁荣市场、保障就业的重要渠道。近年来，我国实体零售规模持续扩大，业态不断创新，对国民经济的贡献不断增强，但也暴露出发展方式粗放、有效供给不足、运行效率不高等突出问题。此外，受经营成本不断上涨、消费需求结构调整、网络零售快速发展等诸多因素影响，实体零售发展面临前所未有的挑战。在商务部推动下，2016年11月国务院办公厅印发《关于推动实体零售创新转型的意见》，针对当前零售业发展方式粗放、有效供给不足、运行效率不高等突出问题，从调整商业结构、创新发展方式、促进跨界融合、优化发展环境、强化政策支持等方面推动实体零售由销售商品向引导生产和创新生活方式转变，由粗放式发展向注重质量效益转变，由分散独立的竞争主体向融合协同新生态转变，进一步降低流通成本、提高流通效率，更好地适应经济社会发展的新要求。

（四）电子商务发展"十三五"时期，网络零售进入全面发展和联动发展叠加期

电子商务经济以其开放性、全球化、低成本、高效率的优势，广泛渗透到生产、流通、消费及民生等领域，在培育新业态、创造新需求、拓展新市场、促进传统产业转型升级、推动公共服务创新等方面的作用日渐凸显，成为国民经济和社会发展新动力，孕育全球经济合作新机遇。根据商务部发布的数据显示，经过近20年地积极推进和创新发展，"十二五"时期，我国电子商务交易规模从2011年的6万亿元增至2015年的21.8万亿元，已经成为全球规模最大、发展速度最快的电子商务市场。《电子商务"十三五"发展规划》指出全球电子商务进入全面发展和联动发展叠加的新时期，世界各国电子商务均表现出积极增长势头，跨境电子商务贸易与资本合作加速，我国电子商务进入规模发展和引领发展的双重机遇期。经济与社会结构变革为电子商务拓展新空间。城乡二元结构调整为电子商务在农村发展提供广阔市场，电子商务将持续在平衡城乡消费差距、提升农村流通现代化水平、促进农产品商品化、助推农民增收等方面发挥积极作用。新经济快速发展对政府治理提出新挑战。电子商务经济区域发展不平衡问题日渐显现，迫切需要探索协调、共享发展途径。

（五）"新型城镇化"过程中要求加强农村零售基础设施和网络建设

城镇化水平持续提高，会使更多农民通过转移就业提高收入，通过转为市民享受更好的公共服务，从而使城镇消费群体不断扩大、消费结构不断升级、消费潜力不断释放，也会带来城市基础设施、公共服务设施和住宅建设等巨大投资需求，这将为经济发展提供持续的动力。将生态文明理念全面融入城市发展，构建绿色生产方式、生活方式和消费模式。绿色生产、绿色消费成为城市经济生活的主流，节能节水产品、再生利用产品和绿色建筑比例大幅提高。

（六）"新时代"注重完善促进消费的体制机制

党的十九大报告中提出要加快完善社会主义市场经济体制。同时强调要注重完善促进消费的体制机制，增强消费对经济发展的基础性作用。加快建立绿色生产和消费的法律制度和政策导向，建立健全绿色低碳循环发展的经济体系。2017年中央经济工作会议进一步提出"结构性政策要发挥更大作用，强化实体经济吸引力和竞争力，优化存量资源配置，强化创新驱动，发挥好消费的基础性作用，促进有效投资特别是民间投资合理增长"。

二、经济环境——"降速提质"的新时代

2010 年我国 GDP 增速跌破两位数，2012 年和 2015 年又相继跌破 8% 和 7%，这些都标志着我国经济已由高速增长阶段转向高质量发展阶段，正处在转变发展方式、优化经济结构、转换增长动力的攻关期。世界经济仍处在国际金融危机后的深度调整期，总体复苏疲弱态势难有明显改观，国际金融市场波动加大，国际大宗商品价格波动、地缘政治等非经济因素影响加大。

经济增长虽然放缓，但经济总量仍然保持稳定增长的态势，2016 年我国国内生产总值突破 70 万亿元，同比增长 6.7%，2017 年为 82.7122 万亿元，同比增长 6.9%，回升到 2015 年同期水平。与此同时，消费需求逐步增强，社会消费品零售总额不断增加，虽然受到经济环境影响增速开始放缓，但仍然保持着两位数的增长速度，快于国内生产总值增速（见图 4 - 1）。

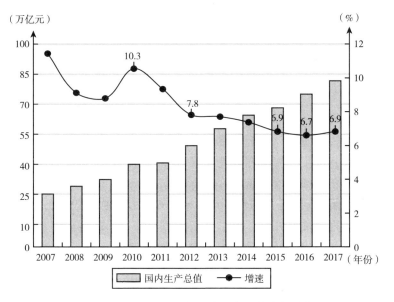

图 4 - 1　2007～2017 年国内生产总值变化趋势

资料来源：历年《中国统计年鉴》。

此外，就业收入明显好转。根据《中国统计年鉴》数据显示，2016 年城

镇新增就业334万人，比上年同期多增16万人；市场求人倍率为1.13，比上年同期略有提高；居民收入实际增长7.0%，比上年同期加快了0.5个百分点。消费者信心持续好转，2010～2012年是我国经济增速下滑最为剧烈的时段，这一时期消费者信心指数也跌至最低，近5年不断上升，基本接近2007年水平（见图4-2）。

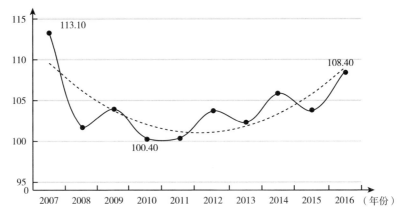

图4-2　2007～2016年消费者信心指数变化趋势

资料来源：历年《中国统计年鉴》。

三、消费环境——"新消费"孕育"新零售"

我国已进入消费需求持续增长、消费结构加快升级、消费拉动经济作用明显增强的重要阶段。以传统消费提质升级、新兴消费蓬勃兴起为主要内容的新消费，及其催生的相关产业发展、科技创新、基础设施建设和公共服务等领域的新投资、新供给，蕴藏着巨大发展潜力和空间。

（一）从消费群体看，"泛90后"和中产阶层渐成消费主力

需求变化推动消费升级，近年来我国消费群体、消费需求和消费习惯均发生深刻变化。"泛90后"群体，是指出生在1985～1995年的一代年轻人，更广泛意义上指的是拥有类似"90后"消费方式的群体，并不受年龄限制。据国家统计局数据估算，当前我国"80后""90后"和"00后"约有5.5亿人，占总人口的比例为40%左右，这部分新兴消费群体具备一定的社会地位和收入积累，处于买房、结婚、生育黄金时期，接受新事物快、消费观念超前，是新业态、新模式的主要参与者和推动者，担当了我国消费主力军角色。未来"泛90后"群体和上层中产及富裕阶层消费者将深刻改变中国的

消费市场。2017年"双十一"各年龄群体消费情况见图4-3。

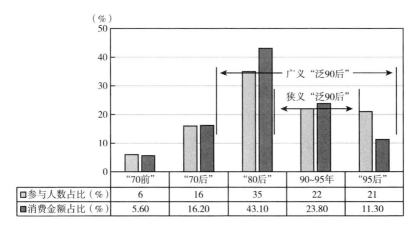

	"70前"	"70后"	"80后"	90~95年	"95后"
参与人数占比（%）	6	16	35	22	21
消费金额占比（%）	5.60	16.20	43.10	23.80	11.30

图4-3 2017年"双十一"各年龄群体消费情况

资料来源：杨健. 进击，Z世代［R］. 北京：阿里研究院，2017.

中产阶层是典型的"三高一大"群体，他们高学历、高收入、高消费信心、消费潜力巨大，他们更注重品牌文化内涵、品牌调性和品牌故事，强调其个性和态度。从2013~2016年不同收入群体平均可支配收入增长情况来看，中等收入家庭的可支配收入增长最快，消费潜力不断增大（见图4-4）。

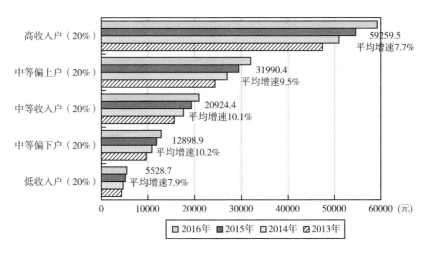

图4-4 2013~2016年不同收入户人均可支配收入变化情况

资料来源：见附录表E-2.

（二）从消费目的和内容看，品质、新兴、智能、绿色和服务消费比重增大

从消费目的和内容看，当前居民消费已经不再满足于基础温饱消费，人们不断在消费过程中追求个性的彰显、健康生活和良好的体验。居民消费升级的重点领域有品质消费、服务消费、信息消费、绿色消费、时尚消费、农村消费六个方面。

1. 品质消费

根据阿里巴巴集团公布的品质消费指数显示，2011～2015 年中国居民网购消费者品质消费占比从 26.8% 上升到 34.4%。伴随着居民收入水平不断提高，中国居民已经具备品质消费的经济实力，特别是中国当前具有规模庞大的中产阶层，这部分消费群体对品质消费有着巨大购买潜力，不仅仅是经济耐用，还要追求品牌、智能、精美和格调情趣。品质消费涉及所有消费品类和服务门类，品质消费比重的上升将带动整个制造产业和零售行业全面升级改造、更新换代，生产工艺不断更新，原材料和中间产品品质也相应地提升，零售行业展示陈列的方式和相应的服务水平都会上升到新的层面。

2. 服务消费

随着商品的极大丰富，人们对物质生活的需要基本得到满足，逐渐地人们开始关注那些既能提高生活质量，同时又有利于自身知识积累和技能提高的服务消费。近些年发展较快在未来有巨大发展前景的服务消费类型主要有：以职业技能和文化艺术修养提高为主题的教育培训类消费；以乡村旅游、自驾旅游、工业旅游等为主题的新型旅游消费；以养老护理和家政服务为主题的生活宜居消费；围绕健康管理、医疗护理和健身养颜的健康消费；以创意设计、数字内容和游戏开发为主题的新兴文化消费等。未来集多种服务于一体的城乡社区服务平台、大型服务综合体等平台建设将有广阔的发展空间。

3. 信息消费

随着信息技术应用的普及，人们的生产、生活、消费方式和流程已经发生了巨大改变，信息也正成为人们日常重要的消费内容。重点发展的信息消费类型主要有：便民惠民的面向社区线上线下融合的生活类信息消费；面向公众的居家护理、在线医疗、在线培训的公共服务类信息消费；支撑行业升级发展的专业化的行业类信息消费。与此同时还要配套发展与信息消费相关的移动通信终端、可穿戴设备、数字家庭产品的开发。

4. 绿色消费

绿色低碳的生活理念已经逐渐成为人们的共识，消费绿色和有机食品也已成为常态，日用消费品中空气净化器、节能净水装置、低噪高效的家电设备、绿色装饰建材等改善绿色居住环境、节能环保的商品消费量正不断上升。绿色消费的兴起对生态农业生产、绿色商品的设计制造以及流通都提出了新的挑战。特别是绿色和有机食品对于零售门店和零售物流的冷链运输、展销和追溯都提出了更高的要求。

5. 时尚消费

不仅仅是年轻人偏爱时尚品牌的消费，追求个性和时尚正成为全民生活质量提高的必要条件。特别是当前模仿型排浪式消费阶段基本结束，个性化多样化消费渐成主流时尚。消费规模的扩大，不仅对制造业个性化、定制化和柔性生产提出了调整，零售环节门店的装修、陈列和服务水平也需要进一步提高，加大相关基础设施投资。

6. 农村消费

农村消费市场地位虽然不断提升，但始终处在市场的边缘。随着农村居民收入的提高以及网络零售的普及，特别是近年城镇消费对于农村消费的示范带动效应明显增强。农村消费表现出明显的梯度追赶型特征，在电子设备、时尚消费、品质智能消费、家电类耐用消费品和家用轿车等方面市场潜力巨大。

四、技术环境——"技术与商业模式融合创新"前景广阔

中国互联网领域正从商业创新引领发展驱动走向技术与商业双轮驱动。互联网的飞速发展，不仅为消费者带来了便捷，推动了消费需求从低端到中高端的变革，同时助力中国制造业的转型升级，给创新创业、扶贫、就业等国家和社会关注的热点问题赋予了新的内涵，也让治理创新走向更加开放协同。

（一）线上流量红利殆尽，新一轮信息技术将重构未来商业

当今世界正在经历从 IT（internet technology）时代向 DT（data technology）时代的变迁，新一轮以云计算和人工智能技术为代表的互联网技术革命，将进一步解放脑力，使得数据成为核心资源。未来，数据是生产资料，计算是生产力，此后 30 年新技术将融合到传统行业的方方面面。纵观互联网从诞生到走入生产生活，从简单应用到门户网站再到交易平台，最先影响的是与消

费者最近或者市场化程度较高的行业。在 IT 时代，美国的企业跨国公司主导着整个世界的变革，是计算机硬件和软件技术驱动，但到了 DT 时代，云计算、大数据、人工智能，这几种技术肯定是驱动未来变革的核心要素，实时化、智能化、普惠化、开放化、加速化是代表未来技术的发展趋势。新型商业基础设施由互联网、大数据、云计算所支撑，这些要素也将成为新零售业态不可缺少的组成部分。云计算的发展已经有目共睹，以阿里云为代表的中国云服务商迅速崛起，根据高德纳咨询公司（Gartner）发布的《2017 年全球公共云基础设施及服务市场份额报告》，阿里云进入了云计算服务企业全球前三的位置，超越了谷歌（Google）。未来云计算市场 TOP5 的竞争其实就是中国的公司和美国的公司在较量。

网络零售极速发展的时期已经过去，线上消费者流量和网络化的人口红利也即将消耗殆尽，信息化、网络化和智能化技术正在成为零售产业转型升级、商业模式创新的关键动力，融合新技术的零售业能够更好地满足消费者个性化、多样化、品质化、智能化消费需求，能够有效地提高销售效率，降低售卖成本。一方面，新技术的应用有助于提高销售的精准度。大数据技术擅长刻画分析消费者购买特征，这为开展精准化、人性化和差异化销售提供了基础，省时省力又高效。另一方面，新技术的应用有助于实现便利支付。越来越多的人通过移动终端进行支付，根据艾瑞咨询发布的《2017 年中国第三方支付年度数据发布研究报告》显示，2016 年末我国手机支付用户规模已达 4.7 亿人，占支付方式的 67.5%。此外，新技术的应用有助于规模化定制的实现。虚拟现实技术（VR）和增强现实技术（AR）的发展使得商品体验更加容易，商品和消费者在空间上的隔阂消失了，一定程度上有效解决了信息不对称问题。

（二）"互联网＋"生产和消费模式

对实体零售产生冲击的表面上看是网络零售，但归根结底是互联网技术和互联网思维，网络零售业不过是在商品售卖过程中融合了互联网技术，延伸了互联网理念，形成了一套适应现代社会消费需求的零售业态。制造业和零售业都把产业变革动力的焦点放在技术创新上，特别是互联网技术和思维，正在从零售端走向生产端。零售业线上线下的深度融合也仅仅是"互联网＋"各行各业的开始，这种融合是更深层次的信息化和数字化，不仅仅是互联网平台的搭建和应用程序 App 的开发，而且是借助互联网的思维对整个供应链体系和业务流程进行重新塑造，将商流、物流、信息流、资金流各个环节线上线下打通。互联网技术正在成为产业转型重要的驱动力，互联网经济在国民生产总值当中占比持续攀升，2016 年末已达 8%，到"十三五"期末，互联网经济对中国经济发展的贡献年增长率将进一步达到 15%。

（三）基于成本节约视角的技术进步与零售业态重构关系推演

在买方市场时代，商品的生产供给能力远远大于商品的有效需求，消费者对不同的商品和消费方式进行甄选，以实现效用最大化。商业或流通业的本质职能就是要解决商品消费和交换时间及空间相分离的矛盾。零售企业通过新技术的使用可以不断降低经营成本来获取竞争优势，零售业态随之发展调整和改变。消费者想要克服时间和空间的障碍获得理想的商品，就会发生一定的价值损耗，这些价值损耗我们可以用成本的概念来衡量。

首先，最为重要的就是商品的制造成本，如果制造商品的工艺复杂或者获取原料的难度大，则商品的制造成本高，商品需求大于供给，商品流通处于卖方市场，这时零售业态单一，市场上流通的商品种类和替代品少并且供不应求，消费者并不涉及对多样商品的甄选问题，所以商品的供需关系是零售业态发展和演变的最本质和最关键因素。从零售业态演变的历史进程来看，百货商店正是出现在第一次业态变革之后，连锁零售商店的出现也伴随着第二次业态变革，这些都是由于制造业技术进步降低了商品制造成本，带来了商品极大丰富进而改变商品市场关系。

其次，是物流成本。商品和消费者空间上的分离要通过物流来解决，交通运输技术的革新，会使得物流成本大大降低，物流企业的组织和管理方式创新会使得物流效率提升，信息技术在智慧物流领域的应用，也会大大降低物流成本，技术的革新带来物流方式的转变。

再其次，是信息成本。买方市场下，在种类繁多的商品市场中，消费者不断地搜索商品信息，并与自己的理想预期进行匹配，信息搜索和匹配行为的发生就会产生信息成本。百货商店通过柜台展示商品信息，超级市场通过开放货架展示商品信息，电视购物通过电视广告展示商品信息。然而这些业态都不像网络零售那样通过电脑和客户端更为便捷，网络零售大大地缩减了零售的信息成本，这是零售业成功的关键。

最后，是决策成本。决策成本是零售购买行为发生过程中被忽视的一种成本，传统零售观念中认为制定购买决策是消费者个人行为，这与零售商并没有直接关联，在未来，零售商不仅要向消费者提供商品展示和商品信息梳理，更为重要的是要对消费者的信息进行梳理，积累消费者海量数据，零售商要成为比消费者更了解自己的一个存在，开始帮助消费者制定消费决策，但这只是零售业态降低决策成本的初级形态，这个阶段的技术代表是"云计算＋大数据"。随着人工智能技术的不断成熟，通过人工智能的时时刻刻的深度学习，零售商会根据每一个消费者当时所处的特定环境调动线上线下最优消费组合最大化地满足消费者需要（见图4－5）。

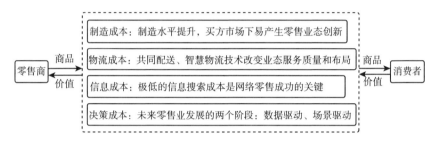

图4－5　基于成本节约视角的技术进步与零售业态重构关系推演

第二节　零售业态结构调整的动力机制

随着居民收入水平提高、人口结构调整和科技进步，城乡居民的消费内容和消费模式都在发生变化，对消费质量和消费环境提出更高要求。"矛盾是事物发展的动力和源泉"，当前我国零售业态结构调整的根本矛盾是人们升级的零售服务需求与低效的零售服务供给之间的矛盾，是消费需求结构变动引起的零售供给结构的调整，主要矛盾是信息技术对零售业的改造升级，直接矛盾是零售企业间的差异化竞争，本节将对这三对矛盾进行细致分析。

一、根本矛盾——升级的零售服务需求与低效的零售服务供给不相匹配

（一）居民消费偏好发生深刻变革，消费需求结构变动引起的零售供给结构的调整

根据国家统计局数据显示，2016年中国人均GDP已经超过8300美元，随着人民生活水平的不断提升以及"80后"群体逐步成为社会的主要消费人

群，模仿型排浪式消费阶段基本结束，个性化、多样化消费渐成主流。中国居民的整体消费结构已从"温饱型"向"小康型"转变，并且部分已经跨入到"富裕型"行列。居民的消费结构往往会随收入增长而呈现出"先商品，后服务"的阶段性特征，很多新的消费者往往购买的已不仅仅是生活必需品，他们更需要用商品塑造自我，需要在购物过程中享受自己的闲暇时光，未来与闲暇生活相关的服务、娱乐、体验式消费发展进入快车道。实体店吸引消费者的原因将更多的是"有趣、良好的体验"而不仅仅是所需消费的商品。此外，越来越多的消费者已经明显地表现出期待在线下能够体验到线上的产品，希望能够线上消费线下取货，以及期待更加快捷和人性化的物流体验。所以面对零售服务需求的改变，如何转型升级增强零售服务的有效供给成为摆在零售业面前的迫切问题。

（二）"第二消费时代"的零售服务供给与"第三消费时代"的零售服务需求

日本学者三浦展在其著作《第四消费时代》中将日本社会消费阶段变迁划分为四个时代，这对分析当前中国社会消费问题是极具借鉴意义的。当前我国已经进入"第三消费时代"，这一时代消费观念转向个性化、多样化、差别化、品牌化，单身人群为这一时期的消费主力，过度消费的特点比较明显。从消费目的和内容看，当前居民消费已经不再满足于基础温饱消费，人们不断在消费过程中追求个性的彰显、健康生活和良好的体验。此外，我国家庭户平均规模（人/户）不断降低，新中国成立初期我国家庭户均人口为5.30人，到20世纪90年代初降低到3.96人/户，据原中国国家卫生和计划生育委员会公布数据，2016年我国家庭户均人口仅为3.10人，这说明我国居民家庭人口规模不断萎缩，独生子女家庭为家庭的主流形态。我们国家从家庭人口结构到消费结构都发生了巨大变化，对零售服务产生了新的需求，与此同时就要求零售服务供给也相应地随之调整。

（三）零售资源区域和城乡发展不平衡

零售资源区域发展不平衡是我国零售业发展长期存在的问题，零售资源也更倾向于向经济发达、消费能力旺盛的地区集聚。当前受到网络零售冲击影响的业态主要是百货商店和购物中心为主的大型零售业态，这些业态在一二线城市长期处于过度和超前规划的状态，大型网点过剩是大城市发展的通病，这些过剩的业态会逐渐向三四线城市等不饱和地区转移，"腾笼换鸟"之后，新型零售业态将获得更大的舞台和市场空间。商业落后地区甚至可能会直接跳过传统零售阶段，直接跳跃到新零售发展阶段。农村与城镇流通体系发展脱节、衔接不畅问题由来已久，当城镇市场饱和，农村零售市场将成为重要的消费增长极。目前网络零售业存在着严重的区域发展不平衡问题，网络零售业集中在东部地区发展。与此同时，作为网络零售重要的产地市场，网络零售业的发展也对农村商业发展产生了深刻的影响。

二、主要矛盾——信息技术对零售业的改造升级

（一）零售业由"渠道为王"时代向"信息为王"时代转变

真实全面地了解消费者是自零售业产生以来无数零售商苦苦追求的夙愿，随着大数据和云计算技术的深度开发，这一问题似乎已没有任何秘密可言。未来消费行为将会被深度数字化，消费者的购买意愿和决策行为会被海量的多维数据定义，也就是说未来谁能够获得更多的消费者有效数据，谁就能更高效、更精准、更智能化地为消费者提高零售服务。传统的零售业"渠道为王"的观念将被打破，各个零售渠道只会依赖大数据分析选择流通那些消费者真正偏好的商品，零售业态之间的竞争归根结底还是对数据的梳理和争夺。然而，实体零售商或是没有强烈的意愿或是搜集处理数据的能力有限，这些都终将导致实体零售在消费者数据争夺的博弈中败下阵来，网络零售业将独领风骚，掌握零售业态调整的主动权和话语权。在未来，一家好的电商企业不仅仅会是一流的物流企业，更会是一流的大数据企业和云计算服务企业。

（二）网络零售与传统零售从竞争走向融合，网络零售将主导零售服务创新和业态结构调整

当今网络购物不再仅仅是年轻人的专属消费行为，网络零售正逐渐使得各年龄、各收入阶层的广大消费者成为"泛90后"。网购商品价格的透明化使得实体零售彻底失去了对消费者的价格转移能力，线下销售手段的有效性受到了极大冲击。以往实体零售与网络零售旗鼓相当、特色鲜明的竞争状态已经一去不返。"现实消费"和"购买体验"是实体零售寻求发展的最后"保留地"，而当下大型电商平台正在逐步对接和整合实体零售。"线上线下融合"实质是网络零售商对"线下流量"和"非标准化商品市场"的新一轮抢夺和接管。此外，照搬电商发展前10年的经验，把一批线下好货放到网上便成"爆款"的时代已经一去不返，这无疑又加速了网络零售商对线下流量的争夺（见表4-1）。

表 4 – 1   网络零售"拥抱"和"试水"线下实体零售

网络零售	投资实体零售	自营新型零售业态
阿里巴巴	阿里巴巴不仅是零售企业,更是一家涉足云计算、大数据开发和商务咨询等多领域的互联网企业	盒马鲜生 (2017 年 7 月创立生鲜超市品牌)
		淘咖啡无人便利店 (2017 年 7 月创立无人零售店)
		天猫小店 (2017 年 8 月创立新型社区便利店)
京东	沃尔玛(超级市场) (2017 年 5 月入股)	京东到家 (2017 年 6 月创立生活超市品牌)
	钱大妈(生鲜超市) (2017 年 6 月入股)	
	万达商业(购物中心) (2018 年 1 月入股)	7 FRESH (2018 年 1 月创立生鲜超市品牌)
苏宁易购	万达商业(购物中心) (2018 年 1 月入股)	苏宁无人货架 (2017 年 2 月创立无人零售店)
		苏先生 (2017 年 12 月创立生鲜超市品牌)
		苏宁小店 (2017 年 12 月创立新型社区便利店)
美团	——	掌鱼生鲜 (2017 年 7 月创立生鲜超市品牌)

三、直接矛盾——零售企业间的差异化竞争

(一) 商贸物流业的快速发展加剧了业态之间的竞争

随着商贸物流业的快速发展,商品配送的成本不断降低。同类业态或客户群定位和零售功能相近的零售业态如果布局在临近区域,势必会引起业态之间的竞争。如果是具有互补效应的业态布局在一起,彼此能够起到招徕消费者的作用。无论是竞争作用或是合作作用,都会刺激零售商产生进行服务创新的动力,具有合作效应的业态之间会持续增加经营的差异性,具有

竞争效应的业态之间会通过强化附加服务、价格手段等提升竞争实力。网络零售业的配送和线上下单模式已经逐渐被其他业态模仿，共同配送规模不断增大。

（二）网络零售对制造业、物流业和批发业"供给侧"改造进一步深化，部分资源涌入新零售领域

由网络零售引领的平价运动在消灭中间商利润空间的同时，也削弱了分销商和批发市场的商品流通地位。此外，处在供应链上游的制造业也正在被网络零售改变。制造商产品直销、品牌塑造、研发设计都可以通过网上平台来实现，网络零售企业正在成为制造业的智囊和成员，自建品牌或向制造业提供准确的市场信息和设计方案，不仅仅是对上游制造业的逆向改造，网络零售业也极大地影响着物流业的发展。我国物流业的发展对网络零售业有着极强的依赖性，阿里巴巴菜鸟物流平台本身并不直接参与快递业务，但是通过大数据＋协同连接，在网络零售平台、物流企业、消费者之间形成协同对接平台，给快递企业带来技术和服务。物流业的发展需要网络零售业来引导整合。最终，批发企业、制造企业和物流企业会以经营主体和资本主体的形式渗透进新零售产业，加速零售业态结构调整的过程。

（三）互联网企业联姻"零售巨头"布局"新零售"，零售市场趋向寡头化

互联网企业与网络零售巨头已经加紧布局"新零售"，凭借自身的信息技术优势和创新实力，通过资本投资的形式入股实体零售，借助传统实体零售的专业基础发展"新零售"。从 2013 年至今，已经形成了"阿里系"和"腾讯系"的竞争格局，阿里巴巴集团作为网络零售领域的执牛耳者，"新零售"一词的创造者，正与网络零售业常年排名第二的京东以及云计算领域常年排名第二的腾讯组成的"腾讯＋京东"联盟拉开竞争的大幕（腾讯成为京东最大股东，联合开展"无界零售战略"）。两方势力纷纷与实体零售巨头联姻，可以预见到未来中国零售将呈现"两超多强"的竞争格局，这将是一个有别于过去的零售格局，在传统零售商的时代，市场非常分散，前十大零售商总的市场份额还不到40%，但在未来，这个市场将会越来越寡头化。互联网企业布局"新零售"和零售市场寡头化发展形势见表4－2，零售业结构调整的动力机制及趋势见图4－6。

表 4－2　　　　互联网企业布局"新零售"和零售市场寡头化发展形势

互联网企业和科技创新企业	网络零售	超级市场	购物中心	专卖店
腾讯	京东（2014 年 3 月建立战略合作伙伴关系）	沃尔玛（2017 年 5 月京东与沃尔玛线上合作）	万达商业（2018 年 1 月联合京东、苏宁云商、融创中国入股）	海澜之家（2018 年 1 月入股）
	拼多多（2016 年 7 月参投 B 轮融资）			
	唯品会（2017 年 12 月与京东联合入股）	永辉超市（2017 年 12 月入股）		
	每日优鲜（2017 年 12 月参投 A 轮融资）			
	京东与美丽联合集团成立合资公司〔2018 年 1 月腾讯背后推动，美丽联合集团（2016 年 6 月美丽说、蘑菇街、淘世界更名"美丽联合"）〕	家乐福（2018 年 1 月达成战略合作伙伴关系）华润万家（2018 年 4 月签订战略合作协议）		
阿里巴巴	苏宁易购（2017 年 12 月入股）	百联集团（联华超市）（2017 年 2 月入股）	银泰商业（2014 年 3 月入股）	—
		新华都（2017 年 9 月入股）	三江购物（2016 年 11 月入股）	
		高鑫零售（大润发、欧尚）（2017 年 11 月入股）	步步高集团（2018 年达成意向合作）	

　　注：2016 年表中主要企业在国内各自领域排名如下：（1）云计算领域：阿里巴巴（第一，全球第四大互联网公司），腾讯（第二，全球第五大互联网公司）；（2）网络零售领域：阿里巴巴（第一），京东（第二），唯品会（第三），苏宁易购（第四）；（3）中国连锁百强：苏宁云商（第一），华润万家（第三），大润发（第四），沃尔玛（第五），联华超市（第七），永辉超市（第十），家乐福（第十一），步步高（第十六），银泰商业（第二十九），欧尚（第三十二），新华都（第四十四）。

　　资料来源：云计算排名根据高德纳咨询公司（Gartner）发布的《2017 年全球公共云基础设施及服务市场份额报告》整理得出；网络零售领域排名根据中国电子商务研究中心发布的《中国网络零售市场数据监测报告》整理得出；中国连锁百强排名根据中国商业联合会、中华全国商业信息中心每年发布的《中国连锁零售百强名单》整理得出。

零售业态结构调整的动力及趋势如图4-6所示。

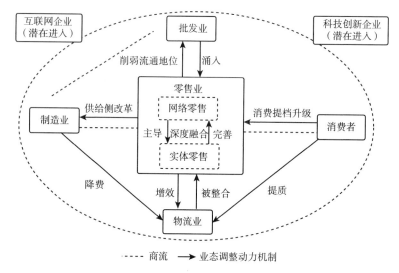

图4-6 零售业态结构调整的动力机制及趋势

第三节 零售业态发展的演进趋势

前两节着重分析了零售业态结构调整面临的客观环境和动力机制，在这样的背景下，零售业态在经营规模、商品结构、售卖方式、服务功能和管理手段等方面发生了诸多变化，形成了新的演变趋势，本节将从这几方面对未来零售业态的发展趋势进行深入分析。

一、整体趋势——场景化、网络化和智能化

（一）未来零售业"场景"概念将取代"场所+售卖方式"概念

流通业的出现是为了解决商品交换的时间和空间不一致问题，零售业的出现也是如此，零售业本质上是提供零售服务的流通企业。在以往不同时代，由于制造和信息技术的限制，零售行为只发生在特定的地点和场所，这也正是"市场场所论"所阐释的情形。但随着信息技术特别是云计算技术的发展，零售行为的发生不再依赖于"场所"发生，更普遍意义上，零售行为依赖于"场景"发生。"场所零售"时代，零售企业提供的服务内容仅仅是商

品本身，而到了"场景零售"时代，零售企业提供的零售服务内容则更加广泛，不仅仅提供商品和售后服务，还要针对消费所处的场景提供商品信息和最优决策方案。在"场景零售"时代要用互联网思维处理好"人""货""场"三者的关系。"场景零售"时代，人们购物的思维不再是"我要到某一场所或通过某一购买方式购买某一商品"，而是转变为"我想购买某一商品需要某一零售商来为我提供零售服务"。未来零售企业会根据消费者的特定需求结合特定场景给出最优购买决策，要实现这一切就需要零售企业具有极强的线上线下物联、协调和智能运算能力。而大数据、云计算和人工智能技术为"场景零售"时代的到来奠定了技术基础，零售业对批发业和物流等其他流通领域的整合则奠定了市场基础（见图4-7）。

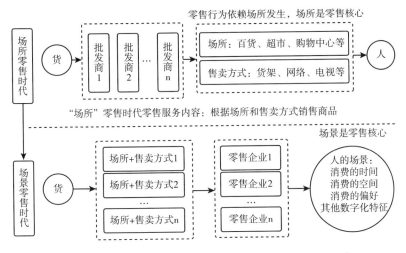

图4-7 场所零售时代与场景零售时代零售服务内容差异

（二）有无店铺零售业态边界模糊化，典型业态种类减少

"去中介化"和"去环节化"一直是流通产业发展的夙愿，随着市场化程度不断加深，物流、管理和信息技术不断革新，流通中间环节在不断减少。从以往流通产业发展的经验来看，越是远离产品和消费者的流通环节越是最先消失，从改革开放后逐渐消失的各级配送站，到最近流通智能不断弱化的批发业，再到不断与零售业相融合的物流业，我们发现流通业创新改革的关键和主要动力在需求者，在靠近消费者的一段。目前来看占主导地位的是零售业，批发业也进入衰退期，物流业的蓬勃发展也得益于零售业的崛起。随着零售业在流通业中地位愈加重要，新技术的使用会使小微个体和组织参与

零售业的门槛进一步降低,"淘宝商户"和"微商"就是最典型的代表,"全民皆商"的时代已经到来。

　　未来所有的零售业态都可能与互联网相关,都可能与信息技术结合,"场所＋售卖方式"概念的业态会淡化,而纯粹的无店铺零售业态和有店铺零售业态之间的界限将会愈加模糊。未来典型业态的种类将不断减少,有店铺零售业态中典型业态只会剩下便利店、超级市场、购物中心和专卖店四种,无店铺零售业态所指的也仅是网络零售。从经营规模上来看会呈现"哑铃式"的发展,大型零售网点和非网络零售无店铺零售形式将进一步萎缩。大型超市和百货商店将迎来寒冬期,从目前线上超市的发展状况便可窥见一斑,受到波及的还有大量的商品经销商和代理商,一方面上游厂商对大型商贸销售业绩的乐观预期不断降低,另一方面下游渠道对货款的占用会随着疲软的经营状况而加剧。而形成鲜明对比的是形式多样的便利店和社区连锁店将迎来极速增长期,此外还将伴随着仓储功能的增强以及共同配送的便捷化发展。

(三) 线上线下深度融合,业态泛网络零售化

　　零售行业是互联网技术应用和商业化最为成熟的产业,成功之处在于互联网技术极大地降低了消费者信息搜集的成本,在未来,其他无店铺零售业态会逐渐消失或采取线上支付的方式,而有店铺零售业态则会与互联网技术深度融合,不仅仅是技术层面,还包括信息资源、渠道和流量共享上都将深度融合。未来无论纯粹的网络零售或是纯粹的实体零售都将不再是零售市场的主体业态形式,线上线下融合只是互联网技术深度应用的过渡阶段,泛网络零售化将是业态发展的必然趋势。因此无缝整合线上线下的数字化体验,对未来的消费者而言至关重要。

　　从现有的探索实践中可以窥探一些端倪,诸如天猫智慧门店对接阿里大数据,分析消费者习惯和购物诉求,将不同的商品通过电子屏展示推送给到店消费者。又如美的、科沃斯、创维等品牌通过阿里全渠道库存共享资源及菜鸟物流的小批量柔性补货方案,保持门店合理库存,有效降低高库存风险。在线上线下一体化方面,众多美妆品牌线上线下会员打通,消费者无论是从线上天猫旗舰店还是线下任一专柜购买产品,都能够获得统一的会员积分和一致的会员权益。线上品牌也纷纷落户实体,多家品牌入驻线下百货,工厂对接门店,线上线下同价。消费者可在移动端 App 选择自助结账,购买商品可选择自提或物流配送。新店货品、价格、仓储、配送、结算实现线上线下完全融合,不再是遥不可及的奢望。

二、经营规模——规模呈现两极化、数字基础设施亟待完善

(一)长尾效应不断显现,经营规模两极化

未来零售业态经营规模将呈现两极化的发展态势,零售市场当中的从业者会集聚增加,伴随"全民皆商"时代的到来,零售市场中交易的商品种类将会剧增,业界称之为"零售物种大爆发"。一方面随着社会化分工越来越精细,另一方面随着对消费者和商品的深度数字化,零售商和制造商能够更加精准地了解到消费需要。此外,"全民皆商"时代的到来,人们参与零售活动的门槛被大大降低了,更多的个性化和定制化商品有机会流通到零售市场。在未来,经营规模较大的零售企业和规模小微的零售企业会共同分享零售市场的大部分利润空间,呈现出"哑铃型"的规模结构,原有的城市三级商圈会呈现两极化的发展态势,城市核心商圈规模进一步扩大,社区商圈进一步繁荣,而区域商圈会相对萎缩,核心商圈和社区商圈将共同分享城镇零售市场的大部分利润空间,同样呈现出"哑铃型"的规模结构(见图4-8)。

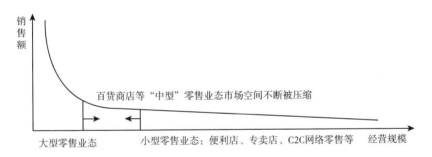

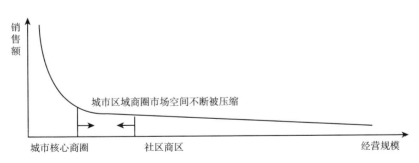

图4-8　零售业态经营规模"长尾效应"示意

(二)"新型零售基础设施"亟待完善

所谓"新型零售基础设施"是指基础通信网络、互联网交易平台、公共

云计算平台、大数据信用与新金融体系、智能物流体系等依托互联网技术的商业基础设施。对于新型零售基础设施的完善和补充，在零售业态的发展中就像装修门店、布置货架一样重要，都是不可或缺的商业基础设施。未来零售业态的经营要建立在这些新型零售基地设施之上，即云计算、互联网、智能终端，以及各种各样的电子商务平台和电子商务服务。根据淘宝官方公布的信息，2016年"双十一"96%的交易都是通过云计算完成的，淘宝网上还有数以十万计的电子商务服务商，这些都是新的零售基础设施。不仅如此，未来零售业态不仅基于上述新的商业基础设施，还基于在线社交、社群和社区之上，这对于交易的促进作用也非常大。也就是说，在线社交、社群和社区也是新商业基础设施的一部分。在不远的将来依托新型零售基础设施开展商品售卖会成为零售业态转型的重点领域。

三、 商品结构——高附加值、定制化和自营商品比例增大

（一） 高附加值商品（高品质、智能化、品牌化商品）比例不断提高

网络零售与实体零售的博弈过程大致可以划分为两个阶段。第一个阶段，由于标准化程度较高的商品通过网上购买造成误差的概率较小，所以很快从实体零售流通渠道剥离出来进入网络零售渠道。第二个阶段，由于网购商品的边际成本普遍低于实体零售，附加值较低的商品流入网络零售渠道，而附加值较高的商品留在线下。所以，未来无论是网络零售或是实体零售都会增加高附加值和个性化商品的比重。随着生活水平的改善和消费观念的改变，高品质、智能化、品牌化商品在消费者购买意愿中所占比重不断加大，人们渴望通过消费品牌化商品彰显个性，获得优越感，渴望消费高品质商品提高生活水准，渴望消费智能化商品享受现代科技带来的生活便利，所以商品结构势必要随之做出调整。其中，特别是要拓展智能消费领域，积极开发虚拟现实、现实增强等人工智能新技术新服务，大力推广可穿戴设备、生活服务机器人等智能化产品，提高智能化产品和服务的供给能力与水平。

（二） 定制化商品比例不断提高

定制化商品是指有消费者或消费者的意愿直接参与生产过程，最终商品有特定的销售对象，商品个人属性极强，具有极高的匹配性，定制化产品本身就是一种高附加值产品。生产者与消费者的结合，依托先进加工技术共同实现"大规模定制"，在充分参考消费需要和个性化追求的基础上，采用标准化和规模化的生产加工能力提供定制化商品。定制商品浪潮正在形成，大

规模定制生产需要具备的四要素：柔性化生产、个性化销售、社会物流、智慧供应链体系日渐成熟。服装企业最早试水规模定制领域，"红领（酷特智能）"公司是一家专注个性化服装加工定制业务和解决方案的服装企业。家电巨头海尔在门户网站"海尔商城"中可以根据自己的喜好，选择产品（冰箱、洗衣机、空调、灶具）的材质、尺寸、喷涂颜色、图案等。网络零售巨头京东在门户网站设置"京东装机"板块，消费者可以根据需要进行装机配件的"DIY"选择。特别是在网络零售领域，这种自营品牌的现象会变得更加普遍，在此之前网络零售商更多的是由"B"（business）端向"C"（consumers）端销售商品，此后由"C"端向"B"端的制造设计营销会更加显著，未来 C2B 的制造和消费模式会迎来井喷式的增长。

（三）自营商品比例不断提高

自营商品是指零售企业通过自身渠道和平台销售的自产品牌商品或代理品牌商品，即自产自销产品和代理销售产品。由于零售企业最为靠近消费者，未来对消费者需求变动把握得也更为精准，同时又能够借助自身渠道优势压缩广告和展示成本，所以未来零售企业店内自营商品比例会不断提高，不仅是有店铺零售业态，甚至网络零售企业也开始增加自营商品和自有品牌商品的比例。以大型超市为例，家乐福先后创立家乐福杂货自有品牌、家乐福生鲜自有品牌（家乐福质量体系）、家乐福家电自有品牌（福斯莱）、家乐福纺织自有品牌（欧蕴）。网络零售巨头京东的"京东自营"一直是京东重要的主营业务板块；阿里巴巴 2017 年 5 月创立自有品牌"淘宝心选"，目标是让设计与市场衔接。自营品牌商品本身就是极好的定制化产品，这将成为大型连锁实体零售企业和线上巨头竞争的热点领域。

四、售卖方式——全渠道零售时代来临

（一）"多渠道"销售时代向"全渠道"销售时代过渡

中国消费者已经从商品约束中彻底解脱出来，"哪里有商品就在哪里买""有什么商品就买什么商品"的时代已经一去不返了，当下中国消费者又在积极地摆脱零售的时空约束，无论何时何地、无论线上线下、无论哪种业态、无论借助何种终端媒介都能使消费者的购买行为得到满足，全渠道的消费模式正在崛起。但是，实体零售和传统零售业态并不会消失，只是彼此都融合了新的信息技术手段，在各自的时空范围满足消费者需要。在未来业态之间更多的是相互补充而不是相互竞争，业态对不同时空依赖偏好的消费群体选择和定位会更加明确。

全渠道战略围绕消费者需求，通过信息和物联技术综合运用，能够让消费者在任意现实和虚拟的购物环境实现无差别购物。全渠道是零售业售卖方式发展的未来，"线下体验，线上下单"只是全渠道时代到来的端倪和初级形态，多种售卖渠道会从分立走向融合，边界逐渐模糊。消费者未来购物可能不仅要"用脚投票"，还要用"移动终端投票"，线上零售企业和线下零售企业都会变为全渠道销售的一部分，渠道商的流通职能会进一步弱化，全渠道时代的到来对零售业态的渠道管控和供应链管理能力提出了更高的要求和挑战。

（二）技术营销和精准营销

从具体的售卖场景来看，未来购物的场景从头至尾都有新技术的身影。从身份识别到个性化推荐搜索、AR/VR 购物、购买服装时的虚拟试衣间，再到 VR 支付、仓储、物流、客户服务，都是新技术在支撑。对消费者、商品、供应商特征进行深度数字化描述，形成"数字画像"，针对某一位用户，可以在众多商业场景中利用智能设备与传感器采集其线下行为数据，并与线上消费数据比对匹配，使得所供商品无限逼近消费者内心需求。在零售门店内也实施数字化作业，店内全员手持终端依靠指令作业，货架和价签都将数字化，在数字化系统中依据商品绩效与货架产出比率，使得两周一次的商品汰换以及货架更新成为现实。同时"消费者画像""供应商画像"会随交易增长愈加精准，平台随时掌握细分客户群的喜好变化，算法实施个性化推荐新款商品，快速返单、小批量定制，反向设计新品、调整品牌定位，形成 C2B（consumer to business）、S2B（supplier to business）的精准产销，真正实现库存最小化、生产柔性化、广告精准化。

五、服务功能——内容化、复合化和高水平化

（一）零售业服务功能复合化、多元化和高水平化

实体零售需要通过集合多种服务功能吸引消费者，增设共享设备和生活服务功能，提供免费休闲服务和金融咨询。未来零售业服务发展的常态要始终围绕着消费者多样化、个性化的消费需求，特别是大型零售业态要凝聚养生、亲子、健身、医疗、金融、商务等更加多样的服务业态，中小型零售业态则要强化门店体验和一站式服务能力，积极地发展配送、咨询等附加服务功能。尤为重要的是，随着消费观念和物流技术的发展，"到店消费"主导

的时代将被"到户消费"所取代,共同配送服务质量成为评量实体零售服务
的关键性指标。未来零售业态要引导有条件的企业利用现有商业设施改造发
展消费体验示范中心,合理布局购物、餐饮、休闲、娱乐、文化、培训、体
育、保健等体验式消费业态,增强实体店体验式、全程式服务能力。

(二)消费者体验为中心,零售服务内容化

零售场景无处不在,从以往百货公司、购物中心、超市等实体零售门店,
再到电话、电视和电脑,随着网络零售发展至今日,各种移动终端、智能终
端、文娱活动、视频直播、VR/AR 游戏都有可能成为消费者购物的场景。
消费者身处不同的消费情景中,激发人们购物的不再仅仅是商品和基本的
售卖服务,消费情景的"内容性"变得尤为重要,消费者期待在消费的过
程中获得社交体验、娱乐服务和信息咨询等内容体验。"淘宝直播"将网
红直播内容与网络零售很好地组合在一起,利用网红直播的形式,走进工
厂车间,亲自试装、推荐。"天猫双 11 购物狂欢节"将文娱活动与网络零
售结合到一起,2016 年"天猫双 11 狂欢夜"晚会充分调动现场与电视机
前消费者的参与感,利用捉猫猫得红包、点赞参与、押注、AB 剧选结局、
分享、摇一摇、淘立拍等新颖互动凸显晚会特点,粉丝全场跨屏互动总数达
74 亿次。

六、管理手段——数字化、智能化和联动化

(一)营销和管理从数字化到智能化——基于"盒马鲜生"的示例分析

实体零售业态经营模式转型,首先是业务渠道先与互联网结合,并在云
上开展在线服务,实现"数字化"转型。进而开展线上线下全渠道营销,实
现"网络化"转型,当企业拥有了全渠道营销、数据中台之后,会针对回流
的宝贵商业数据进行深度分析,采用智能算法实施发现潜在客户、需求变化、
生产问题、服务短板、最大化数据资源的商业价值,最后实现智能化,逐渐
地行业将出现多个"超级大脑"。作为未来智能零售的典范和标杆,"盒马鲜
生"的运营和管理受到了零售业的极大关注,后续出现的"物美 + 多点"
"宾果盒子""苏先生""掌鱼生鲜"都或多或少有类似盒马鲜生的意味。
"盒马鲜生"将线上线下销售和管理渠道有效联系起来,售卖商品的同时提
供餐食体验、30 分钟免费物流配送和"SOS"药品配送等附加服务。通过深
度数字化实现了从货品、支付、物流到客户数据和运营优化等关键环节的融
合(见图 4-9)。

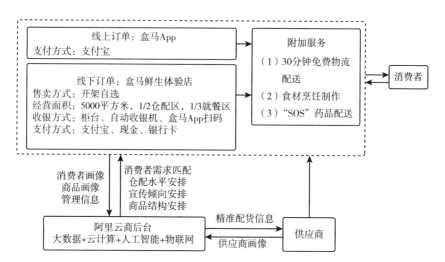

图4-9 "盒马鲜生：支付宝会员店"经营管理示例

（二）构建智慧供应链

供应链是以客户需求为导向，以提高质量和效率为目标，以整合资源为手段，实现产品设计、采购、生产、销售、服务等全过程高效协同的组织形态。随着信息技术的发展，供应链已发展到与互联网、物联网深度融合的智慧供应链新阶段。零售企业不断完善仓配一体化服务，集成应用各类信息技术，整合共享上下游资源，促进商流、物流、信息流、资金流等无缝衔接和高效流动，提高电子商务企业与快递物流企业供应链协同效率。从对基地的冷链管理，到仓储、物流、预测补货、店内上架全程实现了数字化，还利用数字进行了大量的算法优化和实时完善，商品从基地开始，在途、入库、上架、购买、退换货，各种状态清晰可见，尽在掌握。传统供应链与智慧供应链异同见表4-3。

表4-3   **传统供应链与智慧供应链异同**

供应链管理	传统供应链	智慧供应链
制造管理	制造商为核心推式供应链	消费者为核心拉式供应链
产品设计	规模化同质生产	规模化定制生产
定价管理	环节多，渠道费高	环节少，供需见面
库存管理	高库存，资金周转慢	零库存，资金周转快
投资管理	存货成本高，回报期长	存货成本低，回报期短
客户管理	忠诚度低，维护成本高	忠诚度高，重复购买率高
成本管理	成本导向	市场价值导向

（三）零售企业间信息共享，协同共治能力不断增强

零售企业间数据共享制度将不断完善。通过建立零售业与配送物流数据保护、开放共享规则，不断完善数据中断等风险评估、提前通知和事先报告制度。在确保消费者个人信息安全的前提下，零售企业之间开展数据交换共享更加频繁，共同提升零售效率。支持发展协同经济新模式，通过众创、众包、众扶等多种具体形式，围绕产业链、供应链、服务链建立上下游企业、创业者之间的垂直纵深与横向一体化协作关系，提升社会化协作水平和资源优化配置能力。小微零售创新创业者会成为市场中的资源，网络零售巨头会积极为中小零售企业提供集群注册、办公场地、基础通信、运营指导、人才培训、渠道推广、信贷融资等软硬件一体化支撑服务。阿里巴巴"帮助小企业成功"战略和"京东设计中心"的成立都已印证了这一点。

零售业态发展趋势分析如图4-10所示。

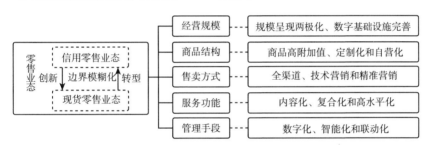

图4-10　零售业态发展趋势分析

本 章 小 结

要研究零售业态的优化升级行为，就要了解当前我国零售业发展面临的外生客观环境和内生发展矛盾，掌握业态优化和结构调整的趋势，本章对以上内容进行了深入分析。

零售业的发展、零售业态结构的调整以及零售业态的优化升级，除了受行业内生因素影响外，还会受到外界客观环境的影响。零售业态结构调整的根本矛盾是人们升级的零售服务需求与低效的零售服务供给之间的矛盾，当前我国零售业态结构调整的主要矛盾在于信息技术对零售业的改造升级，其直接矛盾表现为零售企业间的差异化竞争。

在这样的背景条件下，零售业态在经营规模、商品结构、售卖方式、服

务功能和管理手段等方面发生了诸多变化，形成了新的演变趋势。从整体趋势看，零售业态将朝着场景化、网络化和智能化的方向发展；从经营规模看，零售业态经营规模呈现两极化、数字基础设施亟待完善；从商品结构看，高附加值、定制化和自营商品比例增大；从售卖方式看，全渠道零售时代已经来临；从服务功能看，零售服务朝着内容化、复合化和高水平化方向发展；从管理手段看，不断朝数字化、智能化和联动化方向发展。

第五章

零售业态结构调整的
原则和标准设计

第三章和第四章分别对我国零售业态发展现状、零售业态结构调整面临的环境、动力和趋势进行了全面分析。实体零售与网络零售正在从冲突走向融合、从竞争走向互补，而网络零售将在这个过程中起到领导作用。只有那些能在不同时空依赖偏好的消费者中找准定位的业态形式才能够在这场零售变革中摆脱被淘汰的命运，而存活下来的业态和新生业态在其技术手段、商业模式和空间布局上都将会发生重大调整。那究竟该如何理解零售业态结构调整的本质过程并据此设计零售业态结构调整的原则和标准？本章将围绕这一问题展开研究，结合零售业态发展的前瞻趋势和客观环境，为零售业态结构调整和空间布局优化寻求理论依据和操作标准，以实现零售业发展提质增效的目的。

第一节　零售业态结构调整的本质

想要确定零售业态结构调整的原则和标准，判断零售业态结构调整的方向和程度，就需要对零售业态结构调整有着深刻的认识和清晰的界定，从而才能选好研究的视角和出发点，本书认为，零售服务是克服商品消费的时间和空间不一致，将商品从供货商转移到消费者手中的专门服务，零售企业的本质是专门提供零售服务的流通企业。"零售业态转型升级"实质就是为了迎合消费者需求偏好变动所进行的零售服务创新，其本质是技术创新。而"零售业态结构调整"不过是零售商实施服务差异化战略而进行的业态选择和创新的过程和结果。

一、零售服务与零售企业

流通业的出现是为了解决商品交换的时间和空间不一致问题，零售业的出现也是如此，零售服务是克服商品消费的时间和空间不一致，将商品从供货商转移到消费者手中的专门服务，零售企业的本质是专门提供零售服务的流通企业。消费者是零售服务的需求侧，而零售企业则是零售服务的供给侧，当消费者零售需求发生变化或是提供零售服务的技术手段发生变化时，零售企业提供的零售服务就要相应的发生变化。不同的零售企业提供差异化的零售服务，面向不同偏好的消费群体。

二、零售业态优化升级的本质

零售业态是对零售商经营方式和组织形式的综合概括，是提供零售服务的具体化形式。差异化的零售服务通过差异化的零售业态呈现给特定偏好的消费者，不同的零售业态提供的零售服务也有所差异，零售业态的调整势必会引起零售服务的改变，为了提供更高质量和水平的零售服务，也必然要对零售业态进行优化升级。所以，零售业态优化升级实质就是为了迎合消费者需求偏好变动所进行的零售服务创新，其本质是技术创新行为。零售业态优化升级的动力机制包括供需动因、技术动因、环境动因多方面因素。

三、零售业态结构调整的本质

从产业组织理论和创新经济学的观点来看，"零售业态结构调整"实质是"零售业态优化升级"这一微观行为而引致的市场结构改变。零售业内部的零售企业在零售服务定位上面临着此消彼长的竞争，行业外部潜在的竞争企业又面临着对于零售业态的选择，所以零售业态结构调整的本质是零售商实施服务差异化战略而进行的业态选择和创新的过程和结果。

第二节　零售业态结构调整的原则体系设计

鉴于"零售业态结构调整"的微观基础是"零售业态转型升级"，而

"零售业态转型升级"的本质是技术创新这样一个界定，在确定零售业态结构调整的方向和程度时，评价技术创新的分析框架是完全适用的。在借鉴评价技术创新活动"效率"和"质量"思路的基础上，应综合考虑零售业态结构调整过程中零售主体、零售客体和经济社会多方利益诉求，设计一个包含营利性、有效性、消费者满意和经济发展原则的零售业态结构调整原则体系，并且根据原则体系对业态结构调整的具体操作标准进行实证量化。

一、效率原则体系

（一）营利性原则——零售企业获利

在众多零售业态当中，不管零售业态如何创新转型，零售商最基本的出发点就是要选择利润回报最丰厚的业态形式。如果不能够营利，零售商也就失去了推动零售业态结构调整的动力。在不同地区，经济发展和商品供需环境存在着显著差异，零售业态结构比例也并不都是普遍一致的，要对现有的零售业态进行绩效分析，然后用要素投票，决定哪些业态需要充分发展，哪些业态需要被市场淘汰。

（二）有效性原则——商品有效流通，要素有效利用

零售业态创新转型一个重要方向就是使用高新技术，提高劳动生产效率。从这个角度出发，只有具有较高商品流通效率的业态才能够适应和满足"新零售"时代的消费需要。此外，从生产要素有效利用的视角来看，在各零售业态发展过程中哪些业态出现了规模经济现象，生产要素要积极地向这类业态倾斜；哪些业态出现了规模不经济，要积极地进行疏导，直至达到规模经济。

二、质量原则体系

（一）消费者满意原则——消费者满意

消费者是零售企业服务的对象，零售业态的目标就是向消费者提供高质量的特定零售服务，零售业态营利的最重要的前提就是业态能够提供令消费者满意的零售服务，让消费者在购物消费的过程中获得良好的服务体验，这是零售商获利的最关键因素。营利性原则和有效性原则都是对现有业态形式的选择，而社会服务原则则是对未来业态形式的判断，决定了零售业态未来的发展方向以及未来业态结构形式。

（二）经济发展原则——在刺激就业和经济发展等方面具有积极外部性

前几个原则都是从产业内部微观层面阐述业态结构调整的思路，从零售业同整个经济社会发展的关联关系来看，流通产业作为连接生产和消费的基础性和先导性产业，它的发展特别是其中零售业的发展对地区消费水平变化的作用是直接的，并且还与其他产业一样通过提高居民收入水平间接提高消费水平。所以，零售业态结构调整后的零售行业在刺激就业、经济效率提升和经济发展方面作用应当更加显著，通过分析技术溢出对国民经济增长和全要素生产率提高的外部性，依据结果不断增加那些对国民经济增长和全要素生产率提高增益作用明显的零售业态在零售市场所占的比例。若并不如此，则应适当转变业态结构调整的方向和程度。

第三节　有店铺零售和无店铺零售业态结构调整操作标准定量分析

在当前我国零售业态结构调整变革中，业态之间的关键冲突在于网络零售业对其他传统零售业态特别是实体零售市场空间的挤占。并且，在无店铺零售业态当中，网络零售业的销售市场份额占比已经超过了80%，网络零售业态几乎成为无店铺零售业态的代名词。所以，研究有店铺零售和无店铺零售业态之间的结构变动关系，关键在于对网络零售业态与其他业态之间的结构关系的分析。本节将对网络零售业态与其他业态之间结构调整的操作标准进行量化分析。

从现有统计数据和研究资料来看，我国目前并未出版关于网络零售业相关数据的统计年鉴，直到《中国统计年鉴（2016）》出版，才在其中出现"网上零售额"这一指标，明确统计网络零售市场的交易规模，同年各省份统计年鉴中也陆续公布同一指标数据。而关于各业态分类统计情况，也仅有商务部发布的国内贸易重点流通企业销售数据，并且其中仅包括了百货店、超市和专卖店三种业态形式，另外一个可参考的来源则是国家统计局公布的连锁零售企业的业态分类数据，而这其中并未有关于网络零售的相关数据。此外包括在中国电子商务研究中心、中国互联网信息中心、阿里研究院、艾瑞咨询等研究机构发布的关于网络零售发展的研究报告当中出现的数据信息也十分有限。这些情况对于实证分析方法的使用造成了极大的制约，不能很好地支撑分地区分业态的绩效分析和关联关系分析。通过对以上来源数据的

梳理，在已设计的原则体系下借助状态空间模型对零售业态结构调整与客户
满意度改善和经济发展之间的关联关系进行了实证分析，模拟业态结构调整
具体操作标准的确定过程。

一、模型设计及变量说明

正如前面所述，零售业态结构调整对于经济发展的影响既有直接效用又
有间接效用，很难用单一的结构方程将两方面效用综合展现出来，不仅关联
机制难以被清晰表述，并且设定的中间变量更是不易被观测。也就是说要在
互动机制不明且只能通过观测"输入变量"和"输出变量"的情况下研究两
者的关联关系。这种情况与动态系统控制问题研究非常类似，系统状态是连
接输入变量和输出变量的关键因素，但往往"系统状态"都是不便描述的黑
箱，鉴于状态空间模型（state space model，SSM）在动态系统估计方面的良
好表现，我们利用这一模型来分析"零售业态结构变动"（retail format struc-
ture change，RFSch）对"消费者满意度变动"（consumer satisfaction change，
CSch）和"经济总量变动"（economic aggregate change，EAch）的贡献情况。
在模型中"零售业态结构变动"作为输入变量，"消费者满意度变动"和
"经济总量变动"分别作为输出变量。

$$信号方程 （1）: CSch_t = C(1) + SV1 \times RFSch_t + U_t(C(3)) \tag{5.1}$$

$$信号方程 （2）: EAch_t = C(2) + SV2 \times RFSch_t + U_t(C(4)) \tag{5.2}$$

$$状态方程: SV1 = SV1(-1) ; SV2 = SV2(-1) \tag{5.3}$$

$$并且，CSch_t = CS_t - CS_{t-1} ; EAch_t = (EA_t - EA_{t-1})/ EA_{t-1} ;$$

$$RFSch_t = RFS_t - RFS_{t-1} \tag{5.4}$$

$$零售业态结构值 RFS = 网上零售额(亿元)/$$
$$社会消费品零售总额(亿元) \tag{5.5}$$

$$消费者满意度 EA = 消费者投诉数量(件)/$$
$$社会消费品零售总额(亿元) \tag{5.6}$$

实证时使用"网络零售市场交易规模（亿元）"占"社会消费品零售总
额（亿元）"的比重表示零售业态结构值（retail format structure，RFS），同
时用消费者投诉数量（件）与"社会消费品零售总额（亿元）"的比值表示
消费者满意程度，也就是说经济社会产生每亿元消费而发生的消费者投诉数
量越少，消费者对购买活动越满意，并且使用"国内生产总值（亿元）"变

动表示"经济总量变动"。"网络零售市场交易规模（亿元）"数据来源于中国电子商务研究中心发布的《2015 年度中国网络零售市场数据监测报告》《2016 年度中国网络零售市场数据监测报告》，"社会消费品零售总额（亿元）"和"国内生产总值（亿元）"来源于历年《国民经济和社会发展统计公报》，消费者投诉数量（件）来源于原国家工商行政管理总局发布的历年《全国工商和市场监管部门受理消费者咨询投诉举报情况分析》。

二、平稳性检验与模型估计

应用 EViews 8.0 对以上变量进行单位根和 Johansen 协整检验。经多次检验，单位根检验截距项系数并不具有良好的显著性，所以单位根检验选择不带有趋势和截距项形式，滞后期长度由 AIC（Akaike information criterion）准则确定。经检测，各时间序列都具有较好的平稳性，其中 $CSch_t$、$EAch_t$ 和 $RFSch_t$ 其一阶差分序列同样能够满足 0.1 置信水平检验。将以上序列进行 Johansen 协整检验，检验结果迹统计量为 4.882041，概率值为 0.0395，最大 λ 值为 4.438533，概率值为 0.0468，结果表明以上变量能够在 0.05 置信水平上拒绝"至少存在 3 个协整向量"的原假设，即存在 3 个协整向量，说明变量之间存在着长期稳定的均衡关系（见表 5 - 1）。

表 5 - 1　　　　　　　　　　序列平稳性检验

序列	单位根检验概率		平稳性检验结果
	ADF 检验 Augmented Dickey-Fuller	PP 检验 Phillips-Perron	
CSch	0.0929 *	0.0173 ** (0.4730)	一阶单整
EAch	0.0997 * (0.8717)	0.0972 * (0.9254)	一阶单整
RFSch	0.7831 * (0.0001)	0.9498 * (0.0001)	一阶单整

注：括号内数据为原序列单位根检验的概率值。*、** 和 *** 分别表示显著性通过 0.1、0.05 和 0.01 置信水平的检验。

其中，$CSch_t$、$EAch_t$ 和 $RFSch_t$ 均为可观测向量，建立被解释变量为 $TRch_t$，解释变量为 $ORch_t$ 的可变系数状态空间模型，并采用递推形式来诠释状态变量的转换过程。SV1 是与解释变量 $CSch_t$ 相对应的状态向量，SV2 是与解释变量 $EAch_t$ 相对应的状态向量。SV1 表示每个时点每亿元最终消费产生的投诉数量变动对于网络零售市场份额变动的敏感程度，为了方便理解，我们简称状态向量 SV1 为"消费者满意弹性系数"。SV2 表示每个时点国内生产总值变动对于网络零售市场份额变动的敏感程度，为了方便理解，我们简称状态向量 SV2 为"经济发展弹性系数"。C（1）和 C（2）是常数，U_t（C（3））和 U_t（C（4））是均值为 0，方差为待估常数 C（3）和 C（4）的不相关扰动项。后经卡尔曼滤波算法估计，结果显示状态向量 SV1 和 SV2 参数显著性良好（见表 5 - 2）。

表 5 - 2　　　　　　　　可变参数状态空间模型参数估计结果

扰动项方差期望值	系数 （coefficient）		Z 统计量 （z-statistic）		概率 （probability）	
C（3）***	− 3.098668		− 2.846400		0.0044	
C（4）***	− 7.351999		− 6.297561		0.0000	
状态变量	2012 年	2013 年	2014 年	2015 年	2016 年	均值
SV1 ***（0.0001）	− 31.27	− 32.10	− 29.29	− 21.43	− 20.27	− 26.87
SV2 ***（0.0001）	4.72	4.39	4.60	3.62	3.42	4.15

注：括号内数据为原序列单位根检验的概率值。*、** 和 *** 分别表示显著性通过 0.1、0.05 和 0.01 置信水平的检验。此外，常数项 C（1）和 C（2）由于并不显著在随后的模型参数估计中予以剔除。

三、零售业态结构调整与顾客满意度改善关联关系分析——直接关联

从表 5 - 2 可以看出，2012～2016 年"消费者满意弹性系数 SV1"数值始终为负，也就是说随着网络零售业市场份额的增加，消费者投诉不断减少，满意度不断上升。初步可以判断，零售业态结构朝着增加网络零售业态市场份额的方向调整是有利于消费者满意度改善的。在平均水平上，每当网络零售额占社会消费品零售总额份额提高一个百分点，相应地每亿元最终消费当中消费者投诉数量会减少 26.87 件。但是整体看来，消费者满意弹性系数呈现不断降低的趋势，这表明 2014 年后零售业态结构调整的社会服务效应在不断减弱，应据此适当出台刺激网络零售业发展的相应政策。

四、零售业态结构调整与经济发展关联关系分析——综合关联

从表 5 - 2 可以看出，2012 ~ 2016 年"经济发展弹性系数 SV2"数值始终为正，网络零售业发展对经济社会有着较为显著的正的外部性，同样可以得出与消费者满意弹性系数相同的判断，当前零售业态结构调整的方向是正确的。从平均水平来看，每当网络零售额占社会消费品零售总额份额提高 1 个百分点，相应地国内生产总值会增加 4.15 个百分点。但是整体看来，从 2014 年以后经济发展弹性系数同样呈现不断下降的趋势，这表明近几年业态结构调整的经济发展刺激效应在不断减弱（见图 5 - 1）。

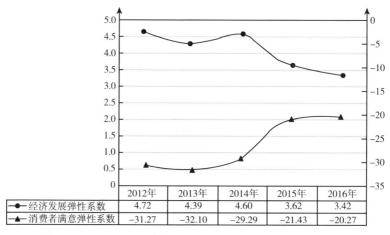

	2012年	2013年	2014年	2015年	2016年
● 经济发展弹性系数	4.72	4.39	4.60	3.62	3.42
▲ 消费者满意弹性系数	−31.27	−32.10	−29.29	−21.43	−20.27

图 5 - 1　2012 ~ 2016 年我国零售业态结构调整弹性系数变化

第四节　有店铺零售业态结构调整操作
标准定量分析

根据本章第三节的分析结果，当前我国零售业态结构调整的方向，在于进一步鼓励发展以网络零售业为代表的无店铺零售业态，增加其在零售市场当中的份额，而对于有店铺零售业态则需要缩减规模。这个结果与我们的经验判断结果是一致的，当前，受经营成本不断上涨、消费需求结构调整、网络零售快速发展等诸多因素影响，实体零售发展面临前所未有的挑战。那究竟哪些实体零售业态是适宜经济发展和人们消费需要的，而哪些实体零售业

态不适宜，本节将以典型有店铺零售业态为研究对象，根据本章第二节设计的原则构建评价指标体系，借助基于三角白化权函数的灰色聚类模型对典型有店铺零售业态的调整方向和程度进行区分。

一、评价指标体系构建

依据本章第二节设计的原则构建评价指标体系，通过营利性、有效性、消费者满意度和经济发展贡献水平四方面情况对地区具体业态适宜性情况进行评估，每一个方面作为一级指标，其下二级指标既要从该方面特定角度反映零售业态的适宜性，同时又能具备实证数据的可获得性（见图 5－2）。由于不同的零售业态经营规模和销售能力差异较大，所以选用的数据指标均为相对指标，而不是绝对指标，并且所有指标计算均经过标准化处理，使得指标间无量纲差异。零售业态适宜性评价指标体系由 4 个一级指标和 7 个二级指标组成。

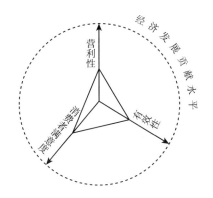

图 5－2　四维视角下的零售业态适宜性评价

（一）零售业态营利性

零售业态能够营利，是零售企业正常经营的根本动力和基本出发点。要评价零售业态的营利能力和经营效果主要从利润率和销售额增速两个二级指标来考察。但由于各零售业态利润率（％）数据并不可得，故舍去，所以二级指标仅使用近五年"平均销售额增速（％）"。

（二）零售业态有效性

零售业态有效性用于评价零售业态商品流通周转效率以及劳动要素利用效率情况，4 个二级指标包括：人均销售额（万元）、单位面积销售额（万元）、规模效率、（纯）技术效率。这四项指标也均采用近五年平均水平，其中"规模效率"和"技术效率"采用数据包络分析 BCC 模型计算,计算细节详见附录 H。

(三) 零售业态消费者满意度

消费者满意度用各零售业态消费者投诉数量(件)与业态零售额(万元)比值来表示,由于受数据可得性的限制,仅使用 2016 年数据。

$$业态消费者满意度 EA = 消费者投诉数量(件)/$$
$$业态零售额(万元) \qquad (5.7)$$

(四) 零售业态经济发展贡献水平

"营利性""有效性"和"消费者满意度"都是对零售业态自身经营和服务情况进行的评价,"经济发展贡献水平"指标则是对业态发展的外部性进行评价,哪种业态能够释放良好的外部性哪种业态就应该扶持发展,如果不能应当酌情调整。二级指标为近五年平均"对经济发展贡献水平",这项指标需要面板数据模式间接计算出来,计算细节见附录 I。零售业态适宜性评价指标体系如表 5-3 所示。

表 5-3   零售业态适宜性评价指标体系

	一级指标	二级指标	说　明
零售业态适宜性评价指标体系	A 营利性	A1 利润率（%） （数据不可得，后舍去）	近五年平均水平
		A2 销售额增速（%）	近五年平均水平
	B 有效性	B1 人均销售额（万元/人）	近五年平均水平
		B2 单位面积销售额（万元/平方米）	近五年平均水平
		B3 规模效率	需数据包络模型计算 （详见附录 H）
		B4（纯）技术效率	近五年平均水平
	C 消费者满意度	C1 消费者满意度（件/万元）	公式计算 2016 年数据
	D 经济发展贡献水平	D1 对经济发展贡献水平	需面板数据模型计算 （详见附录 I） 近五年平均水平

二、样 本 选 择

目前我国典型有店铺零售业态主要有 12 种,包括食杂店、仓储式会员店、折扣店、超市、大型超市、百货店、专卖店、专业店、购物中心、便利店、家居建材商店、厂家直销中心。但从现有的统计年鉴和统计局公布数据来看，并未有关于食杂店的统计数据，另外，从目前各有店铺零售业态发展现状来看，食杂店零售占比十分微小，其余 11 种有店铺零售业态销售额占比已经达到了 95% 以上，所以在后面的实证环节中并没有选取食杂店。此外，从目前购物中心经营形式来看，其内主要布置了诸如百货店、大型超市、专业店、专卖店和便利店等其他有店铺零售业态，并且从现有的统计年鉴和统计局公布数据来看，并未有关于购物中心的统计数据，所以在后续实证中予以剔除。综上所述，本节实证分析的样本选取了除食杂店和购物中心以外的共 10 类典型有店铺零售业态。

三、各级指标权重确定

从不同的权重确定方法使用来看，使用层次分析法或调查问卷统计的方式确定的指标权重具有很强的主观性，这对整体实证的科学性和客观性产生很大的质疑。不仅如此，上述方法每次操作需要耗费的成本高、准确度差。主成分分析法是一种很好的多元变量降维的统计方法，能够简洁地揭示变量间的本质关系，并且能够很好地克服主观性问题、操作简单方便。不同地区在进行零售业态适宜性评价时，由于所处的地区不同，使得抽样样本和专家打分会产生很大的差异，层次分析法的使用会受到很大的限制，主成分分析法相较于传统权重确定方法具有很好的普及性。数据计算借助 SPSS 21.0 软件完成。

（一）主成分分析法消元原理

主成分分析法是一种很好的多元变量降维的统计方法，能够简洁地揭示变量间的本质关系，而且计算过程通过规定最终降维的数量使其复杂程度变得可控。但是在减少变量数量的过程中，会产生多个特征根，根据不同的标准会选取不同数量的特征根，根的个数决定了最终选取的主成分的个数。这个过程的基本数学表达式为：

$$\begin{cases} y_1 = \gamma_{11} x_1 + \gamma_{12} x_2 + \gamma_{13} x_3 + \cdots + \gamma_{1t} x_t \\ y_2 = \gamma_{21} x_1 + \gamma_{22} x_2 + \gamma_{23} x_3 + \cdots + \gamma_{2t} x_t \\ y_3 = \gamma_{31} x_1 + \gamma_{32} x_2 + \gamma_{33} x_3 + \cdots + \gamma_{3t} x_t \\ \qquad\qquad\qquad\vdots \\ y_t = \gamma_{t1} x_1 + \gamma_{t2} x_2 + \gamma_{t3} x_3 + \cdots + \gamma_{tt} x_t \end{cases} \qquad (5.8)$$

在式（5.8）中将初始的 t 个存在明显相关关系的变量 x_i 先进行标准化处理，然后对处理后的变量进行线性变换，调整为一组互不相关的变量 y_i。对初始数据进行标准化处理消除量纲差异之后，通过式（5.8）计算获得简单相关系数矩阵，再据此计算其所有特征根及（累计）方差贡献率。主成分分析法主要借鉴的是线性变换的数学思想，把存在相关关系的初始变量转换为新的完全不相关的变量，新形成的变量与初始变量的总方差是一致的。选取新变量当中方差贡献最大的一个，也就是第一主成分，此后变量的方差贡献逐渐减小，方差贡献次小的变量称为第二主成分。主成分个数的选择决定了权重计算过程的复杂程度，本书在综合考量之后只选取方差贡献率最大的成分作为主成分，即选取第一主成分。也就是说每一级评价指标的主成分计算不管初始变量有多少，最终都会降维为 1 维。进一步进行归一化处理后的主成分系数即为降维前各变量的权重值。

（二）权重计算过程

权重的计算需要遵循一定的顺序，每一个一级指标首先对各自二级评价指标进行主成分分析，确定了二级评价指标的权重值后，通过加权算法重新获得一级评价指标数据，用新数组计算一级指标权重。权重计算数据为 10 个典型有店铺零售业态指标数据加和，在进行主成分分析前，需要对数据进行无纲量化处理，先计算二级指标权重，再计算一级评价指标权重。一级评价指标下的各二级指标权重的确定可以依据式（5.8）中的计算步骤求得，当得到各二级指标的权重后，分别用二级指标权重与原指标数据相乘后加和，这样就获得了一级评价指标权重计算的数据，然后再重复式（5.8）中的计算过程，最终获得各一级评价指标权重。由于一级指标当中 A、C、D 一级指标下都只包含一个二级指标，故二级指标权重为 1（见表 5 - 4）。

表 5 - 4　　　　　　　各级评价指标权重

	一级指标	权　重	二级指标	权　重
零售业态适宜性评价指标体系	A 营利性	0.335	A1 销售额增速（%）	1
	B 有效性	0.208	B1 人均销售额（万元/人）	0.220
			B2 单位面积销售额（万元/平方米）	0.218
			B3 规模效率	0.317
			B4 （纯）技术效率	0.245
	C 消费者满意度	0.240	C1 消费者满意度（件/万元）	1
	D 经济发展贡献水平	0.217	D1 对经济发展贡献水平	1

四、基于端点三角白化权函数的灰色聚类评估模型

灰色理论模型是一种研究"少数据""贫信息"不确定性问题的方法。这对于零售业态结构调整问题研究是完全适宜的，不仅克服了主观分析方法的随意性，还能够有效发挥有限数据信息的科学决策作用。基于端点三角白化权函数的灰色聚类评估模型适用于各灰类边界清晰，但最可能属于各灰类的点不明的情形。选用这种方法省去了投票概率统计和数据建模的麻烦，快捷有效。书中指标都选用均值意义上的统计数据，无论评估的发展环境是省份或是城市，都普遍适用本方法，而且针对不同操作主体有着很强的移植能力。

假设有 n 个评价对象，m 个评价指标，设 $x_{ij}(i=1,2,\cdots,n;j=1,2,\cdots,m)$ 为评价对象 i 关于评价指标 j 的观测值，每一个评价指标可以作为一个灰类，还可以进一步划分为 s 个灰类，$f_j^k(\cdot)(j=1,2,\cdots,m;k=1,2,\cdots,s)$ 为 j 指标 k 子类白化权函数。此时给定的第 j 个指标的权重为 w_j^k $(j=1,2,\cdots,m;k=1,2,\cdots,s)$。

首先，将指标值的取值范围视为灰数的边界，将取值范围为 $[a_1,a_{s+1}]$ 的第 j 个指标划分为 s 个灰类，$[a_1,a_2],\cdots,[a_{k-1},a_k],\cdots,[a_{s-1},a_s],[a_s,a_{s+1}]$。其次，计算每个灰类的中点 $\lambda_k=(a_k+a_{k+1})/2$，再向两侧增加延拓值 a_0，a_{s+2}，求得 λ_0，λ_{k+1}。然后，再令 λ_k 属于第 k 个灰类的白化权函数值为 1，连接点 $(\lambda_k,1)$ 和点 a_{k-1} 和 a_{k+2}，就得到第 j 个指标关于 k 灰类的三角白化权函数 $f_j^k(\cdot)$。

$$f_j^k(\cdot)=\begin{cases} 0 & x\notin[a_{k-1},a_{k+2}] \\ \dfrac{x-a_{k-1}}{\lambda_k-a_{k-1}} & x\in[a_{k-1},\lambda_k] \\ \dfrac{a_{k+2}-x}{a_{k+2}-\lambda_k} & x\in[\lambda_k,a_{k+2}] \end{cases} \qquad (5.9)$$

继而，计算对象 i 关于灰类 k 的隶属度。

$$\theta_i^k=\sum_{j=1}^m f_j^k(x_{ij})\cdot w_j^k \qquad (5.10)$$

最后，根据隶属最大原则，判断对象 i 属于哪个灰类。

五、典型有店铺零售业态结构调整实证分析

结合前述理论和评价原则，零售业态适宜性评价指标体系中共有 4 个一

级指标、7个二级指标，每一个二级评价指标都可以划分为两个灰类：灰类1，适宜当地经济社会发展需要（需要鼓励发展）；灰类2，不适宜当地经济社会发展需要（需要积极调整）。首先需要根据现有10种业态各项指标数值，再结合专家意见敲定各项二级评价指标关于不同灰类的取值范围，本书按照均值原则确定灰类边界和中心。零售业态适宜性评价的端点三角白化权函数示意如图5-3所示。

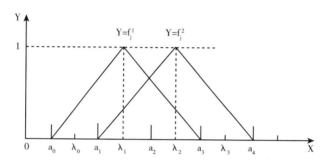

图5-3　零售业态适宜性评价的端点三角白化权函数示意

以二级指标"A1 销售额增速（％）"为例，10种业态当中近五年平均销售额增速的最大值为61.1％，销售额增速最小值为 -2.5％，所以二级评价指标 A1 的上界 a_3 应为61.1％，下界 a_1 应为 -2.5％。a_2 取均值为29.3％。λ_1 为 a_1 和 a_2 的均值，λ_2 为 a_2 和 a_3 的均值。在此基础上增加左延拓值 a_0，增加右延拓值 a_4，使得 a_0 到 a_1 的距离与 a_3 到 a_4 的距离和 a_1 到 a_2 的距离是相等的。特别需要注意的是，除二级指标"A1 销售额增速（％）"和"D1 对经济发展贡献水平"两项指标的左延拓值可以取负值以外，其他二级指标的左延拓值或右延拓值最小值只能为0。于是可以得到所有7个二级评价指标的边界值、中心值和延拓值（见表5-5）。

表5-5　　　　　　　　各评价指标关于不同灰类的取值范围

一级指标	二级指标	不适宜 [a_1, a_2]	适宜 [a_2, a_3]
A 营利性	A1 销售额增速（％）	[-0.025, 0.293]	[0.293, 0.611]
B 有效性	B1 人均销售额（万元/人）	[39.155, 133.237]	[133.237, 227.318]
	B2 单位面积销售额（万元/平方米）	[1.192, 3.644]	[3.644, 6.097]
	B3 规模效率	[0.765, 0.883]	[0.883, 1.000]
	B4 （纯）技术效率	[0.518, 0.759]	[0.759, 1.000]

续表

一级指标	二级指标	不适宜 $[a_1, a_2]$	适 宜 $[a_2, a_3]$
C 消费者满意度	C1 消费者满意度（件/万元）	$[97.971, 49.028]$	$[49.028, 0.085]$
D 经济发展贡献	D1 对经济发展贡献水平	$[-1.135, -0.127]$	$[-0.127, 0.881]$

需要注意的是，在 7 个二级评价指标当中，只有"C1 消费者满意度（件/万元）"是与评价结果呈反向变动的关系，而其余变量都是正向相关。投诉数量越少，代表消费者满意程度越高，则相应的零售业态是适宜的，需要鼓励发展（见表 5 – 6）。

表 5 – 6 延拓值和样本实际值

二级指标		A1	B1	B2	B3	B4	C1	D1
延拓值	a_0	– 0.183	0.000	0.000	0.707	0.398	0.000	– 1.639
	a_4	0.770	274.359	7.323	1.059	1.121	122.443	1.385
业态实际值	便利店	0.099	39.155	2.347	0.879	0.687	1.849	– 0.336
	折扣店	– 0.007	101.915	1.750	0.797	0.756	0.150	0.244
	超市	0.031	62.246	1.566	0.856	0.518	14.886	– 0.370
	大型超市	0.137	81.586	1.514	0.908	0.518	23.694	– 0.320
	仓储式会员店	0.611	151.104	3.298	0.995	1.000	1.195	0.046
	百货店	0.078	130.484	1.888	0.971	0.653	18.341	0.881
	专业店	0.050	227.318	2.887	1.000	1.000	97.971	0.434
	专卖店	0.196	95.455	3.363	0.884	0.948	8.306	– 1.135
	家居建材商店	– 0.025	115.380	1.192	0.765	0.648	0.224	0.349
	厂家直销中心	0.523	44.008	6.097	0.853	1.000	0.085	– 0.240

以便利店数据为例，参照式（5.9）和式（5.10）进行白化权函数计算，结果如表 5 – 7 表所示。

表 5 –7 便利店数据计算各指标灰类白化权函数值

二级指标	f_j^1	f_j^2
A1	$f_1^1(\cdot)[-0.183, 0.134, 0.611]$ 0.889	$f_1^2(\cdot)[-0.025, 0.452, 0.770]$ 0.259
B1	$f_2^1(\cdot)[0, 86.196, 227.318]$ 0.454	$f_2^2(\cdot)[39.155, 180.277, 274.359]$ 0.000

二级指标	f_j^1	f_j^2
B2	$f_3^1(\cdot)[0,2.418,6.097]$ 0.971	$f_3^2(\cdot)[1.192,4.870,7.323]$ 0.314
B3	$f_4^1(\cdot)[0.707,0.824,1]$ 0.685	$f_4^2(\cdot)[0.765,0.941,1.059]$ 0.648
B4	$f_5^1(\cdot)[0.398,0.639,1]$ 0.865	$f_5^2(\cdot)[0.518,0.880,1.121]$ 0.468
C1	$f_6^1(\cdot)[122.443,73.500,0.085]$ 0.024	$f_6^2(\cdot)[97.971,24.556,0]$ 0.075
D1	$f_7^1(\cdot)[-1.639,-0.631,0.881]$ 0.805	$f_7^2(\cdot)[-1.135,0.377,1.385]$ 0.528

再将求得的各指标灰类白化权函数值与相应的二级指标权重和一级指标权重相乘后加和，便得到了零售业态最终隶属度（见表5-8）。

表5-8　　　　　　　　　　各级指标灰类隶属度

隶属度	θ^1（不适宜）	θ^2（适宜）
A 营利性	0.298	0.087
B 有效性	0.154	0.081
C 消费者满意度	0.006	0.018
D 经济发展贡献水平	0.175	0.115
整体	0.632	0.300

从实证结果来看，便利店的经营整体上并没有很好地适应我国经济和社会发展的需要（不适宜的隶属度得分为0.632大于适宜的隶属度0.300），所提供的零售服务与其他业态相比较而言仍有所不足，需要酌情进行调整。进一步分析，造成便利店这种零售业态获得"不适宜"评价的原因，在四个一级指标当中"A 营利性"获得的"不适宜"评价概率最高（0.298），其次是"D 经济发展贡献水平"（0.175）、"B 有效性"（0.154），只有"C 消费者满意度"获得的"适宜"评价概率（0.018）高于"不适宜"评价概率（0.006）。进一步寻找造成"不适宜"评价概率过高的原因，观察二级评价指标评价概率，在7个二级指标当中获得"不适宜"评价按概率值依次排列

分别是"A1 销售额增速""D1 对经济发展贡献水平""B3 规模效率""B4（纯）技术效率""B2 单位面积销售额""B1 人均销售额""C1 消费者满意度"。这些二级指标当中，只有"C1 消费者满意度"的"适宜"评价概率超过了"不适宜"评价概率，并且"A1 销售额增速"和"D1 对经济发展贡献水平"两项二级评价指标的"不适宜"评价概率占比较高，所以这两方面需要重点改善（见图 5 – 4）。

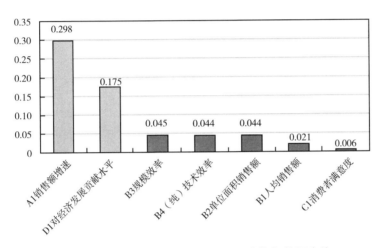

图 5 – 4　便利店二级评价指标"不适宜"评价概率值

其余 9 种零售业态的评价情况与便利店类似，文中不做赘述，评价结果如表 5 – 9 所示。

表 5 – 9　　　　　　　　**10 种典型有店铺零售业态整体评价结果**

类别	不适宜	适宜	类别	不适宜	适宜
便利店	0.632	0.300	百货店	0.467	0.462
折扣店	0.436	0.284	专业店	0.470	0.359
超市	0.596	0.340	专卖店	0.554	0.362
大型超市	0.714	0.534	家居建材商店	0.385	0.258
仓储会员店	0.184	0.472	厂家直销中心	0.472	0.301

此外，10 种典型有店铺零售业态一级指标"适宜"情况评价结果如表 5 – 10 所示。

表 5-10　　10 种典型有店铺零售业态一级指标"适宜"情况评价结果

类别	A	B	C	D	类别	A	B	C	D
便利店	0.087	0.081	0.018	0.115	百货店	0.072	0.107	0.179	0.109
折扣店	0.012	0.073	0.001	0.198	专业店	0.052	0.102	0.000	0.205
超市	0.039	0.046	0.145	0.110	专卖店	0.155	0.126	0.081	0.000
大型超市	0.114	0.071	0.232	0.117	家居建材商店	0.000	0.043	0.002	0.213
仓储会员店	0.168	0.123	0.012	0.169	厂家直销中心	0.260	0.083	0.001	0.128

六、结果分析

《中国贸易外经统计年鉴》数据显示，2012～2016 年，10 种典型的有店铺零售业态从平均销售额占比高低来看，专业店占比第一，高达 62.4%（2016 年占比 58.8%），大型超市占比 11.9%（2016 年占比 14.2%）、百货店占比 10.1%（2016 年占比 11.0%）、超市占比 9%（2016 年占比 8.9%）。其余零售业态占比均不超过 5%，专卖店占比 4.5%（2016 年占比 5.0%）、便利店占比 0.9%（2016 年占比 1.1%）、仓储会员店占比 0.9%（2016 年占比 0.7%）、家居建材商店占比 0.2%（2016 年占比 0.1%）、折扣店占比 0.1%（2016 年占比 0.1%）、厂家直销中心占比 0.1%（2016 年占比 0.1%）。

（一）专业店评价结果分析

2012～2016 年专业店结构占比呈下降趋势，从 2012 年最高的 66.8% 降低到 2016 年最低的 55.8%。从实证分析一级指标获得"适宜"评价的概率来看，专业店在促进经济发展方面释放了良好的外部性，但在营利性、有效性和增加消费者满意度方面仍需进一步加强，这三方面是导致专业店结构占比下降的主要原因（见图 5-5）。

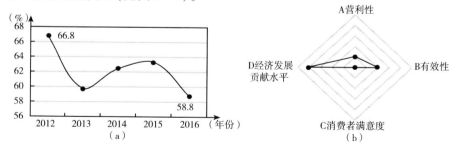

图 5-5　专业店结构占比与实证评价结果

注：为便于读者对比结构占比趋势，图 5-5（a）截取原始图制作，故不含原点，图 5-6～图 5-8 同。

（二）大型超市评价结果分析

2012～2016 年大型超市发展迅速，2013 年后发展速度放缓，从 2012 年的 7.6% 提高到 2016 年最高的 14.2%。从实证分析一级指标获得"适宜"评价的概率来看，大型超市能够为消费者提供较好的购物体验，经济发展贡献显著，但在营利性、有效性方面仍需进一步加强，这两方面是导致专业店结构占比下降的主要原因（见图 5-6）。

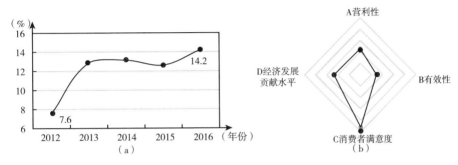

图 5-6　大型超市结构占比与实证评价结果

（三）百货店评价结果分析

2012～2016 年百货店结构占比不断萎缩，从 2012 年最高的 11.0% 降低到 2016 年新低的 9.4%。从实证分析一级指标获得"适宜"评价的概率来看，百货店能够为消费者提供较好的购物体验，但相较于其他三方面优势并不明显（见图 5-7）。

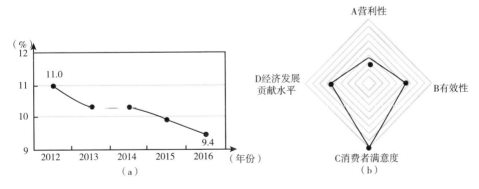

图 5-7　百货店结构占比与实证评价结果

（四）超市评价结果分析

2012～2016 年超市发展较为平稳，五年间结构占比没有发生显著变化，一直在 8.0% 和 10.0% 之间波动起伏。从实证分析一级指标获得"适宜"评价的概率来看，超市在满足消费者购物需求和促进经济发展方面具有良好表现，但在营利性、有效性方面有所不足（见图5-8）。

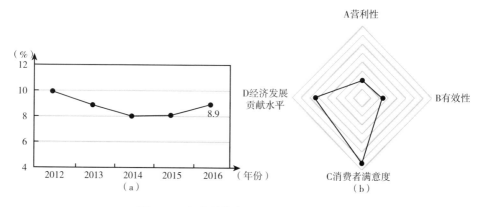

图5-8　超市结构占比与实证评价结果

（五）专卖店评价结果分析

2012～2016年专卖店结构占比发展趋势平稳，呈一定上升趋势。从2012年的3.0%上升到2016年最低的5.0%。从实证分析一级指标获得"适宜"评价的概率来看，专卖店无论是在促进经济发展方面或是外部性、营利性和有效性方面均未有突出表现，四方面"适宜"评价水平均低（见图5-9）。

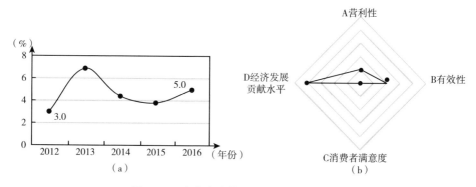

图5-9　专卖店结构占比与实证评价结果

（六）便利店评价结果分析

2012～2016年便利店结构占比不断提高，发展势头强劲，从2012年的0.7%提高到2016年的1.1%。从一级指标获得"适宜"评价的概率来看，便利店在促进经济发展、营利性和有效性方面具有良好表现，但从整体看来在提高消费者满意度方面仍有前景，未来发展潜力巨大（见图5－10）。

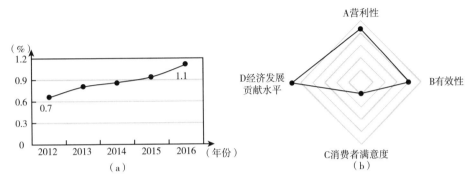

（a）　　　　　　　　　　　　　　　　（b）

图5－10　便利店结构占比与实证评价结果

（七）仓储会员店评价结果分析

2012～2016年仓储会员店发展出现了剧烈震荡，2013年结构占比从2.32%下滑至0.66%，此后一直保持在这一水平附近。从一级指标获得"适宜"评价的概率来看，仓储会员店在促进经济发展、营利性和有效性方面释放了良好的表现（见图5－11）。

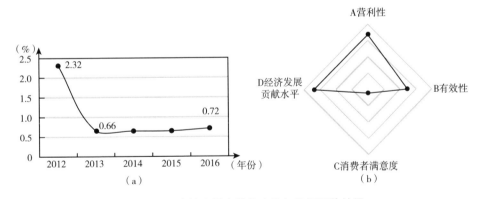

（a）　　　　　　　　　　　　　　　　（b）

图5－11　仓储会员店结构占比与实证评价结果

（八）家居建材店评价结果分析

2012～2016年家居建材店发展平稳，结构占比始终保持在0.1%～0.2%。从实证分析一级指标获得"适宜"评价的概率来看，家居建材店在促进经济发展方面释放了良好的外部性，在营利性和有效性方面表现突出（见图5－12）。

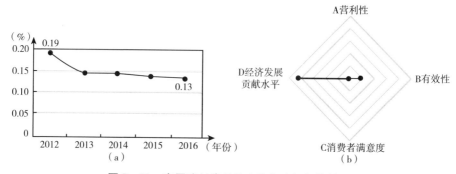

图 5 - 12 家居建材店结构占比与实证评价结果

（九）折扣店评价结果分析

2012 ~ 2016 年折扣店发展平稳，占比始终在 0.1% 附近波动。折扣店在促进经济发展方面具有良好的外部性，但近 5 年营利性、有效性和消费者满意度方面未受市场认可（见图 5 - 13）。

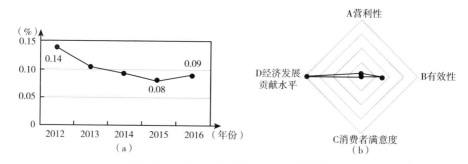

图 5 - 13 折扣店结构占比与实证评价结果

（十）厂家直销中心评价结果分析

2012 ~ 2016 年厂家直销中心市场结构占比没有超过 0.1%，但整体发展呈轻微上升趋势，厂家直销中心具有极强的价格优势，营利性较好，其他方面需要持续完善（见图 5 - 14）。

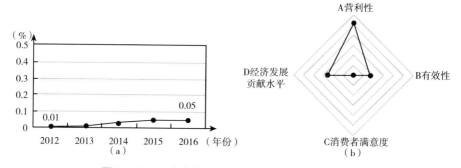

图 5 - 14 厂家直销中心结构占比与实证评价结果

本 章 小 结

本章结合零售业态发展的前瞻趋势和客观环境，为零售业态结构调整和空间布局优化寻求理论依据和操作标准。

零售服务是克服商品消费的时间和空间不一致，将商品从供货商转移到消费者手中的专门服务。零售企业的本质是专门提供零售服务的流通企业。"零售业态转型升级"，实质上就是为了迎合消费者需求偏好变动所进行的零售服务创新，其本质是技术创新。而"零售业态结构调整"不过是零售商实施服务差异化战略而进行的业态选择和创新的过程和结果。鉴于"零售业态结构调整"的微观基础是"零售业态转型升级"，而"零售业态转型升级"的本质是技术创新这样一个界定，在确定零售业态结构调整的方向和程度时，评价技术创新的分析框架是完全适用的。在借鉴评价技术创新活动"效率"和"质量"思路的基础上，本章综合考虑零售业态结构调整过程中零售主体、零售客体和经济社会多方利益诉求，设计了一个包含营利性原则、有效性原则、消费者原则和经济发展原则的零售业态结构调整原则体系，并且根据原则体系对业态结构调整的具体操作标准进行了实证量化。

第六章

业态结构调整背景下零售空间网络布局所受影响及存在问题

我国零售资源空间分布长期处于不均衡的状态，如何优化零售空间布局是提高我国零售服务供给能力的重要内容。当前我国多种零售业态不断优化升级，特别是网络零售业的迅速崛起，对零售结构产生了深远的影响，零售网点在空间布局上势必会做出调整，相应地需要对零售空间网络进行优化升级。零售业态结构调整与零售空间网络优化的互动机制在第二章已经论述过，那零售业态创新转型究竟对传统零售网点布局规律产生了哪些挑战？零售业态结构调整对我国当前零售空间网络布局产生了哪些潜在影响？本章将借助零售吸引力基础理论和第二章第四节部分的分析框架，对以上问题进行深入分析。

第一节　业态优化升级对零售网点选址的影响分析

随着零售业态演变过程中对信息技术和物流服务的不断融合，以线上超市为代表的新型零售业态不断涌现，通过改善零售服务质量和内容，零售业态目标消费群体和辐射范围也随之发生了变化，业态"零售吸引力"的变化势必会引起零售网点的重新布局，本节在分析了新型零售业态布局选址特点和趋势的基础上，借助豪泰林博弈模型对上述过程进行了微观模拟。

一、新型零售业态的选址特点和趋势

（一）零售业态布局的一般规律和原则并未被打破

新型零售业态布局的一般规律并没有被打破，新型零售业态不管服务水

平提高多少、管理技术有多复杂，总是没有打破原有零售网点布局"零售新引力"的分析框架。仍要遵循需求为主导，可服务的购买力在哪里零售网点就要布局到哪里；仍要将大型零售设施与中小商店相结合，差异定位、互补发展；仍要兼顾区域、城乡协调发展，保持各地区零售业的活力和整体活力；仍要兼顾经济效益和社会效益，将调控功能和市场机制有效结合；仍要兼顾改造与新建相统筹的原则，做到城镇化推进与零售网点更替的一致性；仍要坚持技术进步的原则，优先布局管理水平高，零售技术和理念零售领先的零售业态。

（二）选址"中心化"与"去中心化"并存

传统有店铺零售业态的选址有着明显的"中心化"的特点，这与我国居民居住习惯有着密切的关联，在地区中心往往人流最为密集，购买力水平也相对较高，有店铺零售业态往往有向地区中心集聚的趋势，这也造成了我国城市核心商圈零售设施地产化经营特征明显，这些问题的存在一定程度上限制了我国零售业的协调发展。随着有店铺零售业态经营规模的进一步分化，大型零售业态和以新型便利店为主的小微零售业态会成为发展的主流业态形式，这两类业态在布局上有着明显的差异，大型零售业态会进一步膨胀，"中心化"布局的特点会不断加强，而以新型便利店为主的小微零售业态在空间布局上追求"密度经济"，力求在空间上均匀分布，互通互联，这类网点的布局有着明显的"去中心化"的特点。

（三）"大数据"精准选址将是常态

传统实体零售要新增分店，传统零售网点的选址，需要蹲守在网点门口暗中观察某商圈的客流量、男女比例、客单价等。如果在人流平均商场中选址时，更需要清楚什么位置适合什么类型的店铺。"大数据"选址通过数据采集、数据汇总、数据分析的流程，从受众洞察、受众定位、受众接触到受众转化四个步骤，为用户提供商业数据分析解读，构建精准的选址分析模型，其中数据所覆盖的范围主要包括住宅数据、商圈数据、客流数据以及商业体数据，从而更好地帮助商户实现智能选址，快速准确地分析出什么类型的店开在什么地方可以挖掘最大的用户群体。例如"盒马鲜生"的选址就使用了"大数据"技术，以支付宝的活跃用户数量以及用户购买力为最主要参照。大数据选址具有很高的精确性，而且大大降低了选址成本。

（四）新型便利店将成为"移动化选址"的模板

便利店是连锁经营比例和供应链管理水平标准化程度最高的零售业态，便利店的发展和运营模式是广大有店铺零售业态借鉴的模板和标杆。新型便利店中出现了无人便利店和无人值守货架，这些店铺的装修和门面都以小面积、轻便和可移动的"盒子"的形象呈现，这使得可移动选址变为可能。传统的零售店铺选址绝大多数都是固定选址，选址后要长期持续经营，若周围经济环境发生变化，其自身不能通过改变选址来应变。而采取"移动化选址"的便利店能够根据周边购买力的变化和生活工作作息改变调节位置，适应能力更强。但更为难得的是，相较于传统固定化选址，采取移动化选址的便利店门店装修能够实现重复利用，这在某种程度上进一步降低了对人的依赖，越来越多的小型零售业态会借鉴无人值守店铺的移动选址模式。

（五）多网点同时布局，"网络外部性"最优化选址

"网络外部性"原本是网络经济和新经济领域中的学术概念，是指连接到一个网络的价值取决于已经连接到该网络的其他人的数量，更加一般意义上讲是指消费者消费某种商品获得的效用与用户的总数量成正比。普遍采取连锁经营、多点布局的新型零售业态具有非常显著的"网络外部性"，选址时要考虑整体"网络外部性"的最优化。例如"盒马鲜生"在北京35家门店同时布局，选址上形成互通互联共享供应链的网络体系，在经营上不仅仅是考虑单体门店的营利亏损情况，更多考虑的是整体售卖网络"网络外部性"的最优化。新型零售业态表面上是装修陈设、售卖方式和服务内容的比拼，深层次是对零售商供应链建设和管理能力的考验，零售企业选址就是要通过选址和布局，使得零售网络对于供应链的利用达到最优化，使得消费者获得更好地消费体验，这就是为什么新型零售业态总是能够提供"低价高质"商品和服务的关键。

（六）"腾笼换鸟式"快速选址

城市内多数商圈和商业街区发展得比较成熟，在固定的位置上早已布局了不少传统店铺，但这些店铺中不乏一些装修陈旧、经营不善、合同到期但又缺乏营利信心的店铺。这几类店铺占据了较好的商圈位置，但却又与商圈和城市零售发展定位不相匹配，新型零售业态可以针对这些零售店铺进行置换，这样会大大降低选址的成本并提高选址的准确性。"腾笼换鸟式"快速选址是零售店铺更新换代的必然趋势，同时也是新型业态选址过渡阶段的经营策略，目前我国居民的居住、工作方式和习惯并没有发生显著变化，购买力在空间上并没有发生重大改变，破坏式的选址创新并不是主流现象，更多的是在选址技术上的进步，选址的原则仍然是围绕购买力和零售吸引力或零售服务能力展开，所以"腾笼换鸟式"的选址方式并不是落后和传统的选址方式，相比于不成熟的技术选址和建模选址，"腾笼换鸟式"选址是经验选

址的最优体现，并且前期优质零售店铺和品牌店铺会对后入驻的零售店铺起到一定的招徕作用。

二、基于豪泰林模型的微观博弈模拟

豪泰林博弈模型是研究产业市场结构变化、寡头市场差异化竞争和企业选址问题的重要模型。经典的豪泰林博弈模型将空间上的差异视为产品差异，通过豪泰林博弈模拟，既可以分析消费者偏好变动，零售企业重新定位问题，又可以分析零售业态在克服售卖成本问题后，辐射范围发生改变重新选择的问题。

（一）经典模型基本假设

模型的博弈主体为：消费者、传统有店铺零售企业、采取新型业态形式的有店铺零售企业，这三类行为主体都符合经济学意义上的理性人假设，且两类有店铺零售企业之间不存在逆向选择和道德风险等信息不对称博弈，博弈形式为静态完全信息博弈，存在纳什均衡解。

两类有店铺零售企业售卖无差异的同质商品，唯一不同的只有零售企业所选择的零售业态，因为新型零售业态采用了新的技术，降低了商品售卖的一系列成本，这使得采取新型零售业态的零售商在商品售卖时具有比较价格优势，已知消费者购买同质商品需要花费的行路成本为每单位 t。

假定存在一个长度为 1 的城市或空间，两类零售企业分别处于城市的两端，在空间意义上两类零售企业在选址上空间距离为 1。消费者有着固定的空间位置（或消费偏好），并且众多消费者以 1 的分布密度均匀地分布在 [0，1] 的空间上。

两类有店铺零售企业分别位于城市空间的两端。位于区间 0 一侧位置的是采取新型零售业态的有店铺零售企业（A 类零售企业），在 1 侧位置的是传统有店铺零售企业（B 类零售企业）。消费者所处的"位置"既可以代表各自空间位置也可表示彼此差异的偏好，消费者空间位置标记为 x。此时，零售企业的空间位置是给定的，并不能够自由选址。

消费者通过比较购买商品的总费用，来选择购买的店铺。购物的总费用一方面包括商品价格 p，另一方面还包括购物的行路成本，也就是消费者在选择采取不同零售业态的有店铺零售企业进行购买时所发生的改变消费偏好所支付的费用。假设消费者所处的空间位置为 x 时，此时消费者选址在 A 类零售企业购物时的行路成本为 tx，选址在 B 类零售企业成本为 $t(1-x)$。

两类有店铺零售企业相同商品的售卖价格分别为 p_1 和 p_2。每单位商品的

售卖成本分别为 c_1 和 c_2，文中简化处理为 $c_1 = c_2 = c$。也就是说两类有店铺零售企业售卖的商品不仅仅是同质的，并且两类零售企业采购成本也是一致的，两类企业只围绕零售业态的差异展开价格博弈。

（二）扩展假设条件

放宽经典模型中的线性城市假设，假设两类零售企业并不是在城市两端，而是随机地处于城市不同的位置，在长度为 1 的线性城市中，A 类零售企业位于距离城市左端为 a 的位置上，其中 $0 \leq a \leq 1$，B 类零售企业位于距离城市右端为 b 的位置上，并且 $0 \leq b \leq 1$，可知存在运算关系 $0 \leq |a - b| \leq 1$（见图 6-1）。由于两类零售企业分处于不同的空间位置，并且两类零售企业的价格均衡会随着选址的不同（a 和 b 的大小不同）而导致产生不同的均衡结果。此外，因为新型零售业态采用了新的技术，降低了商品售卖的一系列成本，这使得采取新型零售业态的零售商在商品售卖时具有比较价格优势，价格优势用 γ 表示，且 $\gamma \geq 0$。

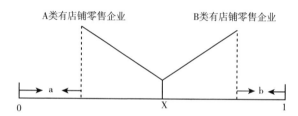

图 6-1 豪泰林城市中能够进行选址的零售企业

（三）扩展模型的纳什均衡

在原假设的基础上，令 $D_i = (P_1, P_2)$ 为需求函数，$i = 1, 2$。如果位置处在 x 的消费者在两类有店铺零售企业之间购买商品是无差异的，那么在 x 以左的消费者会选择在 A 类零售企业进行购物，而在 x 以右的消费者则会选择 B 类零售企业进行购物。需求分别表示为 $D_1 = x$，$D_2 = 1 - x$。这里 x 满足：

$$p_1 + tx = p_2 + t(1 - x) \tag{6.1}$$

在考虑扩展条件后式（6.1）调整为式（6.2）

$$p_1 + t(x - a) - \gamma = p_2 + t(1 - b - x) \tag{6.2}$$

解式（6.2）得到采取新型零售业态的有店铺零售企业与传统有店铺零售企业面临的需求函数分别为：

$$D_1(p_1, p_2) = x = \frac{1}{2} + \frac{a - b}{6} + \frac{\gamma}{6t} \tag{6.3}$$

$$D_2(p_1,p_2) = 1 - x = \frac{1}{2} - \frac{a - b}{6} - \frac{\gamma}{6t} \tag{6.4}$$

两类有店铺零售企业的利润函数分别为：

$$\pi_1(p_1,p_2) = (p_1 - c)D_1(p_1,p_2)$$

$$= (p_1 - c)\left(\frac{1}{2} + \frac{a - b}{6} + \frac{\gamma}{6t}\right) \tag{6.5}$$

$$\pi_2(p_1,p_2) = (p_2 - c)D_2(p_1,p_2)$$

$$= (p_2 - c)\left(\frac{1}{2} - \frac{a - b}{6} - \frac{\gamma}{6t}\right) \tag{6.6}$$

i 类零售企业决定自己的商品价格 P_i，获得最大利润 π_i，在完全信息条件下，已知竞争对手价格，两类有店铺零售企业利润最大化一阶条件：

$$\frac{\partial \pi_1}{\partial p_1} = \frac{p_2 - 2p_1 + \gamma}{2t} + \frac{1 + a - b}{2} = 0 \tag{6.7}$$

$$\frac{\partial \pi_2}{\partial p_2} = \frac{2p_2 - p_1 + \gamma}{2t} + \frac{1 + a - b}{2} - 1 = 0 \tag{6.8}$$

将式（6.7）和式（6.8）进行联立，解上式一阶条件得最优解为：

$$p_1^* = t + \frac{\gamma}{3} + \frac{t(a - b)}{3} \tag{6.9}$$

$$p_2^* = t - \frac{\gamma}{3} - \frac{t(a - b)}{3} \tag{6.10}$$

两类有店铺零售企业的均衡利润为：

$$\pi_1^*(p_1,p_2) = (p_1 - c)D_1(p_1,p_2)$$

$$= \left(t + \frac{\gamma}{3} + \frac{t(a - b)}{3} - c\right)\left(\frac{1}{2} + \frac{a - b}{6} + \frac{\gamma}{6t}\right) \tag{6.11}$$

$$\pi_2^*(p_1,p_2) = (p_2 - c)D_2(p_1,p_2)$$

$$= \left(t - \frac{\gamma}{3} - \frac{t(a - b)}{3} - c\right)\left(\frac{1}{2} - \frac{a - b}{6} - \frac{\gamma}{6t}\right) \tag{6.12}$$

进一步地，探究采取新型零售业态的 A 类有店铺零售企业如何通过选址获取更大的均衡利润，由前面的公式可得到如下运算关系：

$$\frac{\partial p_1}{\partial a} = \frac{t}{3} \tag{6.13}$$

$$\frac{\partial \pi_1}{\partial a} = \frac{\gamma}{9} + \frac{t}{3}\left[1 + \frac{(a - b)}{3}\right] \tag{6.14}$$

(四) 结果分析

由于 $0 \leqslant |a-b| \leqslant 1$，所以 $1 + (a-b)/3$ 一定大于 0，又由于 $\gamma \geqslant 0$，所以 $\partial\pi_1/\partial a$ 一定是大于 0。也就是说采取新型零售业态的 A 类有店铺零售企业，能够有效地降低商品售卖成本，使得消费者购买每单位商品降低成本 γ，此时 A 类有店铺零售企业实现的均衡利润 π_1 与距城市左端的距离 a 成正比，当 a 越大 π_1 越大，也就是说 A 类有店铺零售企业选址离城市左端越远获利水平越高，A 类有店铺零售企业的市场结构占比也就越高，市场势力扩大了。上面的例子说明，在零售企业能够有效降低售卖成本的前提下，零售企业是具有明显的"中心化"布局倾向的。如果在采取新型零售业态后使得消费者购买单位商品的成本提高而不是降低，$\partial\pi_1/\partial a$ 就存在小于 0 的情况，这时 A 类有店铺零售企业实现的均衡利润 π_1 与距城市左端的距离 a 成反比，当 a 越大 π_1 越小，也就是说 A 类有店铺零售企业选址离城市左端越近而距离 B 类零售企业越远，A 类有店铺零售企业的市场结构占比就会越高，两类零售企业差异化更加明显。

第二节　业态结构调整对零售空间网络的影响分析

本节将借助零售吸引力理论分析框架，运用社会网络分析方法深入研究零售业态结构调整，特别是网络零售业结构占比增加对我国地区消费格局产生的潜在影响。结果显示当前我国地区零售空间网络格局已经发生了深刻的变化。一方面，从各地区消费关联关系来看，各省份之间消费互动关系日益密切。另一方面，从零售空间结构来看，随着"非中心"地区网络零售业的崛起，"中心"地区中心等级有所下降，零售业出现了由消费市场集中向产地集中发展的趋势，原本商品制造业越发达的地区从网络零售业发展当中获益就越多，此外网络零售业发展对于潜在消费的刺激在空间上同样是存在差异的，往往 GDP 和人均收入较高的地区作用比较明显。

一、基于社会网络模型的宏观量化分析

网络零售业的快速发展使得零售商的辐射范围大大增加，使得跨省份、跨区域零售真正形成规模，与此同时，靠近商品生产一端的流通环节也能够参与到零售领域，商品产地的优势对于零售关系的影响也愈加明显。社会网

络分析方法（social network analysis，SNA）是研究社会关系网络的经典方法，并且被广泛应用到各领域"网络"问题研究。利用社会网络分析方法研究地区间零售关系及消费格局变化主要分析的内容包括零售空间网络节点之间关系（网络密度、网络凝聚力、网络关联性）和零售空间网络结构分析（网络中心性、位置角色）两方面问题。

（一）零售空间网络节点关系研究——网络密度、凝聚力和关联性分析

网络密度是利用关系数量多寡来描述网络中节点或行动者之间互动关系密切程度的指标，通常用各行动者之间"实际存在的关系数量"与"理论上存在的最大关系数量"的比值来计算。在整体网络当中，网络密度值越大表明网络中各节点之间的互动关系越密切。网络密度和网络凝聚力同样都用于描述网络节点关系的密切程度，但网络密度侧重于描述节点关系数量，而网络凝聚力侧重描述节点的关系距离。

网络凝聚力是利用节点"距离"远近来描述网络中节点或行动者之间互动关系密切程度的指标，这里所说的"距离"是指两个节点"至少可以通过多少条独立路径关联在一起"，基于"距离"的凝聚力指数介于 0 ~ 1，越接近于 1，表明各节点之间更加紧凑、相邻和平等。

网络关联性是节点相互关系最直接的衡量指标，主要包括网络关联度（connectedness）[①]、网络等级结构（hierarchy）[②]、网络效率（efficiency）[③] 和最低上限（least upper bound）[④] 四方面内容。其中，网络关联性用于衡量节点间"对称可达"的程度，网络等级结构用于衡量节点间"非对称可达"的程度，网络效率用于衡量网络当中存在"多余关联"的比例，最低上限用于衡量网络"共同的可达性"——即树形图中"根"数量的多寡。网络各节点可达性越好，说明网络关联度越强；效率越高，说明节点间多余的关联越少；最低上限值越大，同样说明网络关联度越强。即使不同网络具有相同的网络密度，但网络凝聚力和关联性往往存在差异，所以需要结合三方面情况综合考虑。

（二）零售空间网络结构研究——网络中心性和位置角色分析

网络中心性分析，包括中心度分析（centrality of a point）和中心势分析

---

① 网络关联度计算公式：$NC = 1 - [V/(N(N-1)/2)]$，其中 N 为网络节点数量，V 为不可达的点对数目。

② 网络等级结构计算公式：$NH = 1 - SV/MAX(SV)$，其中 SV 为对称可达的点对数目。

③ 网络效率计算公式：$NE = 1 - L/MAX(L)$，其中 L 为多余关联数目。

④ 最低上限计算公式：$LUB = 1 - R/MAX(R)$，其中 R 为不存在根的点对数目。

(centralization of a network)①。中心度是对个体在网络中"权力"和"中心地位"的量化分析，中心势则用于衡量网络整体依赖关系，数值越大表明节点中心地位越显著。根据计算方法的不同又可以分为度数中心性（degree centrality）、中间中心性（betweenness centrality）和接近中心性（closeness centrality），三者的计算结果往往存在很大的相关性和相似性，书中主要使用度数中心性、相关中心度和中心势计算。此外，中心度又可以区分为绝对中心度和相对中心度（标准化中心度），绝对中心度一般是指与某一节点直接连接的其他节点个数，而相对中心度则是利用节点"绝对中心度"除以任何一个节点最大可能的中心度（N－1），所以相对中心度常用于不同规模网络中心性的比较。

位置角色分析，是块模型（block-modeling）分析的核心内容，根据网络结构性信息把各个节点进行分区，并对各个位置（分区/块）的角色进行判断，究竟属于"孤立人""首属人""谄媚人""经纪人"中的哪一种，进一步地还可以对网络的"核心—边缘"结构进行分析。

二、包含网络零售影响因素的零售引力模型

（一）模型设计

获得各个行动者或节点之间的互动来往数据是进行社会网络分析的前提和基础，从现有的数据获取渠道和统计口径来看，想获得各省份及地区之间的零售活动往来数据几乎是不可能的，唯一可以替代使用的是国家统计局每5年发布一次的"17域间投入产出表"，但其中数据也不足以满足本书研究内容的需要。这就需要我们通过建立引力模型对地区之间的零售贸易往来数据进行估算，为社会网络分析提供最基础的关系数据。在经典引力模型中，G_{ij}表示 i 地对 j 地的经济引力，M_i、M_j表示 i 地和 j 地的"经济质量"，D_{ij}为两地距离，β_{ij}为"引力贡献权重"。在修正后的区域零售引力模型当中，G_{ij}表示 i 地对 j 地的零售引力，"零售质量"被进一步细分为三方面内容，即"地区交通重要性 P""地区购买力 C"和"地区制造业实力 I"。并且，在模型当中加入了网络零售影响因素——"消费者零售消费时间容忍度 λ"。

经典区域经济引力模型为：

$$G_{ij} = \beta_{ij} \frac{M_i M_j}{D_{ij}^{2}} \qquad (6.15)$$

---

① 中心势计算细节参见刘军. 整体网分析 [M]. 上海：上海格致出版社，2014：128－129.

修正后的区域零售引力模型为：

$$G_{ij} = \beta_{ij} \frac{\sqrt[3]{P_i \times C_i \times I_i} \times \sqrt[3]{P_j \times C_j \times I_j}}{(D_{ij}^{1-\lambda})^2} \quad (6.16)$$

$$\beta_{ij} = \frac{M_i}{(M_i + M_j)} = \frac{\sqrt[3]{P_i \times C_i \times I_i}}{(\sqrt[3]{P_i \times C_i \times I_i} + \sqrt[3]{P_j \times C_j \times I_j})} \quad (6.17)$$

$$消费者零售消费时间容忍度 \lambda = \frac{网络零售市场交易规模}{社会消费品零售总额} \quad (6.18)$$

（二）变量说明

其一，"地区交通重要性 P"，一个地区交通枢纽作用越突出，流通性越好，那相应地集散商品和人流的能力就越强，这一地区的零售设施吸引和辐射能力就越强。其二，"地区购买力 C"，如果一个地区经济较发达，居民收入较高，为了满足当地居民消费需要，这一地区的零售经营面积、零售服务质量、零售服务水平会显著较高，零售设施相应地具有更高的吸引力。其三，"地区制造业实力 I"，如果一个地区更加接近产地，制造业实力更强，商品就会以较低的价格进入零售环节，这一地区的商品种类也相对丰富，商品结构也相对合理，更具有吸引力。其四，"消费者零售消费时间容忍度 λ"，采用网络零售方式购买商品的消费者往往对"消费时间"较为包容，而青睐于"限时消费"和"立即消费"的消费者一般不会选择网络零售这种跨地区购买商品的消费方式，也就是说消费者对于"消费时间"的容忍程度越大，空间距离对于消费者跨地区零售采购的阻碍作用就越小。使用网络零售市场交易规模占社会消费品零售总额的比重表示消费者对于消费时间或滞后消费的容忍程度。

（三）样本选择与计算

在此后实证分析中，并没有选取西藏、新疆、青海、海南、香港、澳门、台湾六个地区。一方面，由于这六个地区在地理环境、政治经济状况和交通便利条件方面与其他地区差异较大。另一方面，从 2016 年数据来看，西藏、新疆、青海和海南四个地区社会消费品零售总额占全国的份额仅有 1.66%，对全国零售和消费格局变动影响较小。实证分析采用"客运量（万人次）""社会消费品零售总额（亿元）""制造业工业销售产值（亿元）"三个指标代替"地区交通重要性 C"、"地区购买力 C"和"地区制造业实力 I"三个变量，相应数据来源于 2012～2017 年《中国统计年鉴》和《中国工业统计年鉴》。

三、业态结构调整对零售空间网络节点关系的影响

(一) 网络密度和网络凝聚力分析

根据前述零售引力模型提供的交互数据，使用 Ucinet 软件进行 SNA 相关分析。从表 6-1 的数据来看，在不同截断值水平下，2012～2016 年我国零售空间网络的网络密度值呈现不断提高的趋势，表明各地区之间的零售贸易规模也不断增大，彼此之间的关联关系日益密切。特别是在截断值为 400 的水平下，不同年份的网络密度出现了最大极差，说明这一水平下数据具有更好的代表性。利用这一水平数据计算我国零售空间网络历年凝聚力指数 (compactness)，表 6-2 结果显示网络中各行动者之间的"距离"在不断缩短，网络凝聚力不断增强。

表6-1　　2012～2016 年不同截断值水平下我国零售空间网络密度值变动情况

年份	不同截断值水平							
	10	50	100	200	400	600	800	1000
2012	0.9484	0.8307	0.6971	0.5450	0.4246	0.3664	0.2976	0.2606
2013	0.9444	0.8426	0.7275	0.5794	0.4431	0.3783	0.3175	0.2765
2014	0.9603	0.8995	0.8241	0.6852	0.5450	0.4656	0.4114	0.3783
2015	0.9828	0.9325	0.8902	0.8108	0.6614	0.5661	0.5093	0.4590
2016	0.9960	0.9458	0.9074	0.8545	0.7712	0.6799	0.6243	0.5701
极差	0.0516	0.1151	0.2103	0.3095	0.3466	0.3135	0.3267	0.3095

注：截断值用于判断网络中行动者之间的联系存在性，当行动者之间流量数据大于所设定的截断值则认为两者间存在关联关系，若小于则认为不存在关联关系。

表6-2　　2012～2016 年我国零售空间网络凝聚力指数变动情况

年份	平均距离 (average distance)	凝聚力指数 (compactness)
2012	1.594	0.630
2013	1.568	0.640
2014	1.408	0.717
2015	1.291	0.795
2016	1.181	0.848

注：结果由截断值水平为 400 时网络数据计算。

（二）网络关联性分析

2012～2016 年我国零售空间网络关联度缓慢提升，平均维持在 0.8873 的较高水平，网络上限一直保持为 1 的状态，这表明网络行动者之间关联程度和网络等级性很高，能够很好地解决网络内部冲突（见表 6－3）。但网络等级结构指标却表现出逐年下降的迹象，这表明随着网络零售业的发展，原有"非中心"地区零售业发展迅速，导致"中心"地区等级有所下降。此外，网络效率也出现了下降的态势，造成这种情况主要有两方面原因，一方面，我国制造业地理集中程度不高，各地区均具有发展网络零售的潜力；另一方面，目前网络零售消费者群体普遍还是价格敏感性客户，网购时更倾向于选择价格优势明显的原产地商品。2012～2016 年我国零售空间网络节点关系变动情况如图 6－2 所示。

表 6－3　　　　　　　2012～2016 年我国零售空间网络关联性情况

年份	网络关联度（connectedness）	网络等级结构（hierarchy）	网络效率（efficiency）	最低上限（least upper bound）
2012	0.8598	0.3871	0.6767	1
2013	0.8598	0.3333	0.6500	1
2014	0.8598	0.1481	0.4767	1
2015	0.9286	0.1429	0.4492	1
2016	0.9286	0.1429	0.3046	1

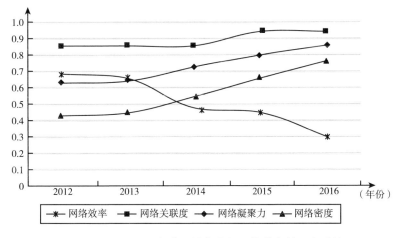

图 6－2　2012～2016 年我国零售空间网络节点关系变动情况

四、业态结构调整对零售空间网络结构的影响

(一) 网络中心性分析

从网络中心势来看，整体中心势和点出中心势不断提高，而点入中心势变化并不显著。这表明随着网络零售业的发展我国零售空间格局呈现集中发展的趋势，而这种集中趋势是由于商品产地集中发展引起的，而商品需求地区格局并没有显著变化。也就是说原本商品制造业越是发达的地区从网络零售业发展当中获益就越多，而整体看来网络零售业发展对于潜在消费的刺激作用在空间上是均衡的。2012~2016 年我国零售空间网络中心势变动情况如表 6-4 所示。

表 6-4　　　　　2012~2016 年我国零售空间网络中心势变动情况　　　　单位:%

集中趋势	2012 年	2013 年	2014 年	2015 年	2016 年
中心势	3.80	4.64	4.48	4.99	5.48
点出中心势	4.03	4.92	4.76	5.29	5.67
点入中心势	3.15	2.93	2.95	2.86	3.13

再分析不同组群中心性测算结果，从"销售市场"中心地位来看，东部、中部和东北地区变化并不明显，而西部地区"销售市场"中心地位得到了明显改善，这说明网络零售对西部地区商品销售状况的改善更为明显；GDP 在"4 万亿元以上"省份"销售市场"中心地位有一定提高，GDP 在"2 万亿~4 万亿元之间"和"2 万亿元以下"省份并无显著变化；人均收入在"7 万元以上"省份"销售市场"中心地位有一定提高，人均收入在"4 万~7 万元之间"和"4 万元以下"省份并无显著变化。

从"消费市场"中心地位来看，东部和东北地区"消费市场"中心地位得到了较大的巩固和改善；GDP 在"4 万亿元以上"和"2 万亿~4 万亿元"省份"消费市场"中心地位显著提高，GDP 在"2 万亿元以下"省份并无显著变化；人均收入在"7 万元以上"和"4 万~7 万元"省份"消费市场"中心地位有一定提高，人均收入在"4 万元以下"省份并无显著变化。

2012~2016 年我国零售空间网络分析如表 6-5~表 6-7 所示。

表 6-5　2012~2016 年我国零售空间网络分四大经济区中心性分析

四大经济区	2012 年		2013 年		2014 年		2015 年		2016 年	
	相对点出度	相对点入度	相对点出度	相对点入度	相对点出度	相对点入度	相对点出度	相对点入度	相对点出度	相对点入度
东部地区	0.944	0.722	0.944	0.722	0.944	0.833	0.944	0.944	1.000	0.889
中部地区	0.857	0.714	0.857	0.714	0.952	0.810	1.000	0.857	1.000	0.905
东北地区	0.708	0.500	0.750	0.583	0.792	0.750	0.917	0.750	0.917	0.917
西部地区	0.889	0.833	0.889	0.833	0.944	0.944	1.000	1.000	1.000	1.000

表 6-6　2012~2016 年我国零售空间网络分 GDP 地区组群中心性分析

GDP 地区	2012 年		2013 年		2014 年		2015 年		2016 年	
	相对点出度	相对点入度	相对点出度	相对点入度	相对点出度	相对点入度	相对点出度	相对点入度	相对点出度	相对点入度
4 万亿元以上	0.913	0.696	0.913	0.739	0.957	0.783	0.957	0.913	1.000	0.870
2 万亿~4 万亿元	0.882	0.765	0.882	0.650	0.941	0.824	1.000	0.882	1.000	0.824
2 万亿元以下	1.000	1.000	1.000	1.000	1.000	1.000	1.000	1.000	1.000	1.000

表 6-7　2012~2016 年我国零售空间网络分人均收入地区组群中心性分析

人均收入地区	2012 年		2013 年		2014 年		2015 年		2016 年	
	相对点出度	相对点入度	相对点出度	相对点入度	相对点出度	相对点入度	相对点出度	相对点入度	相对点出度	相对点入度
7 万元以上	0.864	0.591	0.864	0.591	0.909	0.682	0.955	0.818	1.000	0.864
4 万~7 万元	0.941	0.765	0.941	0.824	0.941	0.941	0.941	0.941	1.000	0.941
4 万元以下	0.941	0.824	0.941	0.824	0.941	0.882	1.000	0.941	1.000	0.941

（二）位置角色分析

在最大切分度为 2 的情况下，整个零售空间网络所有行动者被划分为 4 个板块（子群），从截断值水平为 400 的数据来看，2012~2016 年板块划分结果差异较大，不能够进行纵向比较。单从 2015 年分析结果来看，第一板块包括：北京、河南、河北、山西、安徽、辽宁、江苏、四川、上海、浙江、山东和湖南；第二板块包括：江西、福建、湖北、贵州、广西、广东、甘肃、云南和陕西；第三板块：内蒙古、天津、黑龙江和吉林；第四板块包括：重庆、青海和宁夏。通过 "core-periphery" 算法进一步分析网络 "核心—边缘" 结构，前三板块各行动者均为核心行动者，而第四板块当中的三个地区为边缘行动者（见表6－8）。

表6－8 2016年我国零售空间网络板块划分

	核心行动者	边缘行动者	
第一板块	北京、江苏、上海、浙江、山东、辽宁、河南、河北、山西、安徽、四川、湖南	第四板块	重庆、青海、宁夏
第二板块	江西、福建、湖北、贵州、广西、广东、甘肃、云南、陕西		
第三板块	内蒙古、天津、黑龙江、吉林		

注：结果由截断值水平为400时网络数据计算。

通过观察板块密度矩阵及像矩阵，能够清晰地观察到板块之间的互动关系。第一板块向其他三个板块销售商品，同时还消费来自第二板块和第三板块的商品。第二板块和第三板块都只与第一板块存在互动贸易关系，第四板块并不显著地向其他板块提供商品，仅能接受和消费到来自第一板块的商品（见表6－9）。

表6－9 板块密度矩阵和像矩阵

密度矩阵					像矩阵				
板块	板块一	板块二	板块三	板块四	板块	板块一	板块二	板块三	板块四
板块一	1.000	0.963	0.979	0.856	板块一	1	1	1	1
板块二	0.926	0.944	0.361	0.148	板块二	1	1	0	0
板块三	0.813	0.167	1.000	0	板块三	1	0	1	0
板块四	0	0	0	0	板块四	0	0	0	0

注：2016年零售空间网络的整体网络密度值为0.7712。

进一步分析各个板块在网络中的位置角色，从"板块内部网络密度"来看，第四板块内部各节点之间贸易联系并不密切，而其他三个板块各自内部关联却较为密切。再分析"板块接受关系比例"和"板块输出关系比例"，所有板块均存在接受关系，而只有第四板块没有显著输出关系。综上所述，可以得出结论，第一板块、第二板块和第三板块在网络中扮演者"首要者角色"，第四板块扮演者"经纪人角色"。再结合上一段分析结论以及"板块接受关系比例"和"板块输出关系比例"数值来分析，第一板块在三个"首要者角色"板块中属于"全局首要者"，而第二板块和第三板块同属于"局部首要者"角色，第四板块由于不具有输出关系并且接受关系也较弱（0.320）具有"孤立者角色"特征，所以属于"偏孤立经纪人"角色（见表6－10），各板块位置角色及互动关系如图6－3所示。

表6-10　　　　　　　　　　　　板块角色分析

期望内部关系比例	接受和输出关系比例数	
	近似为0	大于0
大于 $(N_k-1)/(N-1)$	"孤立者角色"	"首要者角色" 板块一（1，0.812，0.890）——"全局首要者" 板块二（0.944，0.643，0.678）——"局部首要者" 板块三（1，0.625，0.469）——"局部首要者"
小于 $(N_k-1)/(N-1)$	"谄媚者角色"	"经纪人角色" 板块四——"偏孤立经纪人" （0，0.320，0）

注：N_k 为第 k 板块节点数量，N 为网络节点总数量。括号内第一个数为板块内部网络密度，第二个数为板块接受关系比例，第三个数为输出关系比例。

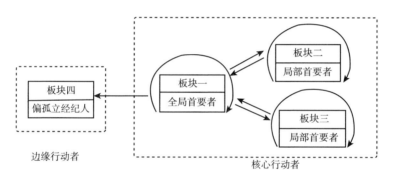

图6-3　各板块位置角色及互动关系

第三节　当前我国零售空间网络布局存在的问题

随着零售业态结构不断调整，我国零售空间网络无论是节点关系和网络结构都发生了巨大变化。随着网络零售业的快速发展，原有地区之间零售业发展差距在不断缩减，旧的发展不平衡正在减弱，但随之而来的网络零售业发展不平衡、城乡零售发展差距不断扩大等新的不平衡又正在形成。只有不断促进零售资源的优化配置，促进零售基础设施特别是新型零售基础设施协同建设才能不断缩减地区零售相对差异。

一、旧的不平衡正在减弱，新的不平衡正在形成

（一）原有零售发展地区差距正在缩减

我国东、中、西部地区经济发展差异大，零售资源在空间分布上长期处于不平衡的状态，网络零售业的快速发展使得零售商的辐射范围大大增加，跨省份、跨区域零售真正形成规模，这使得我国原来流通资源配置严重失衡的局面得到了显著改善。随着网络零售业的快速发展以及跨地区购买的不断渗透。一方面，从各地区消费关联关系来看，各省份之间消费互动关系日益密切，中、西部地区与东部地区零售往来日益密切。另一方面，从零售空间结构来看，随着"非中心"地区网络零售业的崛起，"中心"地区中心等级有所下降，零售业出现了由消费市场集中向产地集中发展的趋势。原有零售发展地区差距正在缩减，不平衡现象正在得到改善。

（二）网络零售业发展不平衡及其引致问题不断显现

零售空间网络新的发展不平衡主要是指网络零售资源和商业信息基础设施在空间分布上的不平衡。当前我国网络零售业集中在东部地区发展，但随着网络零售业的成熟发展，人才和技术也开始向其他地区溢出，产地优势逐渐在网络零售业发展中凸显。虽然网络零售业的发展促进全国零售市场的进一步统一和融合，但对于信息基础设施薄弱的西部地区，原有的落后问题进一步扩大，地区零售市场逐渐被疏远隔离。网络零售业发展的意义不仅仅局限于对地区商品市场的丰富和改善，更为重要的是带动地方制造业生产和转型升级，由网络零售业发展失衡引致的问题不能够被忽视。

（三）城乡零售相对差异在扩大

城乡零售双轨发展主要成因在于城乡经济和购买能力的差异，一方面，随着城镇化进程的不断推进、城乡居民收入差距不断减少；另一方面，城镇零售市场已经趋于饱和，农村零售市场地位不断提高。但从目前农村零售业发展来看，经营主体仍以"农家店"为主，各种零售业态缺乏，经营管理水平有限，信息技术和集约配送发展落后，与当前城镇零售体系已经出现了比较严重的脱节问题，衔接并不融洽。值得注意的是，随着电子商务的普及，城乡网络零售的发展逐渐拉开差距，究其原因在于城乡信息基础设施和信息处理能力的差距，也就是说城乡之间存在着显著的"技术鸿沟"。网络零售已经成为化解农村商品短缺、农产品滞销的有效措施。

（四）城市商圈和街区零售布局普遍存在定位不准、特色不明、档次不够问题

随着新城镇建设不断深入，我国城市改建和商圈升级改造不断推进，多数城市都面临着新旧更替和重新定位的突出问题。传统和陈旧零售业态和店铺占据核心商圈位置的同时，并不能够有效、高水平地提供零售服务，营利情况不容乐观。从特色街区的规划和布局来看，"千店一面"和作坊企业遍地问题仍然十分突出，这与城市升级的消费需要形成了极大的反差。面临这种情况就需要积极培育一批世界级消费城市和国际化商圈，不断深化品牌消费集聚区建设，加快培育商品品牌和区域品牌，改造提升一批高品位步行街，提高消费品质，提高城市品位，要把步行街打造成城市的靓丽名片。

（五）社区零售网点布局是城市零售空间网络的薄弱环节

在场地租金攀升、企业利润下降的大环境下，门店越开越小俨然已成为我国实体零售不可阻挡的发展趋势，便利店、精品超市、社区型购物中心等社区商业将成为零售企业寻求转型升级的重要方向。社区零售网点布局一直都是城市零售空间网络的薄弱环节，伴随着我国社区零售整合化、全渠道发展进程逐步加快，投资成本低，成熟周期短的社区零售必将成为支撑行业发展的重要推手。从长期的发展来看，"小而美"的社区化零售业态将更符合新形势下消费市场的客观需求。要不断优化便利店、菜市场等社区商业网点布局，打造15分钟便民生活服务圈，丰富"菜篮子"供应。

二、零售基础设施协同建设将是优化零售资源配置的关键举措

当前中国零售业依靠消费规模扩大和快速增长的时期已经过去，零售业的发展更多地将转向依赖提高零售服务质量上来。从前零售业靠需求驱动零售基础设施建设，而当下更多的是要通过基础设施的完善和升级创造和带动更多消费和更高质量消费。一方面，从目前零售业地区发展失衡和城乡发展失衡的现状来看，迫切地需要协同建设零售基础设施，做好零售基础设施跨区域的互通互联，做好城乡零售基础设施的完善和衔接融合；另一方面，要重视新型零售基础设施，特别是要重视新型基础设施和智慧供应链建设相融合，要把新型零售基础设施建设作为缩小地区零售差异的关键举措，重视和发展专业人才，落后地区要在新一轮零售业变革浪潮中争取后发优势。

本章小结

随着零售业态演变过程中对信息技术和物流服务的不断融合，以线上超市为代表的新型零售业态不断涌现，通过改进零售服务质量和内容，零售业态目标群体和辐射范围已经发生了变化，业态"零售吸引力"的变化势必会引起零售网点的重新布局，本节在分析了新型零售业态布局选址特点和趋势的基础上，借助豪泰林博弈模型对上述过程进行了微观模拟。分析表明，在零售企业能够有效降低售卖成本的前提下，零售企业具有明显的"中心化"布局倾向。

借助零售吸引力理论分析框架，运用社会网络分析方法深入研究零售业态结构调整，特别是网络零售业结构占比增加对我国地区消费格局产生的潜在影响，结果显示当前我国地区零售空间网络格局已经发生了深刻的变化。一方面，从各地区消费关联关系来看，各省份之间消费互动关系日益密切。另一方面，从零售空间结构来看，随着"非中心"地区网络零售业的崛起，"中心"地区中心等级有所下降，零售业出现了由消费市场集中向产地集中发展的趋势，原本商品制造业越发达的地区从网络零售业发展当中获益就越多。此外，网络零售业发展对于潜在消费的刺激在空间上同样是存在差异的，往往 GDP 和人均收入较高的地区作用比较明显。

随着零售业态结构不断调整，我国零售空间网络无论是节点关系和网络结构都发生了巨大变化。随着网络零售业的快速发展，原有地区之间零售业发展差距在不断缩减，旧的发展不平衡正在减弱，但随之而来的网络零售业发展不平衡、城乡零售发展差距不断扩大等新的不平衡又正在形成。只有不断促进零售资源的优化配置，促进零售基础设施特别是新型零售基础设施协同建设，才能不断缩减地区零售相对差异。

第七章

中国零售空间网络优化的
对策建议

以往零售空间网络研究中，更多关注的是由有店铺零售业态构成的空间网络，而忽视了无店铺零售业态的空间分布问题。本章结合零售业态结构调整的客观环境以及零售业态优化的内生发展趋势，秉承"创新、协调、绿色、开放、共享"的发展理念，坚持"供给侧调整"的优化思想以及"结构调整、创新驱动、协调发展、服务导向、市场配置"的优化原则，从"区域零售空间网络优化""城乡零售空间网络优化""商圈零售空间网络优化""虚拟零售空间网络优化"四个方面出发，探索寻找零售业业态结构调整背景下我国零售空间网络优化的可行路径。

第一节　优化的基本思想和原则

一、优化的思想

在零售空间网络优化过程中要坚持"供给侧调整"的优化思想。"供给侧调整"的优化思想在于坚持零售业态创新转型，不断优化升级零售业态结构，合理配置零售资源，扩大优质零售服务增量供给，实现零售服务供需动态平衡。零售领域供给侧改革的要旨在于"创新并扩大有效零售服务供给，实现更高水平的零售服务供需平衡"。消费是最终需求，积极顺应和把握消费升级大趋势，以消费升级引领产业升级，以制度创新、技术创新、产品创新满足并创造消费需求，要努力构建有利于提高发展质量、增进民生福祉、推动经济结构优化升级、激活经济增长内生动力，实现持续健康高效协调发展的零售空间网络新格局。

二、优化的原则

牢固树立并切实贯彻"创新、协调、绿色、开放、共享"的发展理念，在零售空间网络优化过程中坚持"结构调整、创新驱动、协调发展、服务导向、市场配置"五项原则。

（一）坚持结构调整原则，促进供需有效衔接

把握消费变化趋势，发展新兴消费，培育消费热点，不断优化零售业态结构。发挥零售业引导生产、促进消费的关键中介作用，带动产业转型升级，改善供给结构，提升供给质量。

（二）坚持创新驱动原则，引领消费全面升级

优先布局技术创新能力突出、商业模式和组织方式创新的零售企业，促进消费品质、消费结构和消费方式升级。

（三）坚持协调发展原则，增强发展的整体性

牢牢把握零售业发展的总体布局，理顺零售资源分布当中出现的突出矛盾，重点促进城乡区域协调发展，不断增强发展整体性和协调性，必须在协调发展中拓宽发展空间，在加强薄弱领域中增强发展后劲。

（四）坚持服务导向原则，营造适宜消费环境

重视零售空间网络的服务功能性，以提高零售服务供给能力为导向，创新监管方式和手段，培育健康科学的消费文化。

（五）坚持市场配置原则，发挥企业主体作用

兼顾统一开放、公平竞争的市场环境，尊重企业主体地位，调动企业积极性、创造性，主动适应市场供求变化，增强产品研发和市场开拓能力，满足居民消费需求。

第二节　区域零售空间网络优化的对策建议

中国特殊的经济发展格局和生活环境形成了中国特殊的区域零售空间网络格局，四大经济区协同共建更是零售业发展的长期命题。

一、东部地区零售资本、品牌和技术向中、西、东北部转移

东部地区零售业发展最为成熟，零售业态种类齐全、资本和人力等要素

市场健全、品牌化程度最高，东部地区集聚了大量零售资源，并且与其他地区互动也最为密切。承接产业转移是经济发展的必然趋势，零售业的转移也是如此。一方面，我国地区经济发展差异大，地区之间容易形成割裂的独立市场，加之零售业发展的基础不同，这些因素都为零售业的跨地区转移提供了可能。另一方面，相较于东部地区，其他地区人力、地产和资本等成本优势明显，市场经济环境又相对不成熟，转移以后的零售企业营利空间巨大。此外，随着网络零售业的快速发展，实体零售企业商品成本管理就显得尤为重要，布局产地市场也是连锁经营零售企业供应链建设的重要内容。综上所述，应当鼓励社会资本到中西部地区投资建设专业批发市场、物流配送等公共流通基础设施，优化区域布局结构。

二、城市零售资源由上至下逐级或跨级转移

零售业态的布局有很强的购买力和集聚规律，零售业态的服务能力和市场购买力共同决定了零售网点的选址布局。几线城市的划分主要是依据人口和 GDP 进行的，某种程度上可以看作是参照了城市的购买能力进行的划分。比如百货店在一二线城市均出现了衰退的迹象，但在许多三四线城市，百货店仍然经营得如火如荼。目前一二线城市购物中心、超级市场等大型零售业态也相继出现了饱和的现象，但在许多三线城市却是方兴未艾。另外，中小城市在人力、地产和资本等成本上相较于大型和一线城市具有明显的优势，而这恰恰是大型零售业态能够持续营利的关键。所以，处于转型期的一线城市零售业态可以尝试向二线城市或直接向三四线城市转移。省会城市的零售业态可以向周边城市转移，发达地区和沿海地区城市可以向内陆地区转移，有产业转移的友好城市要做好示范工作。

三、特别支持民族地区、边疆地区和革命老区零售市场建设

民族地区、边疆地区和革命老区往往都处于地理和市场的边缘地带，落后的经济面貌、薄弱的产业基础、稀疏的消费群都限制了这些地区零售业的发展。但是这些地区商业网点的布局往往与城镇人口集聚能够产生良好的互动关联，如果布局了适宜的零售业态，会带动人口集聚，推动城镇化进程，这样可挖掘的消费潜力就会大大增加，所以应加强对贫困地区、民族地区、边疆地区和革命老区零售市场建设的支持，保障居民基本商业服务需要。另

外，要因地制宜地挖掘这三类地区的特殊产业和旅游资源，通过合理布局适宜零售业态对当地产业作业区和旅游区进行配套，能够间接提高当地居民收入，进一步释放消费潜力。此外，从国家安全战略和社会价值考量，只有提高这些地区的居民生存质量，才能够维持民族团结的和谐局面，保证边界地区的长治久安以及慰藉革命老区人民的革命情感。所以，应当提高三类地区零售业发展的重视程度，加大零售基础设施建设，改善商品流通环境。

第三节　城乡零售空间网络优化的对策建议

党的十九大报告和2017年中央经济工作会议明确指出"要科学制定乡村振兴战略规划，健全城乡融合发展体制机制"，未来城乡零售市场融合发展将释放巨大的消费潜力。

一、城市饱和业态向城乡接合部及农村转移

随着城镇化进程的不断推进，城乡接合部地区范围变得更为广泛，城市与农村的边界也逐渐向农村延伸，这些地区往往属于城市新城区和商业待开发地区，零售基础设施也相对薄弱，这为城市饱和的零售业态布局到这里留有空间。此外，从居住在这一地区的居民消费习惯来看，"新市民"和农村消费主体消费观念、消费方式和消费水平，对传统实体零售业态仍然充满着旺盛的购物需要，城市饱和的业态布局到这些地方显然也是适宜的。过剩和饱和的零售业态从城市商圈和核心商圈退出需要循序渐进的过程，城乡接合部和农村地区是这些业态最后的保留地，是新零售到来前最后的高光时刻。发挥小城镇连接城乡、辐射农村的作用，渠道下沉是未来零售业发展的必然趋势，城市饱和业态向城乡接合部及农村转移只是零售资源向农村转移的开始。

二、推动城乡配送网络融合发展

努力建成"高效集约、协同共享、融合开放、绿色环保"的城乡高效零售体系，首先，需要重视城乡网络零售基础设施的建设和连接，不断强化城乡之间仓储配送能力，重点建设冷链物流和物流服务站等农村地区特别需要的物流服务基础设施，不仅要使城镇制造业产品顺畅流向农村，还要使农林

产品快速进入城镇市场，有效激活城乡双向的电子商务模式。适应全渠道流通和供应链深度融合的趋势要求，优化仓储配送网点布局，促进城乡之间网络衔接。引导仓储、邮政、快递、批发、零售、电商等企业，采取多种方式共建共用社会化配送中心。鼓励地方政府整合利用城市商业网点、快递网点、社区服务机构等设施资源及农村商贸、交通、邮政、快递、供销等网络资源，建设公共末端配送网点。鼓励经营规模大、配送品类全、网点布局广、辐射功能强的骨干企业，联合相关企业建立多种形式的联盟与协同体系，构建城乡一体、上下游衔接、线上线下协同的物流配送网络。其次，积极推进"宽带乡村"工程建设，出台优惠费率政策，加强县域地区 4G 无线网络覆盖。最后，还要积极鼓励城镇金融，为农村居民提供便捷的网银服务，推动农村电子支付和网络金融发展。

（一）完善城乡配送网络

一是，优化城市配送网络。加快构建以综合物流中心（物流园区）、公共配送（分拨）中心、末端配送网点为支撑的城市配送网络。二是，完善农村配送网络。健全以县域物流配送中心、乡（镇）配送节点、村级公共服务点为支撑的农村配送网络，鼓励有条件的地区构建公共配送中心和末端网点直通快捷的农村配送网络。三是，加强城乡配送网络衔接。发挥区域配送中心衔接城乡的功能优势，形成衔接有效、往返互动的双向流通网络，打造"一点多能、一网多用、深度融合"的城乡配送服务网络。鼓励有条件的农村信用社和乡村零售主体探索成立农村配送企业和专业物流企业，并给予一定的政策优惠。

（二）优化城乡配送组织方式

加快发展集约化配送，发挥第三方物流企业仓配一体化服务优势，融合供应商、实体零售门店、网络零售的配送需求，发展面向各类终端的共同配送。推动各类配送资源协同共享，推动各类配送中心对外开放、共享共用，推动供应链各环节库存统一管理。加强实体商业配送网络与电商、快递等物流配送网络的协同共享，探索在分拨中心、配送中心环节加强合作，推动店配与宅配融合发展。加强末端配送资源共享，促进快递、邮政、商超、便利店、物业、社区等末端配送资源的有效组织和统筹利用。推动配送与供应链深度融合。拓展配送功能，加强与生产制造、采购销售、农产品生产等环节的协同衔接。

三、培育和丰富农村电商零售主体

支持各类社会资本参与涉农电商平台建设，促进线下产业发展平台和线上电商交易平台结合。加大政府推动力度，引导电子商务龙头企业与本地企业合作，充分利用县乡村三级资源，积极培育多种类型、多种功能的县域电子商务经营合作主体，提供商品交易、人才培养、创业孵化等各类电子商务服务，形成县域电子商务服务带动城乡协调发展的局面。提高城乡电子商务品牌及企业化经营意识。加大流通标准、安全追溯体系在电子商务领域的推广应用力度，依托电子商务助推"三品一标"建设、加速农林产品的商品化、品牌化和电商化进程，形成一批质量好、信誉佳的品牌商品，培育一批县域电子商务企业家。加大农村宽带建设投入，加快提速降费进程，努力消除城乡"数字鸿沟"。加大流通基础设施信息化改造力度，充分利用物联网等新技术，推动智慧物流配送体系建设，提高冷链设施的利用率。城乡二元结构调整为电子商务在农村发展提供了广阔市场，电子商务将持续在平衡城乡消费差距、提升农村流通现代化水平、促进农产品商品化、助推农民增收等方面发挥积极作用。

第四节　商圈零售空间网络优化的对策建议

城镇零售市场一直以来都是我国零售市场的主体，是消费市场当中最具活力、创造力和带动示范效应的领域。城市商圈和商业街区是零售业态最为重要的承载空间，零售网点在不同的商圈集聚分布形成了城市零售空间网络，城市商圈内零售业态的布局优化对于城市居民消费质量提高至关重要。

一、培养和打造一批国际化商圈和世界级消费城市

我国推行改革开放政策已有40余年，事实证明开放是国家繁荣发展的必由之路，要顺应经济深度融入世界经济的趋势，围绕特大和超大城市制定国际化商圈、世界级消费城市培育计划。当前，我国不少城市发展无论是经济实力还是开放程度都已经具备发展国际化商圈和世界级消费城市的条件。围绕长三角、京津冀、珠三角等大型发达城市群开展建设国际化商圈、国际服务贸易示范城市、国际会展之都，打造面向国际的大宗商品交易市场，建设亚太示范电子口岸网络，建设贸易便利程度最高的城市，建设国际商事争议解决中心，率先建成具有国际国内两个市场资源配置功能的国际贸易中心，不断带动和提升长三角、京津冀、珠三角等城市群高端消费服务能力。鼓励

和支持上海等若干具备条件的城市加快建设功能完备、服务优良、富有全球竞争力的国际消费城市，鼓励发展跨境电子商务、保税展示销售、进口商品直销等新型业态，推动离境购物退税政策实施，打造世界级商圈，促进境外消费回流，提高全球消费集聚度。

二、引导过剩大中型传统业态有序退出核心商圈

引导局部供应过剩的百货店、购物中心、家居广场等有序退出或加快转型。购物中心和百货店或是缩减面积，或是整体撤出，在实体零售业受电商冲击的当下，拉动人气的不再是百货，而是餐饮、教育、娱乐等体验业态。在过剩零售业态退出核心商圈之后，要鼓励具备条件的城市探索构建线上线下融合发展的体验式智慧商圈，促进商圈内不同业态优势互补、信息互联互通、消费客户资源共享，向主动服务、智能服务、立体服务和个性化服务转变，提高商圈内资源整合能力和消费集聚水平。加快实施特色商业街区示范建设工程，发掘地方资源禀赋优势，提高产品和服务特色化、差异化、精准化、数字化营销推广能力，振兴城镇商业。鼓励有条件和基础的传统实体零售企业大胆尝试新型零售业态和销售模式，先试先行不断积累经验。进一步加大对外商零售企业招商引资力度，为外商零售企业入驻提供引导和服务。

三、区域商圈零售功能向两极适度分离，大力发展社区零售

促进电子商务进社区，鼓励电子商务企业整合社区现有便民服务设施，开展电子商务相关配套服务。优化社区商业、生活服务业网点的规划布局和业态配置，落实好新建社区商业和综合服务设施面积占社区总建筑面积比例不低于10%的政策。鼓励建设集社区菜市场、便利店、快餐店、配送站、再生资源回收点及健康、养老、看护等大众化服务网点于一体的社区综合服务中心。增强社区养老服务功能，推动集中养老特色化发展，推动养老服务与医疗卫生、餐饮、住宿等关联行业融合。推广智能投递设施，鼓励将推广智能快件箱纳入便民服务、民生工程等项目，加快社区、高等院校、商务中心、地铁站周边等末端节点布局。支持传统信报箱改造，推动邮政普遍服务与快递服务一体化、智能化。开拓高端和个性化生活服务消费市场，鼓励发展注重体验、崇尚品位的个性化定制服务，合理布局高端休闲娱乐基础设施，培育服务品牌。

第五节 虚拟零售空间网络优化的对策建议

网络零售业与传统零售业态的融合创新发展是未来零售业发展的重要方向，网络零售业的空间布局优化重点内容在于消除地区、城乡和线上线下之间的数字鸿沟，不断探索和培养线上线下融合创新的新模式和新业态，规范新旧零售市场主体的竞争秩序，同步完善网络零售线下支撑体系和要素市场，改善网络零售区域发展不平衡问题。

一、消除地区、城乡和线上线下之间的数字鸿沟

数字鸿沟是指由于贫穷、教育设施中缺乏现代化技术等原因而造成的贫穷地区与富裕地区之间、城乡之间以及年青一代与老一代之间在获取信息和通信技术方面的不平等。特别是我国中、西部地区与东部沿海地区，城乡之间，线上零售企业与实体零售企业之间获取和处理信息的能力差距仍在不断扩大，这对培育新型零售业态和零售业协调发展形成了巨大阻碍。应鼓励深入开展多种形式的"互联网＋零售""大数据＋零售""云计算＋零售"行动计划，加快流通数字化、网络化和智能化进程，深化移动互联网、物联网、云计算、大数据等技术在流通领域的应用，使新技术对流通发展的要素贡献率大幅提升。

二、探索和培育线上线下融合新模式和新业态

鼓励线上线下优势企业通过战略合作、交叉持股、并购重组等多种形式整合市场资源，培育线上线下融合发展的新型市场主体。建立社会化、市场化的数据应用机制，鼓励网络零售平台向实体零售企业有条件地开放数据资源，提高资源配置效率和经营决策水平，促进业态功能互补、客户资源共享、大中小企业协同发展。鼓励信息互联互通，加强快递物流标准体系建设，推动建立网络零售与快递物流各环节数据接口标准，推进设施设备、作业流程、信息交换一体化。引导网络零售企业与快递物流企业加强系统互联和业务联动，共同提高信息系统安全防护水平。推进城市商业智能化，实施特色商业街区示范建设工程，鼓励各地基于互联网技术培育一批多功能、多业态商业

街区，探索构建线上线下互动的体验式智慧商圈。

三、重视和改善网络零售区域发展不平衡问题

网络零售在扶持创业和扶贫方面有着企业产业不可比拟的优势，对于改善区域经济结构、降低地区间发展差距有着重要的作用。但目前，网络零售业存在着严重的区域发展不平衡问题，网络零售业集中在东部地区发展，随着网络零售业的成熟发展，人才和技术也向其他地区溢出，产地优势逐渐在网络零售业发展中凸显。重视和改善网络零售区域发展不平衡问题要做到同步强化基础设施网络支撑。加快新一代信息基础设施网络建设，提升互联网IPv6协议用户普及率和网络接入覆盖率，加快网络提速降费。推动跨地区跨行业跨所有制的物流信息平台建设，在城市社区和村镇布局建设共同配送末端网点，提高"最后一公里"的物流配送效率。发达地区的网络零售理念、经验、先进技术和品牌资源要向落后地区转移和扩散。

四、规范新旧市场主体竞争秩序

未来中国零售将呈现寡头化的发展态势，互联网资本和原有零售主体之间的竞争会愈加激烈。线上线下优势企业通过战略合作、交叉持股、并购重组等多种形式整合市场资源，不断扩张自己的市场势力。在这种市场竞争形势下，新旧市场主体要依法禁止以排挤竞争对手为目的的低于成本价销售行为，依法打击垄断协议、滥用市场支配地位等排除、限制竞争行为。充分利用全国信用信息共享平台，建立覆盖线上线下的企业及相关主体信用信息采集、共享与使用机制，并通过国家企业信用信息公示系统对外公示，健全守信联合激励和失信联合惩戒机制。

五、同步完善网络零售线下支撑体系和要素市场

进一步完善网络零售支撑体系，推动网络零售人才、技术、资本、土地等要素资源产业化，形成网络零售支撑体系与要素市场一体化发展的全新态势。

（一）大力发展网络零售人才和信息服务市场

开展多层次的网络零售人才培训，积极培育网络零售人才市场，形成网

络零售人才培养的产业化发展局面。通过网络零售提升市场信息采集效率，依托大数据提升信息分析及利用能力，形成丰富的信息及智库产品，壮大面向国民经济重点行业的网络零售信息服务产业。积极推进高等院校完善与网络零售相关的课程体系，形成适应网络经济发展的人才结构。

（二）大力发展网络零售技术服务市场

围绕网络零售大生态体系建设发展的技术应用需求，以云计算、大数据、物联网、虚拟现实、区块链、人工智能、机器人等各类新技术为重点，加大对相关技术领域的研发、创新、应用支持，发挥网络零售技术应用需求引导作用，打造网络零售技术服务产业。引导有条件的网络零售企业向供应链服务企业转型，大力培育新型供应链服务企业。推动建立供应链综合服务平台，拓展质量管理、金融服务、研发设计等功能，提供采购执行、物流服务、分销执行等一体化服务。

（三）大力发展网络零售产业载体及物流服务市场

提高土地资源使用效率，因地制宜地优化发展网络零售园区、众创空间、孵化器、海外园区及海外仓等产业服务载体，建立网络零售特征明显的专业载体平台。加快打通航空、铁路、水运等交通服务资源，优化网络零售基础设施布局和物流配送网点，统筹利用相关信息资源，创新仓储、运输及配送模式，加强智能冷链物流体系建设，大幅提高配送效率。解决"快递止于乡镇""配送最后一公里""大件及国际物流不通畅"等问题，建立适应网络零售发展的物流产业体系，增强物流对网络零售发展的支撑保障能力。

（四）大力发展网络零售金融服务市场

鼓励网络零售平台与金融机构协作，利用各类资本，依法合规开展融资服务创新。支持网络零售平台与上下游企业对接，促进网络零售与互联网金融协同、规范有序发展。促进互联网支付合规发展，以满足多样化网络零售支付场景需求为核心，鼓励各类支付服务机构创新安全便捷的电子支付工具，形成满足跨境网络零售、生活服务业、B2B等各类需求的支付服务体系。

第六节　兼顾零售布局规划、标准和制度建设

以体制机制创新激发新活力，以消费环境改善和市场秩序规范释放新空间，通过加强商业网点规划的科学性和前瞻性、尽快制定发布新的《零售业态分类标准》、建立零售业的跨界联合监管机制，来扩大零售业态零售服务

有效供给和品质提升满足新需求。

一、加强商业网点规划的科学性和前瞻性

城市商业网点规划是指根据城市总体规划和商业发展的内在要求，在充分反映城市商业发展规律的基础上，对城市未来商业网点的商业功能、结构、空间布局和建设规模所做的统筹设计。编制规划必须深入实际，搞好商业网点调查，并充分调查研究城市经济与社会发展、交通、人口分布等情况，取得准确的基础资料，并进行深入研究。多地商业综合体和购物中心等大型商业网点项目一拥而上，对于大型零售网点的规划要采取谨慎态度，地方政府应高度重视，引导开发商"降温"，合理控制大型商业网点数量与规模，避免带来更多的土地资源和社会资金浪费，避免出现盲目追求大体量、高端化造成的"供给大需求少、招商难空置高、经营难回报小"等诸多问题。

二、尽快制定发布新的《零售业态分类标准》

目前我国仍然实施 2004 年颁布的《零售业态分类标准》，随着中国零售业的迅速发展，零售业态发展出现边界模糊、典型业态减少等新的演变趋势，这一标准已不能满足形势发展的需要。特别是对于购物中心和超级市场大型规模的重新界定划分、无店铺零售业态划分种类的缩减等问题都需要重新拟定标准。另外，重新划分的零售业态要便于统计部门统计和监测，同时新的标准还要参照国际标准和惯例，新标准的出台对于国家的宏观调控和企业规范化管理具有重要意义，为有效引导商业投资、推动城市商业网点规划建设工作提供了管理依据。全新的零售业态分类标准将为亟待转型进入零售领域的批发企业和渠道商进行业态选择、空间布局和线上线下融合发展提供思路，为商务职能部门制定宏观调控政策提供科学依据。

三、建立零售业的跨界联合监管机制

加强对网络零售等新兴领域的法律约束和监管，促进线上线下公平竞争；加大执法力度，严厉打击制售假冒伪劣商品、侵犯知识产权、不正当竞争、垄断经营、商业欺诈等违法行为；指导和督促网络零售企业加强对网络经营者的资格审查与售后保障；加快建立全国统一征信平台，建立覆盖线上线下

企业及相关主体信用信息采集、共享与使用机制，并通过国家企业信用信息公示系统对外公示，健全守信联合激励和失信联合惩戒机制。加强零售业统计监测和运行分析工作，梳理整合各类信息资源，构建起一套反映零售业发展环境的评价指标体系，引导市场主体合理把握发展节奏、科学配置商业资源；发挥相关协会、专业服务机构作用，为企业创新转型提供技术、管理、咨询、信息等一体化支撑服务。

本 章 小 结

　　本章结合零售业态结构调整的客观环境以及零售业态优化的内生发展趋势，秉承"创新、协调、绿色、开放、共享"的发展理念，坚持"供给侧调整"的优化思想以及"结构调整、创新驱动、协调发展、服务导向、市场配置"的优化原则，从"区域零售空间网络优化""城乡零售空间网络优化""商圈零售空间网络优化""虚拟零售空间网络优化"四个方面出发，探索寻找零售业业态结构调整背景下我国零售空间网络优化的可行路径。

　　在零售空间网络优化过程中要坚持"供给侧调整"的优化思想。"供给侧调整"的优化思想在于坚持零售业态创新转型，不断优化升级零售业态结构，合理配置零售资源，扩大优质零售服务增量供给，实现供需动态平衡。零售领域供给侧改革的要旨在于"创新并扩大有效零售服务供给，实现更高水平的零售服务供需平衡"。结合零售业态调整的外在政策环境的客观要求以及零售业自身内生发展趋势，在零售空间网络优化过程中坚持"结构调整、创新驱动、协调发展、服务导向、市场配置"五项原则，从"区域零售空间网络优化""城乡零售空间网络优化""商圈零售空间网络优化""虚拟零售空间网络优化"四个方面出发，探索寻找零售业业态结构调整背景下我国零售空间网络优化的可行路径。

第二篇

流通理论再认识与零售业态转型新逻辑

第八章

马克思流通观与当代中国商品流通实践发展借鉴

约瑟夫·熊彼特在《十大经济学家》开篇评述马克思的经济思想时写道"绝大多数人类智慧作品终究逃不过被遗忘的命运，只需短如茶余饭后的片刻或长如一代人的沧桑就永远过时了，然而有些作品虽然此刻黯淡，但一定会在未来某一时刻迎来复兴，以不同的形式带着文化遗产的辨识度重新绽放光辉，这样的作品才称得上'伟大'，而'伟大'一词毫无疑问是适用于马克思的学说的。"① 马克思的经济理论之所以能够长盛不衰、历久弥新正是由于马克思经济学说的分析论证是建立在唯物史观的基础上，这使得马克思的经济理论上升到了历史观的高度。马克思流通理论是其经济理论的重要内容，对当前流通实践发展具有重要的借鉴意义。

第一节 马克思经济学说是带有鲜明历史观特征的动态发展理论

马克思在做《莱茵报》主编期间（1842～1843 年）由于"遇到要对所谓物质利益发表意见的难事"产生了"研究经济问题的最初动因"②。马克思一开始就以"共产主义的拥护者和无产阶级事业的战士的身份"怀着"批判家的姿态学习政治经济学"③。1859 年《政治经济学批判》第一分册的付印

---

① Joseph A. Schumpeter, *Ten Great Economists from Marx to Keynes*, New York and London: Routledge Publish Press, 2003, p. 3.

② ［德］马克思.《政治经济学批判》导言、序言［M］. 北京：中国人民解放军战士出版社，1971：1.

③ ［德］瓦·图赫舍雷尔. 马克思经济理论的形成和发展（1843－1858）［M］. 北京：人民出版社，1981：54.

出版标志着带有马克思个人鲜明特征的政治经济学说的形成，他在 1859 年 11 月 6 日给斐迪南·拉萨尔的信中曾将《政治经济学批判》称作是他共产主义的"理论依据"。[①] 这部经济学巨著为科学社会主义和《资本论》奠定了科学论证的经济理论支撑，马克思在批判吸收古典政治经济学的过程中将其推向了一个与哲学和社会学相融合的巅峰。即使是对马克思阶级矛盾分析持一定批判态度的约瑟夫·熊彼特在提及马克思经济学说时也不由感叹"马克思经济史观毫无疑问到今天仍是社会学上一项最伟大的个人成就"[②]，他认为"马克思把社会学一切部门和经济学结合成为一个单一而均匀的整体，这种构思是极伟大的，马克思的分析是这个时期产生的唯一真正进化的经济理论"。[③]

他将唯物史观作为经济问题分析的基本范式和方法论，并从经济学的视角科学地推演社会和历史发展。马克思认为"一切重要历史事件的终极原因和伟大动力是社会的经济发展"，他在物质资料生产、分配、交换、消费四个环节所组成的动态循环中研究经济事物间的关联和矛盾。马克思将生产力和生产关系之间的相互作用看作是社会发展的经济原动力，社会会产生同物质生产力的发展阶段相适宜的生产关系，且随着经济基础的变更上层建筑也随之变革。正是因为这种历史观特性使得马克思经济学说获得了一种与时俱进的分析范式，在任何历史时期都能够焕发新的生命力。也正是因为这种理论特性，以至于许多学者认为马克思的"唯物史观"更应称为"经济史观"。最早提出这一观点的是美国政治经济学家塞利格曼（E. R. A. Seligman），他在 1902 年出版的著作《经济史观》中将马克思称作是经济史观这一学说的开创者[④]。他认为"十八世纪和十九世纪前半的有名的著作家罕有注意于历史的因果问题者"[⑤]，英国学派"那些原理没有一点进化的思想，所以不能拿历史的眼光来解释社会"[⑥]。而马克思认识到了经济是社会发展的重要因素，阐述了"生产关系怎样依靠着以前的经济而变迁"[⑦]。他还指出"科学社会主

---

①　中共中央编译局. 马克思恩格斯全集（第二十九卷）[M]. 北京：人民出版社，1972：604.

②　Joseph A. Schumpeter, *Capitalism*, *Socialism and Democracy*, New York and London：Routledge Publish Press，2003，p. 10.

③　[美] 约瑟夫·熊彼特. 经济分析史（第二卷）[M]. 北京：商务印书馆，1994：101.

④　《经济史观》一书于 1902 年首次在美国出版。1905 年日译本由河上肇翻译并以《历史的经济说明——新史观》为名发行，这是日本发行的第一部阐述唯物史观的著作。1920 年中译本由陈石孚翻译并以《经济史观》为名发行。

⑤　[美] 塞利格曼，陈石孚. 经济史观 [M]. 北京：商务印书馆，1920：3.

⑥　[美] 塞利格曼，陈石孚. 经济史观 [M]. 北京：商务印书馆，1920：11.

⑦　[美] 塞利格曼，陈石孚. 经济史观 [M]. 北京：商务印书馆，1920：12.

义是基本于赢余价值和利润的经济学说，马克思哲学的结果就是经济史观"①
并且马克思经济史观"不惟是经济的和社会的、并且是哲学的"②。李大钊
（1920）在《唯物史观在现代史学上的价值》一文中也曾论述"唯物史观后
来有四种名称，③ 比较起来，还是称马克思说为经济的历史观妥当些，Selig-
man 曾有此主张，我亦认为合理"。虽然这种对于马克思唯物史观的认知过于
偏狭，但却从一个侧面印证了恩格斯所说的马克思经济学说"这种德国的经
济学本质上是建立在唯物主义历史观的基础上的"④。

第二节　马克思流通观点是其经济理论的重要组成部分

马克思最早从货币流通问题入手关注流通理论研究，1850～1853 年马克
思在"通货原理派"和"银行理论派"争论的思潮影响下突破了对李嘉图货
币流通数量理论的认知，在其学习札记《伦敦笔记》当中马克思对商品交
换、货币的本质和职能进行了初步探索，形成了自己的货币流通观点。之后
马克思又在《1857-1858 年经济学手稿》中对商品流通、货币流通、资本流
通过程进行了清晰阐述。在《1861-1863 年经济学手稿》当中马克思又丰富
和发展了社会总资本流通原理。《资本论》第二卷的完成标志着完整的马克
思流通理论的形成。

一、马克思流通问题研究的内涵和范畴有其特殊性和广泛性

马克思最早提出关于流通的明确含义见于《〈政治经济学批判〉导言》，
马克思在论述生产与消费、分配、交换三者一般关系时提出"流通本身只是
交换的一定要素，或者也是从总体上看的交换"⑤。马克思指出交换包括四种

---

① ［美］塞利格曼，陈石孚. 经济史观［M］. 北京：商务印书馆，1920：19.

② ［美］塞利格曼，陈石孚. 经济史观［M］. 北京：商务印书馆，1920：20.

③ 四种名称指的是：（1）历史之唯物的概念（the materialistic conception of history）；（2）历史的唯物主义（historical materialism）；（3）历史之经济的解释（the economic interpretation of history）及（4）经济的决定论（economic determinism）.

④ ［德］马克思.《政治经济学批判》导言、序言［M］. 北京：中国人民解放军战士出版社，1971：35.

⑤ ［德］马克思.《政治经济学批判》导言、序言［M］. 北京：中国人民解放军战士出版社，1971：21.

形式：生产过程中各种活动和能力的交换、用于制造直接消费品的产品交换、企业家之间的交换、直接为了消费的产品交换。其中前三种交换形式组成生产，第四种交换形式虽独立于生产但却取决于生产，故马克思经济学说中的交换和流通"只是生产以及由生产决定的分配一方和消费一方之间的媒介要素"。马克思流通理论对于流通含义、职能和地位的界定是其区别于其他商贸流通理论的最鲜明特征。这种从物质资料生产过程的角度所界定和研究的流通问题，是涵盖一切随物质资料交换活动并行发生的商品、货币、价值、使用价值流通的复合性、广泛性和一般性的流通概念。并且马克思还强调"流通过程和直接的生产物交换不同"[①]，只有以货币为媒介的、连续的和扩大的商品交换才称得上是商品交换，商品和货币总有其一从流通界退出而另外一个替补进去。

二、马克思流通观点服务于其对剩余价值积累和社会再生产理论的阐述

马克思依据流通客体的不同对商品流通、货币流通、资本流通和社会总资本流通四种商品流通形式进行了考察和研究。进一步根据流通客体的本质属性可以将马克思流通理论概括为商品消费交换流通理论和商品生产交换流通理论两大类。其中，商品消费交换流通理论包括普通商品流通理论和货币商品流通理论。马克思认为货币不是一种符号，而是从普通商品游离为一般等价物的商品流通媒介和工具，是"商品流通的车轮"[②]。普通商品流通是商品买卖两种形态变化所形成的循环，而货币在这个过程中"不停地奔走"[③]，货币流通可以看作是普通商品流通的另一种表现形式，并且这两种流通是"相互制约的"[④]。商品生产交换流通理论，包括资本流通过程理论和社会总资本流通理论，其中资本流通过程理论为资本流通理论的基础，而社会总资本流通理论则是资本流通过程基本原理的具体应用和宏观延伸。

马克思流通观点服务于其对剩余价值积累和社会再生产学说的阐述。商品生产交换流通理论是马克思流通理论论述的重点和精华，商品消费交换流通理论交代了一般商品流通的基本规律，在某种程度上可以将它看作是商品生产交换流通理论的微观基础和一般性原理。马克思通过对资本流通过程的

---

① 中共中央编译局. 马克思恩格斯全集（第四十六卷上）[M]. 北京：人民出版社，1972：59.
② 中共中央编译局. 马克思恩格斯全集（第四十六卷上）[M]. 北京：人民出版社，1972：134.
③ 马克思. 资本论（第一卷）[M]. 上海：上海三联书店，2011：60.
④ 中共中央编译局. 马克思恩格斯全集（第四十六卷上）[M]. 北京：人民出版社，1972：133.

考察，分析了资产阶级如何将工人创造的剩余价值积累和转化为资本，并且将这种论述升华并扩大到社会总资本的再生产、流通和积累问题的阐述。货币在流通中通过价值增值而转化为资本，而剩余价值并不是在流通领域中产生的，这是因为劳动力作为商品与货币发生交换而进入流通环节，而雇佣工人的剩余劳动才是剩余价值的唯一源泉。当资本流通和增值积累的这种规律上升到社会总资本，必然招致的结果是"产业后备军的相对量和财富力量一同增长"①，即相对人口过剩和贫富两极化问题的爆发，社会发展的根本动力阶级矛盾被进一步激化了。

三、马克思流通问题研究的逻辑和范式有其历史动态性和商品二重性

马克思对流通概念的界定有其社会历史背景，他所描述的流通是资本主义社会物质资料生产过程和商业运行当中的商品流通。只要是由生产、消费、分配、交换四个环节构成社会再生产过程和循环没有变化，马克思研究范畴和逻辑就不会过时，并且随循环动态发展。这正如马克思所说的"每个原理都有其出现的世纪"②，经济思想不过是不同时代经济现实、社会生产力和生产方式相互作用的反映，在研究经济问题时势必要联系其历史性特征。此外，马克思对于商品交换方式的演变进行了动态分析。偶然的物物交换与生产力提升带来的生产物数量增加之间的矛盾催生了货币的诞生，于是直接的物物交换发展成为简单流通，又随着交换活动的总额水平达到一定高度，出现了把交换业务作为一种专门劳动的分工发展阶段，商业便产生了，商业资本也即从产业资本中独立出来。马克思将其经济史观的分析逻辑贯彻其中。

马克思在进行流通理论研究的过程中处处都体现着商品二重性的分析范式。在这个范式下马克思认为交换是"商品以价值的资格互相对待"③，而某一商品的使用价值只有实现为一般价值才能与其他商品进行等价值交换，马克思通过分析交换过程当中商品价值和使用价值相互实现的矛盾，论述了货币作为一般等价物出现的必然性。并且马克思在分析货币资本化问题时，对货币在流通过程中发生了价值增值破坏了等价交换这一现象展开研究，揭示了货币与劳动力商品交换的特殊性，从而发现了资本流通公式。马克思还从

---

① 马克思．资本论（第一卷）［M］．上海：上海三联书店，2011：472.
② 中共中央编译局．马克思恩格斯全集（第四卷）［M］．北京：人民出版社，1972：148.
③ 马克思．资本论（第一卷）［M］．上海：上海三联书店，2011：40.

商品二重性的角度研究社会总资本的再生产与流通，根据使用价值的形态将社会总产品划分为生产资料和生活资料两大类，相对应的生产部门则称为第一部类和第二部类，又根据价值形态将社会资本划分为不变资本、可变资本和剩余价值三部分。这种划分极好地解决了社会总产品实现的方式和补偿的途径。

第三节　马克思流通理论运用的局限性和普遍性

一、研究内容方面

从研究内容来看，对交换和消费、交换和分配作用关系的分析并不是马克思流通理论阐述的重点。马克思对社会生产四个环节关系的阐述是以生产为核心的，他先后对生产与消费、交换、分配三对作用关系进行了考察。马克思认为，从根本上"一定的生产决定一定的消费、分配、交换"而"交换和消费不能是起支配作用的东西"。但马克思也简单补充道"生产就其片面形式来说也决定于其他要素"[①]。马克思对流通决定于生产，其流通理论也服务于生产，而关于市场扩大后如何影响交换范围，进而生产的规模和细分如何随之变动并没有给出详细论述。特别是在买方市场条件下，马克思学说所论述的流通的职能和地位与现实商业运行产生了不小的差距，从学者的观察结果来看马克思所说的"就其片面形式"反而成为普遍现象，其流通理论的说服力和应用性倍受挑战。此外，马克思商品流通理论作为资本流通理论的铺垫，商品运输、流通主体、流通组织、流通渠道、议价博弈等问题并没有得到马克思的充分考察。

二、研究方法方面

从研究方法来看，马克思流通观点论述采用的是一种综合分析的方法，并不单纯以企业和产业作为研究对象。这种综合分析体现在两个方面，一方面在于马克思学说对同一术语、现象和过程的阐述兼有经济学视角和社会学

---

① ［德］马克思.《政治经济学批判》导言、序言［M］. 北京：中国人民解放军战士出版社，1971：22.

视角，这种兼容和衔接有助于马克思学说从经济发展的角度推演社会进步，然后却使得学者们在吸收马克思流通理论思想时要在一定程度上先剥离掉关于社会学视角的论述。另一方面表现在流通研究对象的综合性，马克思流通理论的研究对象是商品交换环节和运动过程，这使得马克思流通理论不能够简单直接地应用于企业和产业运行实践的分析，其对于微观决策和企业运营问题的解决鞭长莫及。此外，马克思所建立的宏大的资本循环和积累体系，虽有严密的逻辑分析和数学推导，但这种理论层面的论证却无法与现实的统计口径相对应，很难在实践中被用于量化分析。所以，正如熊彼特所说，"综合可能意味着新的见解，但同时也可能意味着新的束缚"[①]。

三、研究背景方面

从研究背景来看，虽然马克思对资本主义工业社会商品和资本流通的本质过程和基本原理进行了深入分析，但论证所依据的流通实践受当时生产力水平和分工形式所限。作为第二次工业革命的亲历者，生产力迅速提升带来的巨大变革使得马克思可以从更广泛和更深刻的历史维度考察实物商品的流通问题，但他没有预见到百年之后数字软件、操作系统、应用程序、电子读物等非实物商品的出现，而它们的运输时间和费用往往可以忽略不计。与此同时，伴随着电子商务的成熟发展所引发的"去中介化"思潮又在进一步削弱马克思流通时间理论和流通费用理论的指导作用。此外，随着分工的不断细化，马克思对于流通费用三种形式（纯粹流通费用、保管费用、运输费用）的划分显得过于简单，对于流通费用生产性和非生产性界定的模糊地带也在不断扩大。

四、分析范式方面

从分析范式来看，马克思流通理论研究实现了历史逻辑的辩证统一，这是马克思流通理论在不同历史时期都普遍适用的根本原因。流通方式和规律，既是历史发展的产物又蕴含在历史发展的过程中，马克思的研究准确地把握住了流通问题的历史动态性，并把它作为进一步开展逻辑分析的基础和参照。

---

① Joseph A. Schumpeter, *Capitalism*, *Socialism and Democracy*, New York and London: Routledge Publish Press, 2003, p. 45.

马克思研究流通问题从原始社会偶然的物物交换开始，他以历史的起点为逻辑的起点，以历史的进程为逻辑的进程，按照历史发展的必然性揭示了资本主义社会资本流通和积累的一般规律。资产阶级对劳动剩余价值的剥削必然引致资本主义社会特有的资本流通方式和规律。马克思通过逻辑抽象得到的公式从"W—W"到"W—G—W"再到"G—W—G'"清晰刻画了人类社会商品交换方式的动态发展历程。正是因为这种分析的统一性，马克思流通理论不会停滞在历史的某个阶段而是会随着实践的发展而不断演进。

第四节　当前我国内贸流通业发展的突出矛盾和潜在趋势

一、流通业正处在技术创新集中爆发期，零售业创新发展牵动流通业变革

当今世界正在从 IT（internet technology）时代向 DT（data technology）时代变迁，数据正在成为越来越重要的生产资料，数据挖掘和处理能力也正成为流通企业越来越关键的核心竞争力。当前流通业发展面临的最主要的矛盾就是信息技术对经营模式的改造升级。由互联网技术催生的网络零售等新型业态已经颠覆了传统的零售产业格局，网络零售与传统零售从竞争走向融合，传统业态边界模糊化，典型业态种类减少，空间上呈现分散发展态势。零售环节的技术变革进一步向批发环节和物流环节扩散，网络零售主导的对制造业、物流业和批发业"供给侧"改造不断深化。网络零售引领的平价运动在消灭中间商利润空间的同时，也削弱了分销商和批发市场的商品流通地位，批发行业流通职能不断减弱，大量实体批发市场、渠道商或是倒闭或是涌入零售行业。与此同时，物流业也进入技术创新的集中爆发期，自动引导车搬运，无人仓整体、射频识别技术，智能快递柜等创新技术不断涌现。

二、流通业正处在动力转换的过渡期，消费品质升级伴随消费潜力下沉

一方面，随着经济发展进入新常态，我国居民消费呈现出从注重量的满足向追求质的提升、从有形物质产品向更多服务消费、从模仿型排浪式消费

向个性化多样化消费等一系列转变。从消费群体看，"泛90后"和中产阶层渐成消费主力，这部分新兴消费群体具备一定社会地位和收入积累，处于买房、结婚、生育黄金时期，接受新事物快、消费观念超前，是新业态、新模式的主要参与者和推动者，担当了我国消费主力军角色。从消费目的和内容看，品质、新兴、智能、绿色和服务消费比重增大。另一方面，随着一二线城市发展逐渐接近承载上限，消费市场趋于饱和，城市疏解效应开始显现，就业岗位、品牌、渠道不断向三四五线城市转移，低线城市消费市场已经崛起，2016年我国低线城市的电商零售额首次赶超一二线城市。此外，农村市场对消费的拉动作用越来越显著，近五年我国乡村社会消费品零售总额增速均高于城市，农村市场已经成为扩大消费的新动能。2015年农村网购市场增速超过城市，各大电商纷纷加速农村市场战略布局。

三、流通业正处在渠道重构的关键期，线上线下融合向全渠道模式发展

中国消费者已经从商品约束中彻底解脱出来，"哪里有商品就在哪里买""有什么商品就买什么商品"的时代已经一去不返，当下中国消费者又在积极地摆脱零售的时空约束，无论何时何地、无论线上线下、无论哪种业态、无论借助何种终端媒介都能使消费者的购买行为得到满足，全渠道的消费模式正在崛起。全渠道流通模式就是要围绕消费者需求，通过信息和物联技术的综合运用，让消费者实现在任意现实和虚拟的购物环境实现无差别购物。"线下体验，线上下单"只是全渠道时代到来的端倪和初级形态，当前我国正处在多渠道融合向全渠道模式发展的过渡阶段。实体零售和传统零售业态并不会消失，只是彼此都融合了新的信息技术手段，在各自的时空范围满足消费者需要。随着流通渠道融合创新的不断深入，线上线下消费者的边界更加模糊。

四、流通业正处在产业组织变革深化期，零售市场"两超多强"的竞争格局基本形成

当前中国流通业正在酝酿一场前所未有的寡头化产业组织变革，我国零售市场以"阿里系"和"腾讯系"为主导的"两超多强"的竞争格局已经基本形成。随着信息技术与流通实践融合的不断深入，互联网企业与网络零

售巨头开始加紧布局"新零售",凭借自身的信息技术和创新实力优势,通过资本投资的形式入股实体零售。从网络零售行业来看,排名前两位的阿里巴巴和京东占据了行业 80% 的市场份额,排名前五的企业市场份额合计占比超过了 90%。2013 年开始,以阿里巴巴和腾讯两家中国排名前两位的云计算企业为首,腾讯与京东(行业第二)、唯品会(行业第三)达成战略合作伙伴关系,随后投资的实体零售包括万达商业、沃尔玛、永辉、家乐福等购物中心和大型超市,阿里巴巴(行业第一)则入股苏宁易购(行业第五),战略投资百联集团、新华都、高鑫零售、银泰商业、三江购物、步步高集团等实体零售巨头。中国百强连锁零售企业排名前 10 的企业中有 6 家参与其中,排名前 50 的企业中有 14 家参与其中。在网络零售之前的传统零售时代,跨地区购买行为只是偶然发生,很难形成跨地区的超巨型零售企业,行业集中度往往不高,但随着网络零售规模不断扩大,零售市场格局将会越来越寡头化。

五、流通业正处在地域差距缩小的攻坚期,流通资源配置不平衡问题呈现新的复杂性

中国特殊的经济发展格局和生活环境形成了中国特殊的流通资源配置格局,地域、城乡、城市、商圈之间长期存在着不同程度的流通资源配置不平衡。但电子商务等新型流通方式的兴起,极大地提升商品流通效率的同时还有效缩小了地区间流通资源差距。网络零售业的快速发展倒逼实体零售创新转型,2013 年以来全国一二线城市陆续出现百货商店停业现象,并且这一"闭店潮"由百货商店向购物中心蔓延。东部地区零售资本、品牌和技术开始向中、西、东北部转移,四级城市零售资源由上至下逐级或跨级转移,城市饱和业态也开始向城乡接合部及农村转移。与此同时不容忽视的是当前我国电子商务产业出现了明显的地理集中发展趋势,东部地区特别是东部沿海地区产业集中优势明显。

第五节 马克思流通理论对当前商品流通实践 发展的借鉴意义

马克思流通学说是带有鲜明历史观特征的动态发展理论,在新的历史时期,经典的马克思流通理论需要克服其自身的局限性,不断地与新的商品流通实践相结合，创新和发展理论内涵，重新焕发生机和魅力。

一、从"流通职能及其地位决定"的视角看待当前流通业技术革新的动力机制

流通的产生在于为商品交换提供便利，随着经济社会进入如古典政治经济学家所描述的由生产、消费、交换和分配四要素所构成的发展阶段，流通处于连接生产和消费的中间环节，其基本职能变为克服商品生产与商品消费在时间和空间上的不统一，发挥着引导生产并促进消费的重要作用。商品生产和商品消费之间的矛盾，也即供需双方的力量共同决定了流通环节的地位。在商品经济初期，有限的商品制造和供给水平限制了商品消费，生产决定交换进而决定消费。而随着制造能力的提升，商品经济进入成熟阶段，在买方市场条件下必然会出现消费决定交换进而决定生产。当前我国流通业由零售业创新发展主导的全行业的技术变革，正是在这种理论背景下发生的，靠近消费一端的流通环节会得到更充分的发展，而越是远离消费一端的流通环节则会最先消失，零售业流通职能不断丰富、地位不断提升，而批发业、渠道商、中间商则面临退出市场的窘境。

二、从"流通与生产作用关系"的视角看待当前流通业逆向整合的发展趋势

马克思认为流通的深度、广度和方式都是由生产的发展和结构决定的，但流通"就其片面形式来说"也决定着生产。但从当前的发展实践来看，这种"片面形式"的由流通末端向生产一端的流通组织和渠道变革成为更为鲜明的发展特征，互联网时代下流通对生产的反向作用也越来越显著。我们看到随着技术和社会发展，流通的内涵进一步向外延伸，在商品交换过程中不仅仅伴随着商品流通和货币流通，信息流通也在其中扮演着越来越重要的角色。消费者的购买意愿和决策行为正在被多维异构数据定义，零售业态之间的竞争最终会变为对消费者偏好数据处理权的争夺。由于实体零售商搜集处理数据的能力有限，导致其在这场信息博弈中败下阵来，网络零售业则掌握零售业态调整的主动权。对信息流通的把控正使得流通产业朝着高度一体化和协作化的趋势发展，零售业开始反向整合渠道商和分销商，传统的零售"渠道为王"的观念将被打破，去中介化发展趋势不断深化，进一步地对零

售企业通过整合物流业实现了对整个流通供应链条的重构。此外，生产环节也更加容易从流通环节获取消费数据进而形成 C2B（consumer to business）、S2B（supplier to business）的精准产销。

三、从"流通费用构成理论"的视角看待物流业进一步降本增效的关键环节

马克思认为流通费用是"资本价值增殖所受到的消极限制"[①]，并可分为生产性和非生产性两种类型，其中诸如运输费用等是"生产在流通领域的延续"能够创造价值属于生产性流通费用，而如纯粹流通费用和保管费用等则属于非生产性流通费用，这类费用不仅不创造价值最终还要在剩余价值中扣除。受经济下行压力不断增大、人口红利逐渐消失、三产占比持续提高等因素影响，2010 年以后我国物流业增速明显放缓，当前我国社会物流需求趋于稳定，很难再出现电商物流这样绝好的发展契机和巨大的市场空间，中国物流业提质发展的关键在于进一步从运输、仓储和管理各环节降低成本费用。国家发展改革委和中国物流与采购联合会共同发布的《2017 年全国物流运行情况通报》显示，2017 年我国社会物流总费用与 GDP 之比降至 14.63%，这一数值已经接近 2016 年世界平均水平 12%，与美国 8% 和日本 11% 的差距不断缩小。从物流成本结构来看，运输费用占比最高为 54.5%，保管费用占比 32.2%，管理费用占比 13.2%。相较于发达国家，物流仓储和管理环节成本过高一直是我国物流业发展的症结，而这两部分费用均为非生产性流通费用，应将此作为未来物流业供给侧结构性改革重点领域。通过合理规划和升级建设现代化仓储设施，改善仓储设施分布不平衡等结构性问题，大力推广智能化和信息化的仓库管理手段和理念，持续提升储运一体运作协调化程度，最终实现降本增效发展的目的。

四、从"商品流通与货币流通辩证关系"的视角看待现代支付方式的兴起

伴随电子商务的兴起，电子支付特别是第三方移动支付等新型支付方式不断涌现，艾瑞咨询发布的《2017 年中国第三方支付年度数据发布研究报

---

① 马克思. 资本论（第二卷）[M]. 上海：上海三联书店，2011：84.

告》显示，2017 年我国第三方移动支付交易规模高达 120 万亿元。新型支付方式降低了交易对现金的依赖，极大地提升了商品交易的速度。马克思认为在商品交换过程中商品和货币总有其一从流通界退出而另外一个替补进去，然而这种价值从商品形态向货币形态的加速转化，并不是单纯的"W—G—W"的过程。虽然消费者向第三方支付的货款和第三方向卖方支付的货款是等额的，并且授受几乎是同时发生，看似是货币的直接支付却在其间隐含着货币转化为资本并实现价值增值的过程。第三方平台收到交易指令，向卖方垫付货款，同时将收到的货款投放到借贷市场或生产领域进而实现价值增值，其向卖方转移的货款只是资本增值后的一部分。完整的商品交易过程应该表述为"W—G—G—W"和"G—W′—G′"两部分。价值增值部分 G′－G 则是第三方向买卖双方提供信用授受服务所获取的报酬，这与一般金融中介并无区别。这种分析使我们明白，第三方支付的兴起只是显著地提高了交易达成的速度，而对于货币流通速度的提升并没有想象的那样明显，因为最初的货款只是进入资本市场而不是再次进入流通领域，货币流通速度并没有因此而加快。

五、从"资本循环和周转效率"的视角看待当前零售业态演化趋势

马克思将资本周转时间视为生产时间加流通时间的总和，他认为资本"流通时间，从而周转时间，视售卖时间的相对大小，而延长或缩短"[①]。在流通环节"当其它一切情形相等时，同一个资本的售卖期间，将视市场情况一般的变动、或视特殊营业状况的变动，而起变化"，个别资本有机会比别的资本售卖得更迅速，当这种情况"在个别场合发生作用，他们也就会在同一营业部门诸个别的资本周转上引起差别"。这与麦克奈尔（M. P. McNair，1958）和中西正雄（Masao Nskanishi，1996）等关于零售业态演化的"零售之轮"理论思想不谋而合。能够使得"商品在市场待售时间"更短的零售业态会实现更高的资本周转效率，引起这种高效周转的技术手段和经营模式等"种种事情"[②] 会被广泛使用，新的零售业态就应运而生并占据市场的一席之

---

① 马克思. 资本论（第二卷）［M］. 上海：上海三联书店，2011：171.

② "种种事情"出自马克思"在不同营业部门投下的资本，在周转期间上是有差别的，引起这差别的，有种种事情"，马克思虽强调引起周转效率差异的"种种事情"的存在但并未对其包含的具体内容进行深入研究。

地。2010 年我国网络零售业交易规模以及消费者活跃度均居世界网络零售市场首位，技术和机制创新的双重红利为网络零售业等新型零售业态的创新发展提供了强大的动能。未来零售业态在经营规模、商品结构、售卖方式、服务功能、管理水平等方面的创新转型将持续深化。

本章小结

马克思的经济理论之所以能够长盛不衰、历久弥新正是由于马克思经济学说的分析论证是建立在唯物史观的基础上，这使得马克思的经济理论上升到了历史观的高度。马克思流通理论是其经济理论的重要内容，对当前流通实践发展具有重要的借鉴意义。

本章从研究内容、研究方法、研究背景、研究范式四个方面入手深刻分析了马克思流通理论运用的局限性和普遍性。从研究内容来看，对交换和消费、交换和分配作用关系的分析并不是马克思流通理论阐述的重点。从研究方法来看，马克思流通观点论述采用的是一种综合分析的方法，并不单纯以企业和产业作为研究对象。从研究背景来看，虽然马克思对资本主义工业社会商品和资本流通的本质过程和基本原理进行了深入分析，但论证所依据的流通实践受当时生产力水平和分工形式所限。从分析范式来看，马克思流通理论研究实现了历史和逻辑的辩证统一，这是马克思流通理论在不同历史时期都普遍适用的根本原因。

本章归纳总结了当前流通业所处的特色发展阶段。流通业正处在技术创新集中爆发期，零售业创新发展牵动流通业变革；流通业正处在动力转换的过渡期，消费品质升级伴随消费潜力下沉；流通业正处在渠道重构的关键期，线上线下融合向全渠道模式发展；流通业正处在产业组织变革深化期，零售市场以"腾讯系"和"阿里系"互搏的"两超多强"竞争格局基本形成；流通业正处在地域差距缩小的攻坚期，流通资源配置不平衡问题呈现新的复杂性。

马克思流通学说是带有鲜明历史观特征的动态发展理论，在新的历史时期，经典的马克思流通理论需要克服其自身的局限性，不断地与新的商品流通实践相结合，创新和发展理论内涵，重新焕发生机和魅力。本章从五个方面出发论述了马克思流通理论对当前商品流通实践发展的借鉴意义。从"流通职能及其地位决定"的视角看待当前流通业技术革新的动力机制；从"流通与生产作用关系"的视角看待当前流通业逆向整合的发展趋势；从"流通费用构成理论"的视角看待物流业进一步降本增效的关键环节；从"商品流通与货币流通辩证关系"的视角看待现代支付方式的兴起；从"资本循环和周转效率"的视角看待当前零售业态演化趋势。

第九章

数字经济时代网络零售竞争的流量思维

当前我国网络零售业已经进入了成熟发展阶段，现阶段网络零售业发展的最大障碍就是线上零售市场的饱和以及上下游产业的配套情况。当下网络零售业为了谋求进一步发展，需要不断刺激潜在线上消费市场，进一步借助周边产业的发展优势，通过移动终端等新兴网络零售手段抢夺线下消费"流量"，加速线上零售与线下零售相融合，打造新型的网络零售为主导的全渠道零售格局。本章主要介绍网络零售饱和竞争下电商巨头博弈的"流量思维"。

第一节 消费流量的概念及其内涵

一、互联网流量及其计算

互联网流量，有时简称"网络流量"或"流量"，是网络信息技术领域专用名词，指在一定时间内打开网站地址的人气访问量，用来描述访问一个网站的用户数量以及用户所浏览的页面数量等指标，常用的统计指标包括网站的独立用户数量（一般指 IP）、总用户数量（含重复访问者）、页面浏览数量、每个用户的页面浏览数量、用户在网站的平均停留时间等。对于流量的动态观察往往需要借助专业设备，存量状态下的互联网流量可以用用户数量与用户时长相乘来进行粗略计算。

二、互联网流量接入环境变迁

中国互联网的发展先后经历萌芽阶段（1994～2000 年）、快速普及阶段

(2001~2008 年)、移动升级阶段（2009~2015 年）。伴随着技术升级和智能手机的普及，互联网接入从原始拨号上网过渡到宽带上网、网民也从 PC 电脑端逐渐转移到移动通信端。根据中国互联网络信息中心第 47 次《中国互联网络发展状况统计报告》数据统计显示，截至 2020 年 12 月，我国网民使用手机上网比例高达 99.7%，较 2020 年 3 月提升 0.4 个百分点。网民使用台式电脑上网、笔记本电脑上网、电视上网、平台电脑上网的比例分别为 32.8%、28.2%、24.0% 和 22.9%。由此我们看到，当前我国网络流量接入手段和环境呈现多样化发展趋势，随着办公和家庭智能设备的增加，这一趋势将进一步深化。同时我们发现，当前通过手机上网已经成为最主要的流量接入手段。

三、流量概念的延伸及分类

狭义上我们所说的流量主要是指互联网流量，即已触网的线上消费者，也即"线上流量"。随着互联网和电子商务的不断渗透，在零售领域人们一般意义上会将潜在消费者与存量意义上的流量画等号，这种习惯上的使用方式变得越来越普遍化，对于亟待入网的消费者，许多业内人士也将其称之为"线下流量"。自此，互联网流量的概念就已延伸为更为广义的"消费流量"的概念。对互联网公司来说，流量就是市场，流量就是用户，流量就是商机。

伴随着传统 PC 电商的成交阵地正在慢慢地向社交电商转移，流量又被具体区分为公域流量和私域流量。公域流量也叫平台流量，它不属于单一个体，而是被集体所共有的流量。常见的平台流量五大板块包括：电商平台（淘宝、京东等）、内容聚合型平台（腾讯新闻、网易新闻等）、社区平台（百度贴吧、微博等）、视频内容型平台（腾讯视频、爱奇艺等）、搜索平台（百度搜索、360 搜索等）。而私域流量则是在初次产生"关系"基础上相对封闭的信任流量，朋友圈、私信群、公众号粉丝都是典型的私域流量代表。

第二节 "流量红利"时代结束，"流量重构"时代开启

本节将从流量规模、流量结构、流量城乡差异和流量快速发展领域四个维度出发全面刻画当前互联网"流量重构"时代的背景环境。

一、流量规模增速放缓标志着"流量红利"时代结束

中国互联网络信息中心发布的第 47 次《中国互联网络发展状况统计报告》显示，截至 2020 年 12 月，我国网民规模为 9.89 亿人，较 2020 年 3 月新增网民 8540 万人，互联网普及率达 70.4%，较 2020 年 3 月提升 5.9 个百分点。我国手机网民规模为 9.86 亿人，较 2020 年 3 月新增手机网民 8885 万人，网民中使用手机上网的比例为 99.7%，我国的网民总体规模已占全球网民的五分之一左右。"十三五"期间，我国网民规模从 6.88 亿人增长至 9.89 亿人，五年增长了 43.7%。截至 2020 年 12 月，网民增长的主体由青年群体向未成年和老年群体转化的趋势日趋明显。网龄在一年以下的网民中，20 岁以下网民占比较该群体在网民总体中的占比高 17.1 个百分点；60 岁以上网民占比较该群体在网民总体中的占比高 11.0 个百分点。未成年人、"银发"老人群体陆续"触网"，构成了多元庞大的数字社会。新型冠状病毒肺炎疫情加速推动了从个体、企业到政府全方位的社会数字化转型浪潮。在个体方面，疫情的隔离使个体更加倾向于使用互联网连接，用户上网意愿、上网习惯加速形成。网民个体利用流媒体平台和社交平台获取信息，借助网络购物、网上外卖解决日常生活所需，通过在线政务应用和健康码办事出行，不断共享互联网带来的数字红利。

但从 2018 年初开始，移动端月独立设备数的同比增长率逐步跌下 1.0%，攀升趋势长期呈放缓趋势，人口红利基本见顶。但同时用户黏性仍呈现较大幅度的上升趋势。2019 年 12 月，移动端月独立设备数与上年同期相比增长 5.0%，单机月独立使用次数与上年同期相比增长 17.5%，单机月使用时长与上年同期相比增长 14.8%。2020 年 10 月，中国移动互联网月活用户达到 1.54 亿人同比增长 17.0%。实际上，网民的月活增速已经连续 15 个月低至 2.0% 以下，中国移动互联网用户已趋向全局饱和。移动互联网活跃提升低，使用时长和 App 数量提升乏力。根据中国互联网络信息中心发布数据显示，2020 年 10 月中国移动互联网用户月人均使用时长为 141 个小时，月人均 App 使用个数为 25.5 个，同比增速分别仅为 2.4%、1.6%。这两个反映移动互联网活跃程度的指标增长幅度均较低。互联网用户争夺的上半场已经落下帷幕，获客成本提升，行业格局初步确定，下半场 C 端以精细化运营盘活用户、优化用户体验、提升黏性为重。

二、城镇化提升背景下城乡流量增长态势各异

根据中国互联网络信息中心发布数据显示，截至 2020 年 12 月，我国农村网民规模为 3.09 亿人，占网民整体的 31.3%，较 2020 年 3 月增长 5471 万人；城镇网民规模为 6.80 亿人，占网民整体的 68.7%，较 2020 年 3 月增长 3069 万人。我国城镇地区互联网普及率为 79.8%，较 2020 年 3 月提升 3.3 个百分点；农村地区互联网普及率为 55.9%，较 2020 年 3 月提升 9.7 个百分点。城乡地区互联网普及率差异较 2020 年 3 月缩小 6.4 个百分点。

中国城镇化改革不断推进带来较大的互联网发展势能。城镇化是社会互联网化的经济环境和人口环境前提，伴随着城镇化进程，用户生活基础服务得到优化，意味着更多的用户加入了物流服务、文化生活、品质消费、高效通信的圈子。另外，伴随城镇化的不仅是城镇居民带来的需求和消费活力，农村消费活力也得到释放。互联网对人们的辐射范围更加广泛，对人们生活的渗透更加全面。在移动端，一二线城市市场用户基数大，但三四五线城市市场月活同比增长更快。从时长来看，三四五线城市市场单机月使用时长逼近一二线城市市场用户。PC 端月覆盖人数小幅下滑，三四五线城市市场用户数基本持平，时长也持平。

2020 年是全面建成小康社会目标实现之年，是全面打赢脱贫攻坚战收官之年。我国决胜全面建成小康社会取得决定性成就，脱贫攻坚成果举世瞩目。网络扶贫作为脱贫攻坚的重要手段，在"十三五"期间有效助力精准扶贫、精准脱贫，让更多困难群众通过互联网获取外界信息，让农产品通过互联网走出乡村，让边远地区青少年获得更优质的教育资源，有力保障了 2020 年脱贫攻坚圆满收官。截至 2020 年末，电信普遍服务试点累计支持超过 13 万个行政村光纤网络通达和数万个 4G 基站建设，其中约 1/3 的任务部署在贫困村；全国贫困村通光纤比例从"十三五"初期的不足 70% 提升至 98%，深度贫困地区贫困村通宽带比例从 25% 提升到 98%，提前超额完成"十三五"规划纲要要求的宽带网络覆盖 90% 以上贫困村的目标。截至 2020 年末，电子商务进农村实现对 832 个贫困县全覆盖。全国农村网络零售额由 2014 年的 1800 亿元，增长到 2020 年的 1.79 万亿元。"直播＋电商"等网购新业态蓬勃发展，网络扶贫让新业态向农村地区延伸，手机成为新农具、电商成为新农活，既方便了消费者，又促进优质农副产品"走出去"。

三、短视频正快速成为流量增长的"黑马"

根据企业智库发布的数据显示，短视频浏览时长份额在 2020 年 9 月达到移动互联网全行业总浏览时长的 18.9%，与上年同期相比提升 4.7%，成为互联网行业增长最快的领域，明显挤占了其他细分行业的流量份额。从 2018 年 9 月~2020 年 9 月，短视频行业发生的变化月活跃用户，由 5.18 亿户提升至 8.65 亿户；在全网用户总使用时长占比由 8.8% 扩大至 18.9%，仅次于排名第一的即时通信。在月活跃用户数量和浏览时长占比这两个维度中，短视频的提升幅度优先于所有互联网细分领域。

短视频在流量重构中不断生长，我们看到流量重构的两个方向：第一是内容形态的进化。用户获取资讯的方式，从图文时代进入了图文视频多元化的时代，短视频给用户提供了丰富的获取内容的触角，流量随内容消费增量而获得较快增长。第二是内容价值的升维。时至今日，我们已经很难将短视频内容约束在某一类或某几类分类中。在娱乐内容之外，我们看到更多知识类、资讯类内容在短视频平台上生长，这些能让用户具有获得感的内容筑高了用户流失的围墙，短视频流量变得更有价值。短视频用户性别比例分布与全网用户结构差异较小。从年龄来看，"00 后""90 后"对短视频的偏好程度高于全网大盘，"00 后"活跃用户占比目标群体指数（TGI）达到 116；从城市分布来看，三线及以下城市用户短视频使用渗透率较高。短视频内容品类在多元化生长。

与移动互联网大盘类似，短视频行业经过近几年快速增长后，活跃用户增长开始放缓，在智能终端及网络部署不发生大的变革情况下，短视频行业用户增长的空间已不多。与此同时，我们看到短视频人均使用时长仍保持两位数同比增长，并随着用户获取信息习惯的改变，时长仍有可观的增长空间。短视频行业流量增长仍未停滞。短视频蔓延至各互联网消费领域。在网站购物时，我们越来越习惯看商品的动态展示。在本地服务中找美食时，我们发现评论区出现了很多动图或短视频。短视频成为连接供应端与用户端的标配。社交、资讯领域的短视频渗透率超过 40%，短视频作为一种内容形态，正在逐渐开启"金字塔"式的蔓延。短视频内容品类呈现多元共生的形态，我们发现资讯类、知识类内容对用户在抖音上消费的重要性超过娱乐类内容。能记住、有收获、愿意分享，是衡量内容价值的核心指标，如何识别有价值的内容并发挥其正向影响，这是实现短视频流量增值的重要基石。

第三节　巨头流量策略与私域流量运营

品牌商对于私域运营或社交电商的重视程度，已经逐渐从"锦上添花的新渠道"转变为关乎企业未来生存的"关键能力"。能否利用好私域流量将不再是一个小企业能力格外突出的表现，很有可能会决定其生死。而这其中的必修课不仅仅是私域的运营，更需要打通公私域，不断优化全链路的衔接点，进而促进企业增长。未来私域流量将成为零售行业驱动增长的核心力量，本节主要介绍网络零售巨头流量竞争策略与提升私域流量运营能力的主要途径。

一、私域流量运营是更高维度的用户关系管理

在过去，基于互联网用户增量的快速增长，企业更关注的是如何获取流量，以及基于流量的转换效率，不管是线上还是线下，经营的逻辑都是去公域拉新然后转化。当流量到达"瓶颈"、没有增量时，必须要做存量。要思考用什么工具，让和品牌发生过互动关系，看过、见过、接触过的用户，更好地交互，从而挖掘他们的终身价值。在存量时代下，要认认真真地研究已经成为用户的那些人。今天的用户增长，不是研究如何把用户规模做大，而是思考怎么把单个用户的终身价值做大，也就是怎么把用户在品牌生命周期里带来的价值做大。另外，现在企业和用户的交互形式也在升维。以前也有私域，但以往品牌和私域用户之间的交互形式仅仅限于短信和邮件。当前，互联网信息技术有了新的发展，企业微信、视频号等新的交互形式已经被大多数用户广泛地接受，品牌和用户之间有了更多维度的交互形式。

比如，以往用户接收到的仅仅是一个单调的，缺乏情绪表达的短信，而今天，这个信息可能是由品牌公司的导购基于好友关系发送的，那么这条信息背后就有了情绪，有了情感，有了气质，甚至有了温度。所以，用户对于品牌的感知更加立体，也更加深刻。当我们重新审视和用户之间的关系时，不再是冷冰冰地把他们看成需求的集合，也不再是通过贩卖焦虑和满足所谓的"痛点""痒点"的方式让用户下单。私域流量运营将促成品效合一，让品牌形象建设悄然融入私域流量管理中。私域流量可以将客户服务的颗粒度

165

精细到以人为单位，实现人对人的一对一服务。

二、私域流量运营能力将决定未来零售业核心竞争力

私域流量的这些发展趋势在很长一段时间内会保持向上发展，对大多数行业、领域都会产生长远影响，尤其对于零售行业，私域流量必将成为零售行业驱动增长的核心力量，因此基于对私域用户的偏好和需求分析，可调整企业业务发展方向；形成从营销到运营的全链路企业私域数据管理与应用闭环，辅助营销决策，甚至在优化产品升级、业务经营分析和竞争分析等方面都具有积极正面的促进作用；深度挖掘并持续开发用户数据价值，提升商业运营效率，驱动业务的持续增长。

私域运营的能力对于企业而言，核心还是消费者运营和供应链协同能力的综合体现。对所有服务驱动的个性化零售行业的影响都会很大，会加快行业品牌洗牌以及催生出一批新的私域运营的优秀品牌。线上的经营，从时间、空间维度真正给门店带来销售增量。通过小程序等线上运营，可以让连锁门店实现 24 小时不打烊经营，同时把生意做到三公里以外，真正摆脱了时间和空间的限制，带来销售的增量。同时，私域的营销将大大提高品牌商的利润空间。和平台电商比，私域经营省下了平台的抽佣和平台流量购买的成本；和线下比，省下了额外的房租和人工成本。在这个基础上提高库存周转、现金的占用和售罄率，可以使平均单品的利润更高。

三、精细化数据标签能力是实现私域流量运营的基础

企业应善用第三方社会化客户关系管理（SCRM）类工具，做好用户的数据标签管理，将自身平台的用户交易数据、行为数据和第三方平台的大数据标签打通。这些数据能力是私域精细化运营的基石和开端。传统的私域流量运营粗放割裂，要实现向精细化运营的方向发展，需要以数据为基础，借助客户数据平台（CDP）等数据管理平台，对私域流量和公域流量进行全触点采集，并进行分析、整理，构建企业自有数据资产，最大限度发挥数据价值；基于企业自有数据资产深挖用户需求，调整政策和运行方针，实现用户的深度触达，提升用户体验满意度，从而实现销售转化。还要对私域流量进行深入、精细化和系统化运营。除了营销和运营层面的调

整，对于企业组织结构也会产生影响。在私域运营体系中，品牌的核心优势在于建立起了与用户的强关系链接，可以在企业私有的流量池中通过创造有温度的内容长期与客户互动，促成复购与提高客单价，在闭环链路中还可以投入效果监测工具，沉淀企业自有的数据资产来辅助生产和营销策略，总体来说这是一种基于强社交关系的长效运行模式。粗放式将用户圈起来做打折式复购的时代已经过去，精细化运营能让企业在当前的流量获取上更有竞争力。

四、保证公域到私域的路径畅通是实现私域流量运营的关键

做好私域运营中的账号搭建、内容设计、传播规划、工具准备和组织保障，保证公域到私域的路径畅通是实现私域流量运营的关键。关于账号的人设打造，常用的套路是增强信赖包装权威。在顾客心目中，企业要成为他们每次提及这个问题就可以求助的"朋友"，成为自己所在垂直领域的专家，最终为品类代言。而在内容层面，就需要根据客户不同的购买阶段，来规划相应的内容类型。用户从认知到购买的过程一般分为认知、获取信息、评估、购买和购后行为这五个阶段。围绕产品所处的不同阶段，要进行内容的规划。有了核心的人设与内容，在传播层面需要用合适的工具，来打通分销体系辅助传播加以效果保障。以微信为例，其独特的社交生态赋予了短内容不一样的内容呈现和用户交互，我们在微信视频号看到的"赞""转""评"有强烈的社交属性，这是企业建立高黏性用户经营阵地的基础。在微信生态内的视频号，用户"点赞"即表达，以彰显自己的社交标签，传递自己的态度；用户"转发"则自带行动暗示，只把最好的内容、商品、服务分享给朋友。因此用最优质的内容去吸引和打动客户，再借由微信生态，从原来垂直结构的传播，变成网状结构的传播，最终形成更大量级的超级传播。

就好像一石激起千层浪，"石"所指代的核心信息，就是品牌的人设、内容的顶层设计。而要做到"千层浪"则需要品牌商打通体系内的销售和合作伙伴，盘活私域流量池，依托好友行为进一步释放社交链上的跨圈层流量。私域流量的核心是经营关系，而不是卖货。客户付费买的是"会员"关系，而不是产品。一旦客户付费成为你的会员，他们会在你这里购买更多，复购率和平均客单价便随之提高。与此同时，客户也不仅仅是独立、微小的个体，他们更深深嵌套在其复杂的人脉网络里面。

本章小结

狭义上我们所说的流量主要是指互联网流量，即已触网的线上消费者，也即"线上流量"。随着互联网和电子商务的不断渗透，在零售领域人们一般意义上会将潜在消费者与存量意义上的流量画等号，这种习惯上的使用方式变得越来越普遍化，对于亟待入网的消费者许多业内人士也将其称之为"线下流量"。自此，互联网流量的概念就已延伸为更为广义的"消费流量"的概念。对互联网公司来说，流量就是市场，流量就是用户，流量就是商机。

当前"流量红利"时代结束，"流量重构"时代开启。但从 2018 年年初开始，移动端月独立设备数的同比增长率逐步跌下 1%，攀升趋势长期呈放缓趋势，人口红利基本见顶。互联网用户争夺的上半场已经落下帷幕，获客成本提升，行业格局初步确定，下半场 C 端以精细化运营盘活用户、优化用户体验、提升黏性为重。城镇化提升背景下城乡流量增长态势各异，城乡地区互联网普及率差异较 2020 年 3 月缩小 6.4 个百分点。短视频正快速成为流量成长的"黑马"。

品牌商对于私域运营或社交电商的重视程度，已经逐渐从"锦上添花的新渠道"转变为关乎企业未来生存的"关键能力"。私域流量运营是更高维度的用户关系管理，私域流量运营将促成品效合一，让品牌形象建设悄然融入私域流量管理中。私域流量的这些发展趋势在很长一段时间内会保持向上发展，对大多数行业、领域都会产生长远影响，尤其对于零售行业，私域流量必将成为零售行业驱动增长的核心力量。精细化数据标签能力是实现私域流量运营的基础，企业应善用第三方 SCRM 类工具，做好用户的数据标签管理，将自身平台的用户交易数据、行为数据和第三方平台的大数据标签打通。做好私域运营中的账号搭建、内容设计、传播规划、工具准备和组织保障，保证公域到私域的路径畅通是实现私域流量运营的关键。

第十章

下沉市场兴起与电商
竞争换道

早在 2004 年，下沉市场的概念就已经在文献中出现。面对激烈的市场竞争尤其是市场开放带来的外资品牌冲击，家电、汽车、日化及其他快消品等受影响明显的厂家和经销商，将渠道下沉作为一种应对思路和解决方案。随着互联网经济的发展、基础设施的完善，下沉市场的边界和内涵都发生了变化。近年来，下沉市场受到越来越多的关注，逐渐从线下市场变成移动互联网重点争夺的领域。电商平台发力下沉市场拉动消费，成为促消费的重头戏。新时代、新发展、新机遇，电商平台纷纷进入下沉市场。规模庞大、特质迥异、层次丰富的下沉市场，对商业生态提出了新要求，反过来，电商平台在拉动下沉市场消费过程中的作用也至关重要。渠道下沉与消费上行的碰撞，造就了下沉市场的爆发。电商平台在竞争中为下沉市场逐渐带入和塑造新的商业生态，商业模式创新层出不穷，市场迭代速度越来越快。在时不我待、只争朝夕的潮涌中，电商平台本身在竞争中巩固并升级传统的供应链生态，同时利用大数据进行数字化赋能、内容化嵌入，不断打造生态圈，也塑造着下沉市场的竞争格局。

第一节　中国消费市场重心不断下沉

未来，随着中国经济高质量发展与人均收入的增长，三四线城市居民的消费热情和消费能力将稳步提升，下沉市场的消费潜力将逐步释放，其发展前景值得期待。农村、中小城市及村镇在内的下沉市场消费潜力正在被激发。

一、下沉市场基本构成

在商业领域，下沉指经销网络由大城市一级、二级主渠道，向基层支线扩散和推进。当今互联网时代，下沉市场不再是线下实体商业形态的概念，也不再局限于地理或行政区划的区分，而是指原有商业模式不易触达或触达成本极高、得益于技术的进步和商业模式的迭代、从实现手段上可以更容易触达的市场群体。下沉市场绝对收入普遍不高，通常带有价格敏感、熟人社会、闲暇娱乐等属性。

下沉市场主要包括但不限于以下几个群体：一是农民。我国城乡二元结构中农村居民的收入和消费水平与城镇居民有较大差距，但近年来，农村居民的人均可支配收入、人均消费增速都快于城镇。二是三线及以下城镇居民。绝对收入水平决定了他们相对有更高的价格敏感度，但如果考虑到房价及其他综合生活成本，这部分消费者的可支配收入和消费支出未必低于一线大城市，且有着积极稳定的消费信心。三是大城市的年轻人。他们虽然初入职场、收入不高，但消费心理大胆张扬，个性化色彩浓厚，追求新鲜。MSC 咨询公司《下沉市场系列报告》显示，约 35.5% 的下沉人口来自三线城市，38.6% 来自四线城市，五线城市数量相对较少，下沉人口占比约 25.9%。

下沉市场的不同消费群体具有差异性，消费层级丰富，消费需求多元，其被压抑的消费需求，将随着消费基础设施和消费环境的不断完善而迅速释放。在互联网经济兴起之前，传统商业基础设施不足抑制了下沉市场的需求，即使在电子商务发展初期，固定互联网基础设施的不足依然制约着他们的消费。电商渠道特别是移动互联网快速发展，物流基础设施逐步完善，为移动电商的跳跃式、爆发式发展提供了条件。

二、下沉市场规模不断扩大

MSC 咨询公司《下沉市场系列报告》显示，下沉市场人口规模将近 10 亿，下沉市场在国土面积和人口规模上本就占多数，覆盖全国近 95% 的土地，网络基础设施改善后，长期被忽视的下沉市场价值凸显，带来用户增量，成为流量的源泉，体现着多元价值。国家统计局数据显示，2018 年，全国网上零售额 90065 亿元，同比增长 23.9%，增速比上年回落 8.3 个百分点。2019 年上半年，全国网上零售额 48161 亿元，同比增长 18%，增速继续回落。但同期全国农村网络零售额继续保持快速增长，2019年上半年达到7771.3亿元，同比增长23%，比全国整体增速高5个百分点，占全国网络零售额的16.1%，比2018年全年提高0.9个百分点。外部条件持续改善还将大大激发和释放包括广大农村在内的下沉市场的消费能力和活力。

电商平台交易情况也呈现出一二线城市消费能力更强，三线及以下城市消费增长更快、潜力更大的趋势。不仅规模高速增长，下沉市场对消费品质的追求也令人瞩目。下沉市场增长并不等于低质低价商品的增长，三四五线城市成为轻奢产品的消费主体，颠覆了人们对下沉市场的"低端"成见。易观数据显示，下沉市场消费者网购品类指数与一二线城市没有显著差别，并呈现多元化发展态势。跨境海淘、有机健康等特色品类在下沉市场迎来爆发期。根据聚划算的数据，智能设备、珠宝、美妆等品类消费增速翻倍增长，品质特卖已成为渗透下沉市场的重要驱动力，同时也是消费升级的生动体现。

三、下沉市场消费持续升级

新时代消费升级的人群不仅仅是城市中产阶级，处在城市化进程中的三四五线城市，以及移动互联网加速渗透的乡村更是新一轮消费升级的中坚力量。改革开放40余年的经济快速发展，使居民财富不断增加。根据统计局数据显示，2018年农村居民人均可支配收入和人均消费支出分别增长6.6%和8.4%，增速分别比城镇居民高1个百分点和3.8个百分点，城乡居民消费增速的"剪刀差"趋势愈加明显。此外，不少年轻人选择回到生活压力不那么大的三四线城市及小城镇生活，把新的消费习惯和理念"下沉"，并在当地进一步扩散，下沉市场消费升级明显。2018年，消费升级类商品增长较快，全年限额以上单位化妆品类、家用电器和音像器材类、通信器材类商品零售额增速分别比限额以上社会消费品零售额增速高3.9个、3.2个和1.4个百分点。乡村消费品零售额增长10.1%，比城镇消费品零售额增速高1.3个百分点。

第二节 下沉市场人群画像及消费升级趋势

中国经济推动高质量发展，其中一项重要工作就是以消费提质升级助推高质量发展。一二线市场趋于饱和，下沉市场是促消费的重要增长极。下沉市场规模庞大，成长快但基数低，消费需求依然有待满足，消费能力依然有待激发。与此同时，下沉市场高质量供给欠缺。通过互联网技术进步和模式创新，构建更成熟、涵盖高中低各层次的消费细分市场，改善下沉市场的品质消费供给，使更优质的产品和服务让更广泛的群体享用，应是促消费的重点发展方向。

一、下沉市场人群画像

MobTech 研究院发布的《2019 "下沉市场" 图鉴》报告显示，下沉市场用户规模约 6.7 亿人，占据一半以上的市场规模。下沉市场，男女比例相差不大，女性相对略高，18 岁以下未成年人占比偏高。18～49 岁的下沉青年和下沉中年是下沉市场的主体，下沉市场 "00 后" 占全国 "00 后" 总人口的66.3%。下沉市场用户日均使用时长为 5 小时，成为流量增长之源；下沉市场主流人群月收入低于 5000 元，下沉市场购房压力小，有房有车成标配，生活幸福指数较高。下沉市场居民房价收入比相对合理，按揭购房后月实际可供消费收入仍有近 2000 元。

（一）下沉市场人群持有相对理性的购物观念，偏好拼团、社交、返现等模式

相比一二线城市，下沉市场用户更偏好实惠的老牌经典产品和 "微升级" 产品，对升级幅度较大、价格高位的产品偏好较低。相比一二线城市消费者，下沉市场用户更看重产品性价比，不盲目追求国际大牌，对国牌国货的忠诚度也更高。下沉市场消费者对价格相对敏感，对主推折扣、返现类活动的平台有更高偏好的参与热情。熟人社交环境和充裕的线下时间为下沉用户参与社交电商和拼团购物创造了条件。MobTech 研究院发布的《2019 "下沉市场" 图鉴》报告显示，快手、拼多多、趣头条的三线以下城市用户占比分别达到 68.8%、64.1% 和 64.9%。

（二）下沉市场人群闲暇时间需求大，更加关注休闲娱乐

商务部发布的《下沉市场发展与电商平台价值研究》显示，下沉市场人群周工作时间在 21～30 小时的人口比例高于一二线城市，大于 41 小时的人口比例低于一二线城市。下沉市场上报人群每天拥有 5.82 小时可支配时间，在家人群的闲暇时间更是高达 15.54 小时。在线视频和游戏是下沉人口最喜爱的休闲方式。50% 的小镇青年每天玩游戏超过 1 小时，15.6% 的小镇青年每天看直播超过 1 小时，38.9% 的小镇青年有过游戏付费行为。微博、微信、支付宝、抖音、拼多多、趣头条、第三方支付、短视频、社交等各类互联网企业都在下沉市场获得了大量用户和新的发展机会。特别是新兴互联网企业，直接将目标瞄准下沉市场，实现了几乎是野蛮生长的超速成长。

（三）"小镇青年"和"富裕家庭"成为带动下沉市场消费的核心力量

"小镇青年"年龄二三十岁，收入高于温饱，为互联网原住民，渴望追赶潮流又有着极富个性的消费需求和表达欲望。"小镇青年"已经成为下沉市场最具潜力的消费人群，在消费领域从食品饮料到时尚母婴的各个品类中，这群年轻消费者都在大幅增加支出。"富裕家庭"有房有车，生活稳定，可支配收入较高，在母婴、家电等与健康和生活质量密切相关的零售品类上高度注重品质，在服饰、数码、食品等品类消费上有明显升级，追求优质购物体验的同时更看中性价比。根据 MobTech 研究院发布的《2019 "下沉市场"图鉴》数据显示，近年来三四线城市的中产家庭正在以远高于一二线的速度高速增长，占三四线城市人口 34% 以上。在下沉市场头部梯队城市，这些宽裕的小康之家将为消费增长带来巨大潜力。

二、下沉市场消费升级趋势

（一）下沉市场消费升级还将提速

目前，下沉市场正处在上升期。伴随着城市化进程的持续推进、人均可支配收入的提高、消费习惯的形成、5G 的加速落地等，消费升级还将提速。据易观国际预测发布的《2020 年移动互联网用户增长复盘报告》，2020 年下沉市场移动端用户将达到 5.99 亿个，面对有巨大增长潜力的市场，电商平台不仅要满足现有的消费需求，更要激发下沉市场潜在的消费需求。如今，下沉市场发展已经进入了全新阶段，以数字化、品牌化为基础的新一轮下沉正在进行，电商平台发挥平台生态的优势，下游聚合消费者需求，上游赋能智能制造，这不仅是中国制造、中国经济转型升级的必然结果，也承载着消费市场再次高速增长的梦想，最终将惠及 14 亿消费者。

（二）下沉市场消费者更加注重商品品质和服务

在消费分级与消费升级并行的趋势下，消费者既要"品质"又要"实惠"的需求日益强烈。中国的互联网电商经历了早期假货横行的"草莽时代",付出了代价,也收获了经验。从历史角度看,淘汰落后的产能,供给侧的升级改革是必然趋势,不可逆转。从供给端看,对于互联网平台品牌商家来讲,面临较大的成本和利润压力,需要更高的营销效率和更快的周转;对于产业带商家而言,传统的代工模式已经遇到"瓶颈",亟待在生产、运营和品牌各环节实现升级。从消费端看,当前消费行为仅基于价格便宜而非对品牌和平台的用户黏性正在转变,消费者的品质消费需求已然兴起,电商平台竞争需要进一步从"价格战"升级到"品质化",促进品质惠经济。

(三) 下沉市场与产业结构转型升级将进一步融合

中国有许多传统的专业产业带需要品牌赋能和营销,如具有较强生产能力的浙江诸暨袜业产业带、南通家纺产业带、广东东莞电子产业带、永康五金产业带、即墨童装产业带等,但这些产业带的生产商在销售能力、运营能力、品牌竞争力等方面均有较大提升空间,也是其转型升级所面临的"痛点"。目前,以聚划算为代表的电商平台借助淘宝和天猫的成熟用户群体,运用多种营销渠道和方式,将传统产业带的企业端和三四线及以下城市以及广大农村地区的消费端,进行更加精准的匹配和对接,既能满足下沉市场消费者既要"品质"又要"实惠"的需求,又赋能并升级供给侧,从而进一步促进产业结构转型升级。

第三节 下沉市场成为电商竞争新赛道

互联网的诞生天然就带有共享、下沉和普惠的属性。通过技术和商业模式的创新,提升信息和商品的传播效率,无论是淘宝的电商,还是微信的社交,这些平台诞生伊始,就带有下沉的属性。这既缘于长尾地带互联网覆盖率的提高和移动互联网的持续下沉,也缘于三四五线城市的消费升级和政府政策的积极引导,更缘于电商平台迎合并满足了下沉市场需求。目前,电商平台正通过完善商业生态,在提升核心竞争力的同时,不断满足下沉市场的消费需求;通过赋能供给侧 + 助力消费端,两侧发力,激发下沉市场潜能;通过带动品牌下沉、产业带升级和农产品上行,满足美好生活向往。

一、下沉市场为电商扩容提供流量

在互联网行业整体发展放缓的大背景下，向下渗透和市场下沉成为互联网企业扩大用户增量，寻求新市场机会的重要选择方向。我国各大互联网公司逐渐将下沉市场视为互联网行业"最后的流量红利"，激发并挖掘三线以下城市和农村乡镇地区巨大市场潜力。特别是以快手、拼多多、趣头条等为代表的互联网企业，在极短的时间内迅速崛起，这主要归功于其以三四线城市、小城市、乡镇及农村人群为突破口，迎合并满足他们的物质需求与精神需求，充分发掘并利用了下沉市场的巨大潜力。MSC 咨询公司《下沉市场系列报告》显示，下沉市场智能手机普及率突破 90 部/百人，互联网覆盖近 9亿下沉人口。2020 年一季度移动互联网月活跃用户规模增长约 1700 万人，其中高线城市用户减少 714 万人，三线及以下下沉市场用户增长 2461 万人，下沉人口是互联网用户主要增量来源。淘宝、京东、苏宁易购等老牌电商不断深耕下沉市场。据阿里巴巴发布的财报，截至 2019 年 6 月 30 日，淘宝天猫整体移动月度活跃用户达到了 7.55 亿人，比上个季度增长 3400 万人，其中超过 70%的新增用户来自三线以下城镇以及农村地区市场。2019 年的电商"618 年中大促"中，全网销售额同比增长 11.8%，下沉市场消费业绩在各平台均呈现惊人增长，贡献了最大增量。

二、电商普及激发下沉市场潜力释放

目前下沉市场网购普及率只有一二线城市的 1/3 左右，网购消费金额比例也远远低于一二线城市。而随着互联网覆盖率的提高和移动互联网的持续下沉，三四五线城市与乡村的网络设备渗透率显著改善，为下沉市场消费者打通了信息接收的通道，使商品信息和服务更容易触达到更多的消费者。同时，硬件终端的升级、流量费用的下降、移动支付手段的渗透和传播媒介的多元，下沉市场用户大量触网，激发了这些群体追求生活方式升级的潜力与空间。下沉市场成为目前最大的增量红利，这座以往被忽略的"金矿"，开始焕发光芒。中国互联网络信息中心发布的第 43 次《中国互联网络发展状况统计报告》显示，2018 年移动互联网接入流量消费达 711 亿 GB，较上年增长 189.1%，增速较上年提高 26.9 个百分点；其中，手机上网流量达到 702亿 GB，较上年增长 198.7%，在总流量中占 98.7%。这些新增的流量，大部分来自近 300 个地级市、3000 个县城、4 万个乡镇、66 万个村庄为主的下沉市场。下沉市场成为我国人口基数最大、面积最大、潜力最大的市场。

三、电商对下沉市场竞争日趋激烈

随着数据积累、技术升级、下沉市场居民消费升级和消费习惯的转变，品牌商家、电商平台等不约而同又走在了一起，下沉市场也成为他们共同的着力点，成为他们纷纷布局，具有巨大潜力的重点市场。早在 2013 年，我国各电商平台就已在三四五线城市和乡村进行布局，并通过服务站、便利店、小店等形式进驻农村地区，着力打通农村电商"最后一公里"。如今，下沉市场被视为互联网行业"最后的流量红利"，呈现出了惊人的爆发力，也成为电商巨头们角逐的新领域。例如，京东开展"LBS 城市接力赛"活动，覆盖国内 360 多个城市，从城市覆盖数量上来说是以下沉市场为主，并特地设置了"京东拼购日"，在京东拼购小程序中推出了"厂直优品"频道。拼多多平台通过百亿补贴，释放并满足消费者的需求。这些电商平台，在下沉市场的布局和竞争，不仅获得了更多的新流量，也让更多的消费者参与并体验到网络购物的便利。电商平台聚焦下沉市场，吸引了越来越多用户参与。商务部发布的《下沉市场发展与电商平台价值研究》显示，作为在三线及以下城市最有影响力、同时也是竞争最直接的两大平台，手机淘宝和拼多多在这个市场群体的渗透率分别达到了 54.8% 和 39.5%。电商平台的多元化、立体化竞争，为用户提供了更多比较和选择，客观上改善了消费环境，提高了用户满意度和福利。

四、消费政策对电商下沉布局的引导规范

2014 年以来，商务部会同财政部等部门，持续推进电子商务进农村综合示范工作，通过中央财政资金引导带动社会资本共同参与农村电子商务工作，进一步推动农村电子商务加快发展，示范带动下沉市场发展。2018 年，《中华人民共和国电子商务法》的出台使电子商务行业发展进入有法可依新阶段；《中华人民共和国反不正当竞争法》明确规范网络经营者行为；《关于加强对电子商务领域失信问题专项治理工作的通知》《关于引导和促进"电商专供"良性发展的通知》等文件陆续发布，市场监管不断强化。2019 年 7 月 30 日，中共中央政治局召开会议，对扩大内需作出了具体政策部署，包括有

效启动农村市场，多用改革办法扩大消费；加快推进信息网络等新型基础设施建设等。这意味着包括农村、中小城市及村镇在内的下沉市场消费潜力将进一步被激发。未来，随着中国经济高质量发展与人均收入的增长，三四线城市居民的消费热情和消费能力将稳步提升，下沉市场消费潜力将逐步释放，其发展前景值得期待。

第四节　未来电商下沉市场竞争趋势

在竞争愈加激烈的下沉市场，面对愈加理性成熟的下沉市场消费者，商业生态完备的电商平台将逐步显现竞争优势。具体来说，供应链整合能力、合作伙伴资源、仓储物流能力等成为进一步满足下沉市场消费提质升级的重要竞争力。只有更好地将消费端与生产端进行无缝对接，更好地满足个性化、品牌化、品质化、体验式消费需求的电商平台，才能创造新供给，满足新需求，也才会在竞争激烈的下沉市场更有优势。未来，各电商平台，将进一步被市场"无形的手"推动，围绕品质和服务，更加精准地满足下沉市场的需求，进一步促进供给侧产业结构转型升级。

一、满足多元消费需求，全面升级消费体验

消费升级的表现形式之一就是消费需求的多元化。"80后""90后"是下沉市场的主力消费人群，与以往集中式消费不同的是，他们更注重个性化消费，更容易接受新品牌、新品类，适度消费、理性消费、绿色消费理念更加突出。下沉市场主力消费群体关注的权重正在从以往的价格因素转向质量、品质、品牌、口碑等因素。电商平台通过发布新品、正品下沉、打造爆款、出台新国货计划、跨境电商等多种形式和渠道，更好地满足下沉市场主力消费群体对优质优价商品的多元化消费需求。同时，基于用户消费习惯、内容标签、垂直属性和兴趣偏好等形成用户画像，更有针对性地围绕下沉市场主力消费需求打造新的品牌、开发新的拼配，从而激发创造新的需求，有效触达新客户。消费升级背景下，消费者除了关注产品的性价比、品牌、质量等之外，对品质、体验和新鲜感的标准越来越高。电商平台更注重提高综合服务水平，强化全渠道、多场景的消费体验，使消费者获得便利、舒适、安全等全方位的消费感受。电商平台积极深化用户在产品设计、应用场景定制、

内容提供等方面的协同参与，支持企业加快线上线下体验中心建设，运用技术手段升级消费体验，促进消费结构由商品消费向商品＋服务型消费转型。

二、嵌入社娱内容，丰富消费体验

随着流量来源的多元化、流量增量的"瓶颈"化，以及流量变现的现实需要，电商平台呈现交易型电商内容化、内容型电商交易化、交易型电商与内容型电商联合化等发展趋势。淘宝 App 首页一屏位置处单独上线了"淘宝直播"，品牌旗舰店在淘宝直播中单独上线，直播已成为品牌获取新客的渠道之一。拼多多商家接入快手主播资源做商品直播推广。京东与抖音联动，引入"网红"并设立直播基地。这既是联合挖潜下沉市场的行动，也是各取所需的商业合作，电商平台需要流量增量，而"网红"、直播平台拥有流量资源，但自身流量变现渠道有限，同时，品牌商与店铺拥有商品和货源，需要"网红效应"等多元化渠道兑现销量。这也是电商平台发力内容，并与内容型电商牵手的重要原因。

三、深化供应链改造，高效链接优质供需

如今电商平台更重要的价值在于，平台将长链条改造成了生态圈，把供应方和消费者全部组织联系在一起，在圈内产生更直接的互动，建立关系网络，不仅供应方和消费者，而且供应方之间、消费者之间以及其他第三方都可以自由互动、加入或退出，可以像滚雪球般汇聚越来越多群体，因而具有自我成长、自我完善的生命力，并且有着强烈的外部性。电商平台利用大数据精准匹配，通过强劲的供应链系统、千人千面的个性化推荐、推陈出新的内容电商形态，进行供应链整合，促进业务协同发展，进一步提升核心竞争力。同时电商平台的综合生态成为吸引消费者的核心竞争力。淘宝作为综合性电商平台，凭借其庞大的生态圈、丰富多元的内容和强劲的数字化能力保障，被称为"万能的淘宝"，有能力服务不同层次人群，满足不同类型的需求。聚划算特卖平台的出现，则帮助淘宝上的用户和商家实现更高效率的供需匹配。

四、发展多元下沉渠道，提升营销获客能力

近几年，随着电子商务市场趋紧饱和，电商巨头获客成本不断攀升。为

缓解压力，保持成长和营利的可持续性，电商平台利用获客渠道多元的优势，发挥"获客、活客、聚客"的作用，不断丰富新的营销获客工具和入口，充分释放平台潜力，深度开发用户流量，获取流量变现效果。电商平台通过不断创新营销工具和入口设计，重构和升级前台场景，提高动态化服务的能力，力争精准有效服务包括下沉市场在内的目标客户群，优化增强消费者体验，提高流量利用效率，进一步促进商家与平台的共同发展。

本 章 小 结

在商业领域，下沉指经销网络由大城市一级二级主渠道，向基层支线扩散和推进。当今互联网时代，下沉市场不再是线下实体商业形态的概念，也不再局限于地理或行政区划的区分，而是指原有商业模式不易触达或触达成本极高、得益于技术的进步和商业模式的迭代、从实现手段上可以更容易触达的市场群体。下沉市场主要包括但不限于以下几个群体：一是农民；二是三线及以下城镇居民；三是大城市的年轻人。电商平台交易情况也呈现出一二线城市消费能力更强，三线及以下城市消费增长更快、潜力更大的趋势。

不仅规模高速增长，下沉市场对消费品质的追求也令人瞩目。下沉市场人群持有相对理性的购物观念，偏好拼团、社交、返现等模式。下沉市场人群闲暇时间需求大，更加关注休闲娱乐。"小镇青年"和"富裕家庭"成为带动下沉市场消费的核心力量。下沉市场消费潜力巨大，消费升级还将提速，下沉市场消费者将更加注重商品品质和服务，下沉市场与产业结构转型升级将进一步融合。

互联网的诞生天然就带有共享、下沉和普惠的属性。通过技术和商业模式的创新，提升信息和商品的传播效率，无论是淘宝的电商，还是微信的社交，这些平台诞生伊始，就带有下沉的属性。这既缘于长尾地带互联网覆盖率的提高和移动互联网的持续下沉，也缘于三四五线城市的消费升级和政府政策的积极引导，更缘于电商平台迎合并满足了下沉市场需求。下沉市场为电商扩容提供流量，在互联网行业整体发展放缓的大背景下，向下渗透和市场下沉成为互联网企业扩大用户增量，寻求新市场机会的重要选择方向。电商普及激发下沉市场潜力释放。而随着互联网覆盖率的提高和移动互联网的持续下沉，三四五线城市与乡村的网络设备渗透率显著改善，为下沉市场消费者打通了信息接收的通道，使商品信息和服务更容易触达更多的消费者。

同时，硬件终端的升级、流量费用的下降、移动支付手段的渗透和传播媒介的多元，下沉市场用户大量触网，激发了这些群体追求生活方式升级的潜力与空间。随着数据积累、技术升级、下沉市场居民消费升级和消费习惯的转变，品牌商家、电商平台等不约而同又走在了一起，下沉市场也成为他们共同的着力点，成为他们纷纷布局巨大潜力的重点市场。

在竞争愈加激烈的下沉市场，面对愈加理性成熟的下沉市场消费者，商业生态完备的电商平台将逐步显现竞争优势。具体来说，供应链整合能力、合作伙伴资源、仓储物流能力等更成为进一步满足下沉市场消费提质升级的重要竞争力。只有更好地将消费端与生产端进行无缝对接，更好地满足个性化、品牌化、品质化、体验式消费需求的电商平台，才能创造新供给，满足新需求，也才会在竞争激烈的下沉市场更有优势。

第十一章

迎合后疫情时代消费新趋势，把握零售业创新转型新要求

2020 年，面对突如其来的新型冠状病毒肺炎疫情（以下简称"新冠肺炎疫情"），全国人民团结一致、众志成城，取得抗击疫情斗争决定性胜利。在复杂严峻的国际形势下，消费成为稳定国民经济的"压舱石"，新业态、新模式应运而生，消费者行为和习惯也随之发生改变，消费市场呈现出新的特点和亮点。同时，从中央到地方，一系列支持企业复工复产、促进居民消费、落实扩大内需战略的政策举措陆续出台，提振了消费信心，活跃了消费市场，丰富了消费供给。展望未来，消费市场将伴随宏观经济持续稳定回升而逐步回暖，由技术创新应用所引发及支撑形成的新消费将在畅通国内大循环、促进形成国内国际双循环新格局中发挥重要作用。

第一节　疫情过后消费地位上升到战略和安全的高度

中国是具有超大规模市场的经济大国，中国经济发展从以往过于依赖投资和出口拉动向更多依靠国内需求特别是消费需求拉动转变是大势所趋，2020 年突如其来的新冠肺炎疫情无疑加快了这一转变进程的速度。超大规模市场释放的巨大消费潜力，为中国经济高质量发展提供了有力支撑，疫情过后消费地位已上升到战略和安全的高度。

一、消费已成为中国经济增长主引擎

根据统计局发布的经济数据，比较"十二五"和"十三五"时期三大需

求对国内生产总值增长的贡献率和拉动情况，自 2011 年起最终消费支出对国内生产总值增长的贡献率就已稳定超过资本形成总额。2015 年最终消费支出贡献率达到最高的 69%，拉动国内生产总值增长 4.9 个百分点。整个"十二五"和"十三五"期间，最终消费对国内生产总值的增长贡献平均水平在 60% 以上，由此可以得出结论，消费已成为中国经济增长主引擎。我国超大规模市场释放的巨大消费潜力，为中国经济高质量发展提供了有力支撑。我国进入消费需求持续增长、消费结构加快升级、消费拉动经济作用明显增强的重要阶段，消费成为我国经济稳定运行的"压舱石"。中国经济发展正在从以往过于依赖投资和出口拉动向更多依靠国内需求特别是消费需求拉动转变。

二、国际环境复杂严峻需倚重国内消费

新冠肺炎疫情全球大流行之后，百年未有之大变局正在加速变化，各国供应链稳定和产业安全面临冲击。世界多国对本土自主生产能力不足和对我国过度依赖等问题进行反思，经济全球化遭遇回头浪，国际单边主义、民粹主义、贸易保护主义势力不断抬头。全球产业链、供应链格局正在向区域化、本土化、多元化调整，部分产能转出我国已不可避免。全球经济复苏面临着人口增速放缓、老龄化加速、环境问题与粮食危机加剧、大流行病、地缘政治风险上升等诸多挑战，未来大概率陷入长期衰退。全球货物和服务贸易增长表现疲软，我国外部需求面临萎缩风险。面临日益严峻复杂的全球经济贸易形势，牢牢抓住扩大国内需求这一战略基点，推动经济双循环建设，是提升我国经济韧性、增强抵御外部风险能力的重要途径。2020 年 4 月 10 日，在中央财经委员会第七次会议上，习近平总书记在讲话中强调，大国经济的优势就是内部可循环。我国有 14 亿人口，人均国内生产总值已经突破 1 万美元，是全球最大最有潜力的消费市场。居民消费优化升级，同现代科技和生产方式相结合，蕴含着巨大增长空间。我们要牢牢把握扩大内需这一战略基点，使生产、分配、流通、消费各环节更多依托国内市场实现良性循环，明确供给侧结构性改革的战略方向，促进总供给和总需求在更高水平上实现动态平衡。

三、扩大内需战略同深化供给侧结构性改革有机结合进一步深化

当前我国经济政策的主线从原有的单纯扩大内需向以供给侧结构性改

革为主线进行调整。单独强调某一方面，都会招致偏狭所导致的严重后果。要坚持扩大内需这个战略基点，充分挖掘国内市场潜力，紧紧围绕改善民生拓展需求，促进消费与投资有效结合，实现供需更高水平动态平衡。未来一段时间我国经济发展要立足新发展阶段，贯彻新发展理念，构建新发展格局，以推动高质量发展为主题，仍然坚持以深化供给侧结构性改革为主线。这个过程中要把实施扩大内需战略同深化供给侧结构性改革有机结合起来，以创新驱动、高质量供给引领和创造新需求。破除制约要素合理流动的堵点，贯通生产、分配、流通、消费各环节，形成国民经济良性循环。立足国内大循环，协同推进强大国内市场和贸易强国建设，依托国内经济循环体系形成对全球要素资源的强大引力场，促进国内国际双循环。建立扩大内需的有效制度，全面促进消费，拓展投资空间，加快培育完整内需体系。

第二节　后疫情时代消费新趋势

新冠肺炎疫情的暴发对全球经济的影响是深远的，本节从消费的视角出发，归纳总结了新冠肺炎疫情对我国消费市场和消费环境的影响，让我们看到疫情既是消费的抑制器，同时也是创新的催化剂和趋势的放大器。

一、居民消费意识加速回归相对理性

改革开放以来，中国的近代消费史主要分为三个阶段。第一阶段：1978～1990 年，改革开放带来经济模式的根本巨变，使人民群众朴素实用的消费观开始逐渐转向追求时尚与审美的消费观。第二阶段：1990～2010 年，在此阶段中，消费主体性趋强：居民在积累了足够财富后，开始注重自我消费所带来的安全感和幸福感；消费人本性趋强：对财富作用的理解发生转变，由感觉至上主义引起的奢侈消费日益风靡。第三阶段：2010 年至今，以党的十八大为起点，此阶段国内群众消费更为理性。国家大力提倡发展绿色及共享消费，节约生产成本，减少资源消耗。我国的近代消费从第二阶段开始受到西方国家影响，以奢侈消费为代表，与美国消费史的第二阶段"雅皮士"文化相对应。目前，我国也已经进入理性消费阶段，与美国的第三阶段对应，但整体消费水平与美国仍有差距。新冠肺炎疫情影响下，我国部分企业面临订单下降、限制开工、固定成本过高、供应链中断等经营挑战，企业经营业绩不佳直接影响居民收入。英敏特调查公司数据显示，疫情影响下我国半数消费者财务状况变差，这对年轻消费者、低收入者、私营企业员工和个体户等群体更为明显。短期来看，收入预期下降直接导致居民消费观念调整，消费倾向和消费意愿降低，理性消费意识凸显。中国新闻网的调查结果显示，仅11.6%的参与者表示疫情结束后会进行报复性消费，近半数参与者提出要报复性存钱而非报复性消费。

二、新生代成为消费主力军

2020年，伴随"90后"开始成为社会中坚力量、具有稳定的收入，"00后"逐步走向职场，新生代消费群体购买力日益增强，开始成长为消费市场主力。"90后"和"00后""新生代"成为消费中坚力量。当前我国"90后"和"00后"人口规模达3.4亿人，在总人口中占比接近1/4，已成为消费市场的中坚力量。从细分消费市场来看，相关数据显示，"90后"在旅游消费群体中占比接近50%；中国餐饮消费者中"90后"及"95后"占比51.4%，远超该群体在总人口的占比。值得一提的是，"90后"和"00后"热爱线上消费，并在移动互联网空间中占据着极大的网络话语权与流量高地。"95后""00后"网络用户数量超过3.69亿，在全体网民中占比超过3成，且目前仍保持高速增长态势，新增用户中"95后"占比近一半。"90后"和"00后""新生代"群体消费理念鲜明，对本土品牌的接受程度较高，对产品需求呈现出个性化、多元化等特点，愿意为产品设计、特色支付溢价。其消费习惯更易与拼多多、天猫、美团等基于新技术的新商业模式相适应，为我国消费发展带来前所未有的新机遇。北京师范大学新闻传播学院发布的《2020新青年新国货消费趋势报告》数据显示，在目前三大电商平台中，拼多多年轻人所占比例最高，其中"95后"用户占比达到32%，比阿里（淘宝＋天猫）高3个百分点。

三、线上消费场景增多，消费习惯黏性增强

2020年以来，新冠肺炎疫情对消费领域造成较大冲击，居民非必需品、聚集性、流动性、接触式消费受到严重抑制，成为经济恢复的薄弱环节。各

种新业态、新模式引领新型消费加快扩容，线上消费在保障居民日常生活需要、推动经济企稳回升等方面发挥了重要作用，部分线下消费转移至线上，线上消费黏性增加。线上消费对象范围不断拓展，网购对象从标准化程度较高和易于快递配送的商品向生鲜、医药等非标准化和低频商品延伸。数字文化娱乐服务受到追捧，视频、游戏等用户迅速增加，线上教育、线上办公迅速兴起，网络授课、视频会议等成为居家生活新常态。同时，疫情影响下互联网在中老年人群中迅速普及，中老年人群的线上消费使用频率与深度均明显提升。根据商务部发布的数据显示，2020 年前三季度，我国实物商品网上零售额同比增长 15.3%，高出社会消费品零售总额 22.5 个百分点，实物商品网上零售额占社会消费品零售总额的比重达到 24.3%。当前我国居民的线上消费习惯已普遍养成，线上购物成为居民日常生活的重要组成部分，线上渠道消费规模增长和消费黏性持续增强。

四、农产品电商迎来发展黄金期

农村电子商务发展迅速，根据商务部发布的数据显示，2020 年前三季度全国农村网络零售额达 1.2 万亿元，同比增长 7.8%；全国农产品网络零售额 2884.1 亿元，同比增长 4.3%。拼多多、京东、淘宝等电商平台持续深耕农村市场，农村电子商务发展成为高效链接农产品供需两端、助力农产品上行的重要流通渠道，农产品网购成为新风口，开始引领消费风潮。新冠肺炎疫情期间，直播电商也为畅通农产品上行、高效扶贫助农发挥了重要作用。传统电商平台助力农产品网购。2020 年，为解决疫情带来的大量农产品囤积滞销问题，京东、淘宝等传统电商平台大力布局农村市场，推动农村基础设施及服务体系建设不断完善，为消费者农产品网购提供流通渠道支持。2020年 2 月，京东宣布开通"全国生鲜产品绿色通道"，通过开放并向生鲜农产品领域倾斜供应链、物流、运营、推广等核心资源，解决滞销生鲜农产品上行问题，"绿色通道"提供的支持和扶助达 25 项。新电商重塑"互联网＋农业＋消费"产业链。新兴电商平台依托技术、商业模式创新，重塑农业产业链，推动农产品网购实现跨越式发展。例如，拼多多打造农产品标准化、规模化生产体系，构建农产品智能化物流体系，完善以电商为核心的农产品网络销售体系，从农产品的生产、流通与消费多个环节入手，重塑农业产业链，畅通农产品上行渠道。

第三节　疫情发生后消费政策导向

本节详细梳理了自新冠肺炎疫情暴发以来，党中央相继召开的重要会议精神，以及国家发展和改革委员会、商务部等部门发布的关于扩大内需、促进消费，推动经济供需循环畅通的一系列政策文件。

一、借助国内大循环的引力场，促进双循环新格局的建成

2020年5月14日，习近平总书记在中央政治局常务委员会会议上首次指出，要构建国内国际双循环相互促进的新发展格局。在双循环新发展格局理论指导下，我国将立足国内循环，深挖内需潜力，以促进形成强大国内市场为导向，增强消费对经济增长的基础性作用，发挥投资对经济增长的关键作用，着力打通生产、分配、流通、消费各个环节，畅通国内大循环。十九届五中全会提出坚持扩大内需这个战略基点，加快培育完整内需体系，以创新驱动、高质量供给引领和创造新需求。2021年3月5日，李克强总理在第十三届全国人民代表大会第四次会议上所做的《政府工作报告》中指出，把实施扩大内需战略同深化供给侧结构性改革有机结合起来，以创新驱动、高质量供给引领和创造新需求。破除制约要素合理流动的堵点，贯通生产、分配、流通、消费各环节，形成国民经济良性循环。立足国内大循环，协同推进强大国内市场和贸易强国建设，依托国内经济循环体系形成对全球要素资源的强大引力场，促进国内国际双循环。建立扩大内需的有效制度，全面促进消费，拓展投资空间，加快培育完整内需体系。当前我国"扩内需"重点将从投资领域转向消费领域，立足超大规模市场优势，围绕消费这一最终需求，统筹推进消费、投资、贸易等政策举措。在坚持扩大内需、以国内大循环为主体的新发展格局下，消费特别是居民消费仍将成为我国经济增长的主要驱动力。

随着新冠肺炎疫情全球大流行更加严重，世界经济深度衰退，国际贸易和投资大幅收缩，国际金融市场动荡，国际政治经济形势日趋严峻复杂，经济全球化遭遇回头浪，外需面临缩减挑战。未来，我国对欧美出口下降的可能性较大，对东盟、非洲出口上升空间有限，总体上外需将呈现长期缩减趋势。2020年6月，国务院办公厅印发《关于支持出口产品转内销的实施意

见》，明确提出支持出口产品开拓国内市场。在支持出口产品转内销方面，电商平台有着巨大的流量与模式优势，既可以承担消费端的服务、推广、引流、销售等体系化能力，也能通过直播、社交、游戏化等营销创新手段助力企业发展。国家政策支持下，各电商平台在外贸企业出口转内销过程中"大有可为"，电商平台利用好自身渠道优势，成为出口产品打开国内市场的重要渠道。

二、发挥新消费引领作用，加快培育供给新动力

以传统消费提质升级、新兴消费蓬勃兴起为主要内容的新消费，以及其催生的相关产业发展、科技创新、基础设施建设和公共服务等领域的新投资、新供给，蕴藏着巨大发展潜力和空间。只有围绕消费市场的变化趋势进行投资、创新和生产，才能最大限度地提高投资和创新有效性、优化产业结构、提升产业竞争力和附加值，实现更有质量和效率的增长。近年来，我国以网络购物、移动支付、线上线下融合等新业态、新模式为特征的新型消费迅速发展，特别是 2020 年新冠肺炎疫情发生以来，传统接触式线下消费受到影响，新型消费发挥了重要作用，有效保障了居民日常生活需要，推动了国内消费恢复，促进了经济企稳回升。但也要看到，新型消费领域发展还存在基础设施不足、服务能力偏弱、监管规范滞后等突出短板和问题。为顺应居民消费升级趋势，加快完善促进消费体制机制，进一步改善消费环境，发挥消费基础性作用，2020 年 3 月国家发展改革委等 23 部门联合印发了《关于促进消费扩容提质加快形成强大国内市场的实施意见》。"十四五"期间要加大力度培育和引导服务消费、信息消费、绿色消费、时尚消费、品质消费、夜间消费、假日消费等重点领域发展。紧紧围绕消费升级需求，着力提高供给体系质量和效率，鼓励市场主体提高产品质量、扩大新产品和服务供给，营造大众创业、万众创新的良好环境，适当扩大先进技术装备和日用消费品进口，多渠道增加有效供给。引导企业更加积极主动适应市场需求变化，支持企业通过提高产品质量、维护良好信誉、打造知名品牌，培育提升核心竞争力。支持企业应用新技术、新工艺、新材料，加快产品升级换代、延长产业链条。支持企业运用新平台、新模式，提高消费便利性和市场占有率。鼓励企业提升市场分析研判、产品研发设计、市场营销拓展、参与全球竞争等能力。优化产业组织结构，培育一批核心竞争力强的企业集团和专业化中小企业。

（一）大力优化国内市场供给

一方面，全面提升国产商品和服务竞争力。积极推进质量提升行动，引

导企业加强全面质量管理。深入开展国家质量基础设施协同服务及应用，推进"一站式"服务试点。尽快完善服务业标准体系，推动养老、家政、托育、文化和旅游、体育、健康等领域服务标准制修订与试点示范。在消费品领域积极推行高端品质认证，全面实施内外销产品"同线同标同质"工程。开展质量分级试点，倡导优质优价，促进品牌消费、品质消费。推进文化创意和设计服务与制造业融合发展，支持企业建立工业设计中心、创意设计园等平台，培养引进创意设计人才，提高产品文化内涵。鼓励外贸加工制造企业充分利用自身产能，创新商业模式，通过自营、合作等方式增加面向国内市场的优质商品供给。规范检验检测行业资质许可，另一方面，加强自主品牌建设。深入实施增品种、提品质、创品牌的"三品"战略。保护和发展中华老字号品牌，建立动态管理机制，认定和培育一批文化特色浓、品牌信誉高、有市场竞争力的中华老字号品牌。加强中国农业品牌目录制度建设，制定完善相关评价标准和制度规范，塑造一批具有国际竞争力的中国农业品牌。持续办好中国品牌日活动，通过举办中国品牌发展国际论坛、中国自主品牌博览会以及自主品牌消费品体验活动等，塑造中国品牌形象，提高自主品牌知名度和影响力，扩大自主品牌消费。

（二）重点推进文旅休闲消费提质升级

1. 丰富特色文化旅游产品

构建文旅多产业多领域融合互通的休闲消费体系，建设文化产业和旅游产业融合发展示范区。推动非物质文化遗产保护传承，打造具有中国文化特色的旅游购物场所。推动重点城市加快文化休闲街区、艺术街区、特色书店、剧场群、文化娱乐场所群等建设，发展集合多种业态的消费集聚区。规范演出票务市场，加强对演出赠票和工作票管理，强化票务信息监管。培育新型文化和旅游业态，鼓励博物馆游、科技旅游、民俗游等文化体验游，开发一批适应境内外游客需求的旅游线路、旅游目的地、旅游演艺及具有地域和民族特色的创意旅游商品。促进全域旅游发展，提升国家级旅游度假区品质和品牌影响力。鼓励各地区因地制宜发展入境海岛游、近海旅游、乡村旅游、冰雪游、历史古都文化游等特色旅游。加快中国邮轮旅游发展示范区和实验区建设。

2. 改善入境旅游与购物环境

鼓励各地区、各行业运用手机 App 等方式，整合旅游产品信息，畅通消费投诉渠道，改善旅游和购物体验。提升"智慧景区"服务水平，利用互联网、大数据、云计算、人工智能等新技术做好客流疏导和景区服务。加大入境游专业人才培养力度。提升景区景点、餐饮住宿、购物娱乐、机场车站等场所多语种服务水平。在充分考虑国家安全和人员往来需要的前提下，积极研究出台便利外籍人员入出境、停居留的政策措施。鼓励境内支付服务机构在依法合规前提下与境外发卡机构合作，为境外游客提供移动支付业务。鼓励境外游客集中区域内的商店申请成为离境退税商店，优化购物离境退税服务。培育建设一批基础条件好、消费潜力大、国际化水平高的国际消费中心城市、国家文化和旅游消费示范城市，实施出入境便利、支付便利、离境退税、免税等政策，形成一批吸引境外游客的旅游消费目的地。

3. 创新文化旅游宣传推广模式

编制前瞻性入境旅游营销战略规划，更好发挥各地区旅游推广联盟、行业协会和新媒体作用，持续推广塑造"美丽中国"形象。鼓励成立专业化的文化旅游形象营销机构，探索建立政府搭台、企业主导、线上线下融合、游客参与互动的全方位推广宣传模式。充分利用境外旅行社渠道，创新商业合作模式，促进境外旅行社宣传介绍中国旅游品牌、销售中国旅游产品。

（三）加快构建"智能+"消费生态体系

1. 鼓励使用绿色智能产品

健全绿色产品、服务标准体系和绿色标识认证体系。以绿色产品供给、绿色公交设施建设、节能环保建筑以及相关技术创新等为重点推进绿色消费，创建绿色商场。落实好现行中央财政新能源汽车推广应用补贴政策和基础设施建设奖补政策，推动各地区按规定将地方资金支持范围从购置环节向运营环节转变，重点支持用于城市公交。大力推进"智慧广电"建设，推动居民家庭文化消费升级。加快发展超高清视频、虚拟现实、可穿戴设备等新型信息产品。鼓励企业利用物联网、大数据、云计算、人工智能等技术推动各类电子产品智能化升级。加快完善机动车、家电、消费电子产品等领域回收网络。各地区结合实际制定奖励与强制相结合的消费更新换代政策，鼓励企业开展以旧换新，合理引导消费预期。促进机动车报废更新，加快出台报废机动车回收管理办法实施细则，严格执行报废机动车回收拆解企业技术规范，完善农机报废更新实施指导意见。促进汽车限购向引导使用政策转变，鼓励汽车限购地区适当增加汽车号牌限额。

2. 大力发展"互联网+社会服务"消费模式

促进教育、医疗健康、养老、托育、家政、文化和旅游、体育等服务消费线上线下融合发展，拓展服务内容，扩大服务覆盖面。探索建立在线教育课程认证、家庭医生电子化签约等制度，支持发展社区居家"虚拟养老院"。

鼓励以高水平社会服务机构为核心，建立面向基层地区、欠发达地区、边远地区的远程在线服务体系。

3. 鼓励线上线下融合等新消费模式发展

完善"互联网＋"消费生态体系，鼓励建设"智慧商店""智慧街区""智慧商圈"，促进线上线下互动、商旅文体协同。鼓励有条件的城市和企业建设一批线上线下融合的新消费体验馆，促进消费新业态、新模式、新场景的普及应用。

三、补足下沉市场短板，形成强大国内市场

当前我国东南沿海和一线城市商业条件成熟，市场趋于饱和，未来要通过协调地区消费资源平衡，有序地将资源向乡村和三、四、五线城市转移，补足下沉市场短板。

（一）结合区域发展布局打造消费中心

持续推动都市圈建设，不断提升都市圈内公共服务共建共享和基础设施互联互通水平，加快推进成熟商圈上档升级，形成若干区域消费中心。优化百货商场、购物中心规划布局，引导行业适度集中，避免无序竞争。支持商业转型升级，推动零售业转变和创新经营模式，着力压减物流等中间环节和经营成本，通过精准营销、协同管理提高规模效益，改善消费体验。推动商业步行街改造提升，进一步扩大示范试点范围，充分体现地方特色，完善消费业态，打造形成一站式综合性消费平台。

（二）优化城乡商业网点布局

鼓励引导有实力、有意愿的大型商业零售企业在中小城市开展连锁网点建设，促进适应当地市场需求的品牌商品销售。深入推进城乡高效配送专项行动。丰富适合农村消费者的商品供给，完善供应渠道，充分发挥邮政系统、供销合作社系统现有农村网点布局优势，实施"邮政在乡"、升级"快递下乡"。开展农村食品经营店规范化建设试点。加强农产品供应链体系建设，扩大电商进农村覆盖面，促进工业品下乡和农产品进城双向流通。深入开展消费扶贫，构建互联网企业与贫困地区合作交流平台，助推农村地区特别是深度贫困地区特色优势农产品销售。

（三）增加社区生活服务消费

促进社区生活服务业发展，大力发展便利店、社区菜店等社区商业，拓宽物业服务，加快社区便民商圈建设。落实好新建社区商业和综合服务设施

面积占社区总建筑面积比例不低于10%的政策。补齐社区市政基础设施和公共服务设施短板，建设完整居住社区。结合城市居住社区建设补短板、城镇老旧小区改造、已建社区房屋建筑和设施整治利用，因地制宜对社区早餐店、家政服务网点、理发店以及提供养老、托育服务的生活服务经营场所给予用地、办证、内部改造等方面支持。

（四）巩固脱贫攻坚成果，释放农村消费潜力

2020年是全面建成小康社会和打赢脱贫攻坚战的收官之年，突然而至的新冠肺炎疫情，对我国经济社会发展目标任务的实现构成了极大的不确定性影响。新冠肺炎疫情对于广大农村和贫困地区带来的冲击和影响更为巨大。广大农民收入的增加直接关系到全面建成小康社会、实现脱贫攻坚、消除绝对贫困的目标任务的实现。受新冠肺炎疫情影响，贫困地区特别是偏远地区经济普遍遭遇"买难卖难"等诸多挑战，在新冠肺炎疫情对广大农民就业和农村产业带来巨大影响的背景下，农村电商推动实现精准扶贫、消费扶贫的积极作用更加凸显，得到社会关注和肯定。2020年4月20日，习近平总书记在陕西省柞水县小岭镇金米村考察脱贫攻坚工作时提到，电商作为新兴业态，既可以推销农副产品、帮助群众脱贫致富，又可以推动乡村振兴，是大有可为的。电商扶贫作为脱贫攻坚大计的重要抓手，对脱贫攻坚具有积极作用，国家将继续鼓励扶持农村电子商务发展，发挥好电商在推动农产品上行和工业品下行方面的显著作用，助力脱贫攻坚和全面推进乡村振兴。

2020年10月，商务部等12部门印发《关于提振大宗消费重点消费促进释放农村消费潜力若干措施的通知》，指出了要进一步促进农村汽车消费、家电家具消费、餐饮消费等大宗消费发展。积极补齐农村消费短板弱项，其一，完善农村流通体系。以扩大县域乡镇消费为抓手带动农村消费。加强县域乡镇商贸设施和到村物流站点建设。打造县域电商产业集聚区，拓宽农产品进城渠道。引导农村商贸企业与电商深度融合，优化工业品下乡网络。发展县乡村共同配送，推动降低物流成本。鼓励大型商贸企业在乡镇布点，推动农商旅文消费集聚。强化农村电商主体培育，引导返乡入乡人员创业创新和农民就地创业创新。推动农产品供应链转型升级，完善农产品流通骨干网络。其二，加快发展乡镇生活服务。支持建设立足乡村、贴近农民的生活消费服务综合体，提供购物、餐饮、休闲娱乐、农产品收购、农产品加工、商品配送、废旧物资回收等多种服务，把乡镇建成服务农民的区域中心。其三，优化农村消费环境。建立健全跨部门协同监管机制，下沉执法监管力量，依

法打击假冒伪劣、虚假宣传、价格欺诈等违法行为，规范农村市场秩序。依托乡镇人民政府健全基层消费维权网络体系，引导设立消费维权服务站，及时调解处理消费纠纷。

四、加快业态模式创新，推进消费提质扩容

近年来，我国流通与消费发展出现了一些积极变化，传统流通渠道和流通方式加快转型升级，新业态新模式不断涌现。特别是疫情期间，大量新业态、新模式快速涌现，在助力疫情防控、保障人民生活、对冲行业压力、带动经济复苏、支撑稳定就业等方面发挥了不可替代的作用。2020 年 7 月，国家发展改革委印发《关于支持新业态新模式健康发展激活消费市场带动扩大就业的意见》，2020 年 9 月，国务院办公厅印发《关于以新业态新模式引领新型消费加快发展的意见》，两份文件指出要以抗击新冠肺炎疫情期间涌现的线上服务新模式发展为契机，把支持线上线下融合的新业态、新模式作为经济转型和促进改革创新的重要突破口，打破传统惯性思维。从问题出发深化改革、加强制度供给，更有效发挥数字化创新对实体经济提质增效的带动作用，推动"互联网＋"和大数据、平台经济等迈向新阶段。

（一）进一步培育壮大各类消费新业态、新模式

设立健全"互联网＋服务"、电子商务公共服务平台，加快社会服务在线对接、线上线下深度融合。有序发展在线教育，推广大规模在线开放课程等网络学习模式，推动各类数字教育资源共建共享。积极发展互联网健康医疗服务，大力推进分时段预约诊疗、互联网诊疗、电子处方流转、药品网络销售等服务。深入发展在线文娱，鼓励传统线下文化娱乐业态线上化，支持互联网企业打造数字精品内容创作和新兴数字资源传播平台。鼓励发展智慧旅游，提升旅游消费智能化、便利化水平。大力发展智能体育，培育在线健身等体育消费新业态。进一步支持依托互联网的外卖配送、网约车、即时递送、住宿共享等新业态发展。加快智慧广电生态体系建设，培育打造5G 条件下更高技术格式、更新应用场景、更美视听体验的高新视频新业态，形成多元化的商业模式。创新无接触式消费模式，探索发展智慧超市、智慧商店、智慧餐厅等新零售业态。推广电子合同、电子文件等无纸化在线应用。

（二）推动线上线下融合消费双向提速

支持互联网平台企业向线下延伸拓展，加快传统线下业态数字化改造和

转型升级，发展个性化定制、柔性化生产，推动线上线下消费高效融合、大中小企业协同联动、上下游全链条一体发展。引导实体企业更多开发数字化产品和服务，鼓励实体商业通过直播电子商务、社交营销开启"云逛街"等新模式。加快推广农产品"生鲜电子商务＋冷链宅配""中央厨房＋食材冷链配送"等服务新模式。组织开展形式多样的网络促销活动，促进品牌消费、品质消费。

（三）鼓励企业依托新型消费拓展国际市场

推动电子商务、数字服务等企业"走出去"，加快建设国际寄递物流服务体系，统筹推进国际物流供应链建设，开拓国际市场特别是"一带一路"沿线业务，培育一批具有全球资源配置能力的国际一流平台企业和物流供应链企业。充分依托新型消费带动传统商品市场拓展对外贸易、促进区域产业集聚。持续提高通关便利化水平，优化申报流程。探索新型消费贸易流通项下逐步推广人民币结算。鼓励企业以多种形式实现境外本土化经营，降低物流成本，构建营销渠道。

五、全面优化消费环境，布局新型消费基建

营造公平有序的消费环境，最大限度激发市场活力。严厉打击线上线下销售侵权假冒商品、发布虚假广告等违法行为，针对食品、药品、汽车配件、小家电等消费品，加大农村和城乡接合部市场治理力度。针对消费环境中存在的价格欺诈、虚假宣传、维权困难、地区封锁等突出问题，开展集中整治。优化农村消费环境，完善农村消费基础设施，充分释放农村消费潜力。统筹规划城乡基础设施网络，持续畅通城乡双向联动销售渠道。支持各类社会资本参与涉农电商平台建设，促进线下产业发展平台和线上电商交易平台结合。补齐消费领域基础设施短板，特别是加快新一代信息基础设施建设。进一步加大5G网络、数据中心、工业互联网、物联网等新型基础设施建设力度，优先覆盖核心商圈、重点产业园区、重要交通枢纽、主要应用场景等。打造低时延、高可靠、广覆盖的新一代通信网络。适应消费结构、消费模式和消费形态变化，系统构建和完善基础设施体系。加快新一代信息基础设施网络建设，加快网络提速降费。加快旅游咨询中心和集散中心、自驾车房车营地、旅游厕所、停车场等旅游基础设施建设，大力发展智能交通，推动从机场、车站、客运码头到主要景区交通零距离换乘和无缝化衔接，开辟跨区域旅游新路线和大通道。

六、优化政策支撑体系，完善消费体制机制

新冠肺炎疫情对经济社会发展产生了巨大冲击，同时也为改造提升传统产业、推动新旧动能加快转换提供了新机遇。2020 年 3 月，商务部先后印发《关于支持商贸流通企业复工营业的通知》《关于统筹推进商务系统消费促进重点工作的指导意见》《关于应对新冠肺炎疫情支持商贸流通发展促进居民消费的通知》。着眼于发挥制度优势、弥补市场失灵、引导市场行为，系统调整财税、金融、投资、土地、人才和环境政策，加强政策协调配合，形成有利于消费扩大和产业升级协同发展的政策体系。进一步放宽服务消费领域市场准入，推进新型消费标准化建设，支持和鼓励平台企业、行业组织、研究机构等研究制定支撑新型消费的服务标准，健全市场监测、用户权益保护、重要产品追溯等机制，提升行业发展质量和水平。加大金融支持力度。鼓励金融机构创新消费信贷产品和服务，推动专业化消费金融组织发展。鼓励金融机构对居民购买新能源汽车、绿色智能家电、智能家居、节水器具等绿色智能产品提供信贷支持，加大对新消费领域金融支持力度。建立健全消费领域信用体系，健全守信激励和失信惩戒机制。加快建立守信"红名单"和失信"黑名单"及管理办法，实施守信联合激励和失信联合惩戒措施。推进消费者维权机制改革，加强重要产品质量追溯体系建设。搭建品牌商品营销平台，引导自主品牌提升市场影响力和认知度。保护和发展中华老字号品牌，设立非物质文化遗产保护相关资金。加强消费领域统计监测。研究制定服务消费和消费新业态新模式的统计分类，加强消费领域大数据应用。依托国家数据共享交换平台体系资源，加快推动各部门、各地区消费领域大数据应用并实现互联互通。

第四节 零售业创新转型新要求

除正在不断深化的消费趋势外，本节重点梳理新冠肺炎疫情暴发之后零售业相机而动的创新转型要求。

一、新消费引领国内大循环

在新一轮技术革命和产业变革推动下，随着互联网、云计算、人工智能

等新技术的深度应用和居民生活水平的提升，以新的消费内容、新的消费方式和模式、新的消费结构和新的消费制度为内涵的新消费不断创新发展。相较于传统以产品为主的消费模式，新消费更加以消费者为中心，注重掌握、了解和预测用户的需求，继而系统性创造产品、场景来满足不同消费群体的真实需求和潜在需求。在国家政策推动以及数字经济发展趋势之下，未来我国线上消费、无人零售、智慧消费、共享消费、信息消费、体验式消费等新业态、新模式将快速发展，大型商业综合体、商业超市将加快数字化转型，现代城市商圈将加速智能化改造提升，服务超越商品成为主要消费内容，聚焦新消费模式的新电商企业与传统制造企业深度合作促进消费产业双升级，新消费将成为引领国内大循环、促进形成国内国际双循环相互促进新格局的重要力量。

二、高性价比消费占比上升

消费者消费理念回归理性，更加倾向于有计划地减少超前消费、冲动性消费和奢侈消费，继续增加家庭储蓄，追求在预算范围内最大化地满足消费需求。简约适度、实用性强、性价比高的产品和服务将更加受消费者青睐。在高性价比消费趋势下，供给创新也不断满足消费者多样化需求。未来我国注重实用的理性消费者群体规模将进一步扩大，高性价比消费将持续成为热门。

三、国货消费引领市场风潮

随着我国制造业在国际分工格局中地位的提升和文化自信的增强，中国制造的技术、产品和服务已日趋成熟，部分国货品牌受到消费者热捧。同时新冠肺炎疫情全球大流行对商品进出口产生不利影响，在以国内大循环为主、国内国际双循环相互促进的新发展格局之下，我国企业将继续加快出口转内销步伐，国货消费将更加受到消费者重视，国产品牌地位将进一步提升，成为消费时尚。在此趋势下，我国生产企业借助电商平台等渠道，加快自主品牌建设，优化国产品牌商品供给，满足国内消费者需求，以拼多多为代表的新电商平台成为促进国货品牌消费增长的引擎之一。未来国潮品牌、国产商品将大量在市场上涌现，更受国内消费者认可。

195

四、社交互动消费需求凸显

随着人工智能等现代技术的发展，消费多样化、个性化、小众化发展趋势显著，同时消费者之间的信息交流显著增强，社交互动消费需求逐渐凸显。直播带货、社交拼团模式在我国率先发展，为促进社交互动消费贡献活力。直播电商模式具有直观、参与感强、互动性强等特点，通过直播主持人的详细解说介绍，统一解答、满足具有同一需求的消费群体诉求，使得品牌商与消费者以及消费者之间的社交互动更加顺畅，消费者购物体验得到极大提升。社交拼团模式通过减价让利等方式，鼓励用户主动在微信群、朋友圈等渠道进行分享，为商品品牌进行推广宣传，自发邀请亲友拼团，商家的广告成本得到节约，用户的需求得以更加精准地满足。

本章小结

2020年，面对突如其来的新冠肺炎疫情，全国人民团结一致、众志成城，取得抗击疫情斗争决定性胜利。在复杂严峻的国际形势下，消费成为稳定国民经济的"压舱石"，新业态、新模式应运而生，消费者行为和习惯也随之发生改变，消费市场呈现出新的特点和亮点。同时，从中央到地方，一系列支持企业复工复产、促进居民消费、落实扩大内需战略的政策举措陆续出台，提振了消费信心，活跃了消费市场，丰富了消费供给。展望未来，消费市场将伴随宏观经济持续稳定回升而逐步回暖，由技术创新应用所引发及支撑形成的新消费将在畅通国内大循环、促进形成国内国际双循环新格局中发挥重要作用。

新冠肺炎疫情的暴发对全球经济的影响是深远的，本章从消费的视角出发，归纳总结了疫情对我国消费市场和消费环境的影响，这让我们看到疫情既是消费的抑制器，同时也是创新的催化剂和趋势的放大器。居民消费意识加速回归相对理性，新生代成为消费主力军，线上消费场景增多，消费习惯黏性增强，农产品电商迎来发展黄金期。

除正在不断深化的消费趋势外，本章还重点梳理新冠肺炎疫情暴发之后零售业相机而动的创新转型要求。新消费将成为引领国内大循环、促进形成国内国际双循环相互促进新格局的重要力量。消费者消费理念回归理性，更加倾向于有计划地减少超前消费、冲动性消费和奢侈消费，继续增加家庭储蓄，追求在预算范围内最大化地满足消费需求。随着我国制造业在国际分工格局中地位的提升和文化自信的增强，中国制造的技术、产品和服务已日趋成熟，部分国货品牌受到消费者热捧。随着人工智能等现代技术的发展，消费多样化、个性化、小众化发展趋势显著，同时消费者之间的信息交流显著增强，社交互动消费需求逐渐凸显。

本章对自新冠肺炎疫情全面暴发以来，党中央相继召开的重要会议精神以及国家发展改革委和商务部等部门发布的关于扩大内需促进消费、推动经济供需循环畅通的一系列政策文件加以归纳总结。这些政策的发布旨在借助国内大循环的引力场，促进双循环新格局的建成。通过发挥新消费引领作用，加快培育供给新动力；通过补足下沉市场短板，形成强大国内市场；通过加快业态模式创新，推进消费提质扩容；通过全面优化消费环境，布局新型消费基建；通过优化政策支撑体系，完善消费体制机制。

附　　录

附录A　零售业整体发展情况数据整理

表 A-1　　　　　　　　　　三大需求对国内生产总值增长的贡献率

年份	最终消费支出对 GDP 增长的贡献率（％）	资本形成总额对 GDP 增长的贡献率（％）	货物和服务净出口对 GDP 增长的贡献率（％）
2000	65. 1	22. 4	12. 5
2001	50. 2	49. 9	− 0. 1
2002	43. 9	48. 5	7. 6
2003	35. 8	63. 3	0. 9
2004	39. 0	54. 0	7. 0
2005	39. 0	38. 8	22. 2
2006	40. 3	43. 6	16. 1
2007	39. 6	42. 4	18. 0
2008	44. 2	47. 0	8. 8
2009	49. 8	87. 6	− 37. 4
2010	43. 1	52. 9	4. 0
2011	56. 5	47. 7	− 4. 2
2012	55. 0	47. 1	− 2. 1
2013	50. 0	54. 4	− 4. 4
2014	51. 6	46. 7	1. 7
2015	59. 9	42. 6	− 2. 5
2016	64. 6	42. 2	− 6. 8

资料来源：历年《中国统计年鉴》。

表 A－2　　　　　2007～2016 年我国零售业经营规模和要素投入情况

年份	社会消费品零售总额（亿元）	同比（%）	零售业法人企业数（个）	同比（%）	年末从业人数（万人）	年末零售营业面积（万平方米）	零售业全社会固定资产投资（亿元）
2007	93571.60	18.2	26691	12.8	263.36	5.82	32.49
2008	114830.10	22.7	41503	55.5	272.04	6.02	30.69
2009	133048.20	15.9	42615	2.7	304.67	5.85	25.92
2010	158008.00	18.8	52306	22.7	315.20	6.03	26.19
2011	187205.80	18.5	58471	11.8	354.83	8.82	25.16
2012	214432.70	14.5	65921	12.7	372.80	8.53	21.86
2013	242842.80	13.2	80366	21.9	370.58	8.42	19.09
2014	271896.10	12.0	87652	9.1	398.73	8.70	17.21
2015	300930.80	10.7	91258	4.1	440.73	9.22	15.90
2016	332316.00	10.4	98305	7.7	476.30	9.80	18.29

资料来源：历年《中国贸易外经统计年鉴》。

表 A－3　　　　　2007～2016 年我国零售业收入和营利情况

年份	限额以上零售业主营业务收入（亿元）	同比（%）	限额以上零售业主营业务利润（亿元）	同比（%）	限额以上零售业主营业务成本（亿元）	同比（%）	利润率（%）
2007	22951.3	22.9	2165.7	23.6	20324.2	21.4	10.7
2008	33186.2	44.6	3923.2	81.2	28920.8	42.3	13.6
2009	38600.0	16.3	4185.7	6.7	33989.3	17.5	12.3
2010	51115.5	32.4	5366.9	28.2	45180.8	32.9	11.9
2011	63038.9	23.3	6804.5	26.8	55924.2	23.8	12.2
2012	72718.3	15.4	7748.7	13.9	64593.7	15.5	12.0
2013	86224.8	18.6	9863.1	27.3	75826.8	17.4	13.0
2014	96888.6	12.4	10689.5	8.4	85645.7	12.9	12.5
2015	99452.6	2.6	11117.2	4.0	87760.5	2.5	12.7
2016	110428.1	11.0	12449.6	12.0	97417.1	11.0	12.8

资料来源：历年《中国贸易外经统计年鉴》。

表 A－4   2016 年规模以上零售业各类商品销售情况

类　　别	商品销售额（亿元）	类　　别	商品销售额（亿元）
汽车、摩托车、燃料及零配件专门销售	56030.4	家用电器及电子产品专门零售	10644.8
综合零售（百货、超市）	27392.6	医药及医疗器械专门零售	7102.0
百货零售	15060	纺织、服饰及日用品专门零售	5670.0
超级市场零售	10957.3	食品、饮料及烟草制品专门零售	4213.2
货摊、无店铺及其他零售业	8183.3	五金、家具及室内装饰材料专门零售	3989.4
互联网零售	6482.8	文化、体育用品及器材专门零售	3386.7

资料来源：历年《中国贸易外经统计年鉴》。

表 A－5   2016 年规模以上零售业分注册资本企业销售情况

类　　别	商品销售额（亿元）	类　　别	商品销售额（亿元）
港、澳、台商投资企业	6999.6	股份有限公司	10409.9
外商投资企业	7759.0	私营企业	40389.1
集体企业	1518.0	有限责任公司	51367.5
国有企业	1520.6		

资料来源：历年《中国贸易外经统计年鉴》。

表 A－6   2011～2016 年商品零售价格指数

年份	数值	年份	数值
2011	6999.6	2014	10409.9
2012	7759.0	2015	40389.1
2013	1518.0	2016	51367.5

资料来源：历年《中国统计年鉴》。

表 A－7   2007～2016 年全国百家重点大型零售企业零售额同比增速

年份	同比（％）	年份	同比（％）
2007	23.1	2012	10.8
2008	19.4	2013	8.9
2009	13.4	2014	0.4
2010	21.8	2015	－ 0.1
2011	22.6	2016	－ 0.5

资料来源：中华全国商业信息中心。

表 A－8　　　　　　　2012～2016 年全国重点大型零售企业关店情况

年份	企业停业数量（个）	一线城市占比（%）
2012	20	70.0
2013	66	63.0
2014	201	38.3
2015	205	36.0
2016	70	57.1

资料来源：中华全国商业信息中心。

表 A－9　　　　2011～2016 年全国连锁经营零售企业分业态销售情况

业　态	2011 年	2012 年	2013 年	2014 年	2015 年	2016 年
便利店	246.6	226.0	263.9	311.3	346.0	387.2
折扣店	36.1	47.6	34.3	32.9	29.5	31.5
超市	2766.9	3398.2	2915.9	2889.2	2981.8	3118.1
大型超市	2919.1	2594.5	4221.9	4734.2	4647.2	4962.9
仓储式会员店	171.9	795.7	216.3	234.6	240.9	250.3
百货店	2671.5	3226.8	3251.8	3704.0	3806.1	3841.6
专业店	17233.2	22919.3	19629.0	22492.8	23345.8	20521.0
专卖店	1072.9	1031.0	2260.4	1582.7	1400.3	1739.7
家居建材商店	56.4	64.7	47.3	51.6	50.9	46.9
厂家直销中心	3.5	2.9	3.8	11.1	16.4	17.7

资料来源：历年《中国贸易外经统计年鉴》。

附录 B　网络零售业发展情况数据整理

表 B－1　　　　　　　2012～2016 年网络零售业发展情况

年份	网络零售交易额（亿元）	社会消费总额占比（%）	全球网络零售占比（%）	移动网络零售市场交易规模（亿元）	网络零售总额占比（%）
2012	13205	6.2	23.1	691	5.2
2013	18851	7.8	26.8	2731	14.5
2014	28211	10.4	30.1	9285	32.9
2015	38285	12.7	35.3	20184	52.7
2016	53288	16.0	39.2	44726	83.9

资料来源：中国电子商务研究中心。

表 B – 2　　　　　　　2012～2016 年网络零售购物用户规模

年份	网络购物用户数 （万人）	手机网购用户数 （万人）	网络购物用户同比 （％）	手机网购用户同比 （％）
2012	24202	5549	24.8	136.4
2013	30189	14440	24.7	160.2
2014	36142	23609	19.7	63.5
2015	41325	33967	14.3	43.9
2016	46670	44093	12.9	29.8

资料来源：中国电子商务研究中心。

表 B – 3　　　　　　　2014～2016 年分城乡网络零售渗透情况

年份	城镇 网络零售额 （亿元）	农村 网络零售额 （亿元）	城镇 社会消费品零售总额 （亿元）	农村 社会消费品零售总额 （亿元）
2014	26394.0	1817.0	234948.2	36947.9
2015	34755.0	3530.0	258998.7	41932.1
2016	48465.0	4823.0	285813.0	46503.0

资料来源：中国电子商务研究中心。

附录 C　我国网络零售业发展的外部效应收敛性分析

1. 模型设计及变量说明

网络零售业发展对于刺激社会消费需求、推动经济社会发展和提升经济运行效率有着积极的外部性影响。这种外部性影响既有直接效用又有间接效用，很难用单一的结构方程将两方面效用综合展现出来，不仅关联机制难以被清晰表述，而且设定的中间变量更是不易被观测。也就是说要在互动机制不明且只能通过观测"输入变量"和"输入变量"的情况下研究两者的关联关系。这种情况与动态系统控制问题研究非常类似，系统状态是连接输入变量和输出变量的关键因素，但往往"系统状态"都是不便描述的黑箱。鉴于状态空间模型（state space model，SSM）在动态系统估计方面的良好表现，我们利用这一模型来分析 2012～2016 年"网络零售业增长"（network retail scale change，NRSch）对"社会消费品零售总额"（total retail sales，TRSch）、"经济总量变动"（gross domestic product，GDPch）和"经济效率变动"（economic efficiency change，EEch）的贡献情况。在模型中"网络零售业增长"作为输入变量，其余变量为输出变量，并采用递推形式来诠释状态变量的转换过程。[①]

$$信号方程 1: TRSch_t = C(1) + SV1 \times NRSch_t + U_t(C(4)) \qquad (C.1)$$

$$信号方程 2: GDPch_t = C(2) + SV2 \times NRSch_t + U_t(C(5)) \qquad (C.2)$$

$$信号方程 3: EEch_t = C(3) + SV2 \times NRSch_t + U_t(C(6)) \qquad (C.3)$$

$$状态方程: SV1 = SV1(-1); SV2 = SV2(-1);$$
$$SV3 = SV3(-1) \qquad (C.4)$$

并且，$NRSch_t = NRS - NRS_{t-1}$（公式（1）和公式（2）中）；

$NRSch_t = NRS_t / NRS_{t-1}$（公式（3）中）；

$TRSch_t = TRS_t - TRS_{t-1}$；$GDPch_t = GDP_t - GDP_{t-1}$；

$$EEch_t = EE_t / EE_{t-1} \qquad (C.5)$$

其中，$NRSch_t$、$TRSch_t$、$GDPch_t$ 和 $EEch_t$ 均为可观测向量，SV1、SV2 和 SV3 分别是与解释变量 $TRSch_t$、$GDPch_t$ 和 $EEch_t$ 相对应的状态向量。SV1 表示每个时点社会消费总量变动对于网络零售业市场规模变动的敏感程度，为了方便理解我们简称状态向量 SV1 为"社会消费弹性系数"。SV2 表示每个时点国内生产总值变动对于网络零售市场规模变动的敏感程度，简称状态向量 SV2 为"经济发展弹性系数"。SV3 表示每个时点社会经济效率变动对于网络零售市场规模变动的敏感程度，简称状态向量 SV3 为"经济效率弹性系数"。C(1)、C(2) 和 C(3) 是常数，$U_t(C(4))$、$U_t(C(5))$ 和 $U_t(C(6))$ 是均值为 0、方差为待估常数 C(4)、C(5) 和 C(6) 的不相关扰动项。

2. 数据处理及实证过程

实证时，"网络零售市场交易规模（亿元）"数据来源于中国电子商务研究中心（CECRC）发布的 2015 年度、2016 年度《中国网络零售市场数据监测报告》，"社会消费品零售总额（亿元）"和"国内生产总值（亿元）"来源于历年《中国统计年鉴》，而 2012～2016 年历年可比的经济效率值则需要

---

① 由于写作篇幅和结构设计的缘故，状态空间模型和 DEA-Malmquist 指数模型具体内容不做赘述。

DEA-Malmquist 指数模型测算①，从柯布—道格拉斯生产函数基本形式出发，以"劳动力数量（L，万人）"和"全社会固定资产投资总额（K，亿元）"作为投入要素，将"国内生产总值（GDP，亿元）"作为产出。"劳动力数量（L，万人）"和"全社会固定资产投资总额（K，亿元）"数据来源于历年《中国统计年鉴》。②

3. 结果分析

从网络零售业发展的外部性来看，其在释放社会消费潜力、推动经济社会发展和提升经济运行效率方面作用十分显著（社会消费弹性系数 SV1、经济发展弹性系数 SV2 和经济效率弹性系数 SV3 近五年间始终为正）。从 5 年间平均水平来看，每当网络零售业市场规模增加 1 个单位，全社会消费总额相应增加 5.03 个单位，全社会经济总量相应增加 8.21 个单位，全社会经济效率相应提升 0.74 个单位。从实证结果中不难看出，2012~2016 年虽然网络零售业的发展持续地向全社会释放着积极的外部性，但从整体趋势上来看，这种外部效应已经开始逐渐减弱。综合第三章第三节的结论，当前我国网络零售业不仅自身增速放缓，其对于经济增长和经济效率提升的贡献水平也在逐年下降，我国网络零售业已经进入了由内而外的全面收敛发展状态（见图 C-1）。

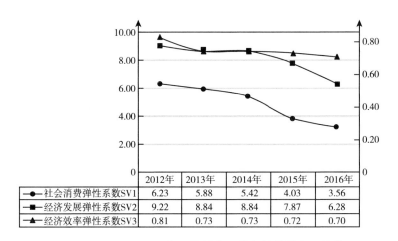

	2012年	2013年	2014年	2015年	2016年
●社会消费弹性系数SV1	6.23	5.88	5.42	4.03	3.56
■经济发展弹性系数SV2	9.22	8.84	8.84	7.87	6.28
▲经济效率弹性系数SV3	0.81	0.73	0.73	0.72	0.70

图 C-1 2012~2016 年网络零售业外部性收敛发展趋势

① 文中所有涉及价格的统计指标均已进行可比价格处理，"网络零售市场交易规模（亿元）""社会消费品零售总额（亿元）"以 2011 年价格作为基期价格，参照《中国统计年鉴》2011~2016 年历年"商品零售价格指数"（retail price index，preceding year = 100）进行价格平减。"国内生产总值（GDP，亿元）"则参照"居民消费价格指数"（consumer price index，preceding year = 100）进行价格平减。

② 指标"劳动力（万人）"在 2017 年以前的《中国统计年鉴》当中统计口径为"经济活动人口（万人）"，2017 年后对指标名做出调整。

附录 D　地理集中度测算指标说明

"产业地理集中"与"产业集中"内涵上存在差异，"产业地理集中"是地理经济学当中的概念，用来描述产业在地理单元上的空间分布，产业在空间上的分布不平衡体现为产业的地理集中；而"产业集中"是产业经济学中的概念，用来描述产业内企业对于产业市场份额的分割，不具有空间内涵，但两者程度测算可以相互借鉴[①]。在地理集中度指标计算过程中涉及两个问题，一个是指标是否考虑了空间距离，另一个则是测算指标的相对性和绝对性。考虑了空间距离的地理集中度测算指标是指在测算时考虑了空间单元之间的地理距离，相对指标则是在测算时考虑地理单元的人口、GDP 和社会消费品零售总额等因素。

1. 变异系数（CV）

变异系数，是数列元素标准差与平均数的比值。

$$CV^k = \sqrt{\frac{1}{R}\sum_{r=1}^{R}\left(x_{r,k} - \frac{1}{R}\sum_{r=1}^{R}x_{r,k}\right)^2} \bigg/ \left(\frac{1}{R}\sum_{r=1}^{R}x_{r,k}\right) \qquad (D.1)$$

其中，R，r 表示区域个数，k 表示产业个数，x 表示产业指标。

2. 集中率（CR_n）

集中率，表示产业值规模最大的前 n 个区域合计占产业总值的份额。

$$CK_n^k = \sum_{r=1}^{n} c_r^k, n = 1,3,5,7,9,\cdots \qquad (D.2)$$

其中，r 表示区域个数，k 表示产业个数，c 表示产业指标。

3. 基尼系数（GINI）

基尼系数，表示个体指标评价分布的指数。

$$G = \frac{1}{2n^2\bar{x}} \sum_{i=1}^{n}\sum_{j=1}^{n} |x_i - x_j| \qquad (D.3)$$

其中，i、j、n 表示区域个数，x 表示产业指标。

---

①　王庆喜. 区域经济研究实用方法 [M]. 北京：经济科学出版社，2014：128.

4. 赫芬达尔指数（MHHI）

$$MHHI^k = \sqrt{\dfrac{\sum\limits_{r=1}^{R}(C_r^k)^2}{R}} \qquad\qquad (D.4)$$

其中，R、r 表示区域个数，k 表示产业个数，C 大写表示产业指标。

5. 空间分散度指数（SP）

$$SP^k = \alpha \sum_{r=1}^{R}\sum_{s=1}^{R}(C_r^k C_s^k \delta_{r,s}) \qquad\qquad (D.5)$$

其中，α 为调节常数，R、r、s 表示区域个数，k 表示产业个数，C 表示产业指标，δ 表示两地区间距离。

表 D-1　　　　　　　　2016 年各省份网络零售业发展情况

省份	社会消费品零售总额（亿元）	网络零售额（亿元）	省份	社会消费品零售总额（亿元）	网络零售额（亿元）
北京	11005.1	5271.1	浙江	21971.0	9335.1
天津	5635.8	767.5	安徽	10000.2	895.7
河北	6388.0	972.4	福建	11674.5	2181.0
山西	6480.5	177.3	江西	6634.6	427.4
内蒙古	6700.8	145.7	山东	30645.8	1722.4
辽宁	13414.1	530.6	河南	17618.0	1064.2
吉林	7310.4	204.1	湖北	1056.1	1121.2
黑龙江	8402.5	206.9	湖南	13436.5	723.4
上海	100792.8	5107.3	广东	34739.0	11426.6
江苏	28707.1	4739.7	广西	7027.3	273.0
海南	1453.7	143.8	陕西	7302.6	1016.8
重庆	672.7	539.0	甘肃	3184.4	119.9
四川	15501.9	1523.9	青海	767.3	9.5
贵州	3709.0	169.8	宁夏	850.1	16.6
云南	5722.9	245.6	新疆	2825.9	44.4

资料来源：中华人民共和国国家统计局.中国统计年鉴 2017［M］.北京：中国统计出版社，2017.

表 D－2　　　　　　　　　　各省份之间质心距离

距离（千米）	北京	天津	河北	山西	内蒙古	辽宁	吉林
北京	0.00	124.91	247.75	459.51	480.21	471.03	896.35
天津	124.91	0.00	126.60	479.19	601.86	372.83	882.09
河北	247.75	126.60	0.00	488.46	727.40	336.21	927.55
山西	459.51	479.19	488.46	0.00	736.59	823.93	1352.04
内蒙古	480.21	601.86	727.40	736.59	0.00	869.20	984.72
辽宁	471.03	372.83	336.21	823.93	869.20	0.00	664.06
吉林	896.35	882.09	927.55	1352.04	984.72	664.06	0.00
黑龙江	1243.62	1266.55	1339.96	1698.75	1147.89	1124.08	482.17
上海	1148.12	1027.67	901.36	1135.07	1628.32	900.65	1502.28
江苏	1043.29	921.28	795.68	1062.18	1523.02	782.51	1386.04
浙江	1496.26	1382.65	1256.75	1388.91	1972.11	1298.11	1906.13
安徽	932.37	832.45	714.39	782.12	1393.60	870.01	1532.34
福建	1845.99	1747.07	1627.88	1625.21	2298.68	1737.76	2375.05
江西	1399.35	1309.29	1196.63	1153.12	1838.83	1357.21	2016.37
山东	592.48	468.71	345.36	714.17	1070.21	381.52	1041.52
河南	743.40	688.73	612.69	427.66	1134.94	899.04	1536.97
湖北	1089.98	1034.37	952.07	733.84	1464.87	1214.94	1867.42
湖南	1463.76	1401.82	1310.38	1109.79	1842.92	1544.90	2206.84
广东	2303.73	2237.52	2141.19	1943.01	2679.00	2348.66	3012.38
广西	2249.70	2188.01	2095.44	1877.15	2613.74	2314.65	2978.70
海南	3778.83	3691.34	3578.24	3476.65	4199.81	3707.36	4341.23
重庆	1366.10	1342.19	1286.91	929.84	1647.94	1586.58	2214.32
四川	1631.72	1642.59	1619.30	1172.41	1791.65	1945.75	2522.84
贵州	1622.56	1572.32	1491.33	1231.30	1967.38	1746.18	2403.44
云南	2187.71	2176.27	2128.79	1734.18	2404.06	2432.42	3054.57
陕西	864.21	876.89	863.96	404.72	1078.10	1197.54	1755.37
甘肃	1361.07	1433.11	1475.86	999.19	1290.99	1802.28	2215.05
宁夏	945.22	999.69	1027.62	542.05	999.43	1360.37	1831.40

（续表）

距离（千米）	黑龙江	上海	江苏	浙江	安徽	福建	江西
北京	1243.62	1148.12	1043.29	1496.26	932.37	1845.99	1399.35
天津	1266.55	1027.67	921.28	1382.65	832.45	1747.07	1309.29
河北	1339.96	901.36	795.68	1256.75	714.39	1627.88	1196.63
山西	1698.75	1135.07	1062.18	1388.91	782.12	1625.21	1153.12
内蒙古	1147.89	1628.32	1523.02	1972.11	1393.60	2298.68	1838.83
辽宁	1124.08	900.65	782.51	1298.11	870.01	1737.76	1357.21
吉林	482.17	1502.28	1386.04	1906.13	1532.34	2375.05	2016.37
黑龙江	0.00	1983.66	1867.01	2387.60	1992.79	2852.41	2481.16
上海	1983.66	0.00	118.39	403.97	417.83	888.22	650.69
江苏	1867.01	118.39	0.00	521.25	405.46	997.60	724.79
浙江	2387.60	403.97	521.25	0.00	606.96	508.79	472.27
安徽	1992.79	417.83	405.46	606.96	0.00	914.69	490.46
福建	2852.41	888.22	997.60	508.79	914.69	0.00	473.14
江西	2481.16	650.69	724.79	472.27	490.46	473.14	0.00
山东	1505.57	566.36	455.48	943.86	491.07	1361.67	976.02
河南	1950.83	814.43	775.05	995.08	407.54	1197.85	725.48
湖北	2292.03	873.92	881.96	903.32	479.86	958.21	501.79
湖南	2646.17	1003.09	1053.20	867.00	709.73	715.16	395.32
广东	3466.02	1637.16	1725.70	1321.33	1481.04	847.21	1010.66
广西	3426.81	1634.19	1717.53	1337.45	1451.94	883.29	995.26
海南	4820.42	2841.70	2956.36	2440.12	2866.20	1969.70	2382.11
重庆	2606.36	1300.37	1314.11	1270.96	912.89	1177.40	810.89
四川	2862.96	1787.48	1791.14	1769.86	1385.82	1638.25	1306.33
贵州	2831.28	1236.05	1285.62	1082.52	933.24	852.45	616.79
云南	3431.21	2056.88	2095.52	1910.25	1715.00	1607.91	1447.93
陕西	2100.72	1272.08	1232.51	1418.72	860.09	1524.09	1063.96
甘肃	2438.55	2037.11	1991.86	2176.16	1626.92	2217.22	1785.59
宁夏	2113.42	1582.42	1531.93	1750.65	1179.01	1853.80	1397.41

（续表）

距离（千米）	山东	河南	湖北	湖南	广东	广西	海南
北京	592.48	743.40	1089.98	1463.76	2303.73	2249.70	3778.83
天津	468.71	688.73	1034.37	1401.29	2237.52	2188.01	3691.34
河北	345.36	612.69	952.07	1310.38	2141.19	2095.44	3578.24
山西	714.17	427.66	733.84	1109.79	1943.01	1877.15	3476.65
内蒙古	1070.21	1134.94	1464.87	1842.92	2679.00	2613.74	4199.81
辽宁	381.52	899.04	1214.94	1544.90	2348.66	2314.65	3707.36
吉林	1041.52	1536.97	1867.42	2206.84	3012.38	2978.70	4341.23
黑龙江	1505.57	1950.83	2292.03	2646.17	3466.02	3426.81	4820.42
上海	566.36	814.43	873.92	1003.09	1637.16	1634.19	2841.70
江苏	455.48	775.05	881.96	1053.20	1725.70	1717.53	2956.36
浙江	943.86	995.08	903.32	867.00	1321.33	1337.45	2440.12
安徽	491.07	407.54	479.86	709.73	1481.04	1451.94	2866.20
福建	1361.67	1197.85	958.21	715.16	847.21	883.29	1969.70
江西	976.02	725.48	501.79	395.32	1010.66	995.26	2382.11
山东	0.00	608.01	879.14	1182.61	1971.99	1941.34	3330.06
河南	608.01	0.00	346.91	721.06	1561.74	1506.35	3064.89
湖北	879.14	346.91	0.00	378.53	1218.42	1160.47	2743.35
湖南	1182.61	721.06	378.53	0.00	840.78	786.80	2372.37
广东	1971.99	1561.74	1218.42	840.78	0.00	106.16	1586.51
广西	1941.34	1506.35	1160.47	786.80	106.16	0.00	1678.62
海南	3330.06	3064.89	2743.35	2372.37	1586.51	1678.62	0.00
重庆	1283.26	688.11	433.03	462.24	1112.87	1026.48	2698.35
四川	1694.18	1087.09	913.57	935.58	1363.06	1260.12	2916.22
贵州	1393.87	883.61	539.28	233.02	726.11	650.17	2304.04
云南	2123.72	1534.00	1250.34	1059.67	1014.26	911.06	2422.13
陕西	1002.03	458.28	565.91	885.61	1668.07	1589.27	3241.62
甘肃	1706.66	1222.76	1287.33	1516.53	2140.70	2042.79	3716.81
宁夏	1242.63	771.60	897.18	1193.34	1930.36	1843.41	3515.32

（续表）

距离（千米）	重庆	四川	贵州	云南	陕西	甘肃	宁夏
北京	1366.10	1631.72	1622.56	2187.71	864.21	1361.07	945.22
天津	1342.19	1642.59	1572.32	2176.27	876.89	1433.11	999.69
河北	1286.91	1619.30	1491.33	2128.79	863.96	1475.86	1027.62
山西	929.84	1172.41	1231.30	1734.18	404.72	999.19	542.05
内蒙古	1647.94	1791.65	1967.38	2404.06	1078.10	1290.99	999.43
辽宁	1586.58	1945.75	1746.18	2432.42	1197.54	1802.28	1360.37
吉林	2214.32	2522.84	2403.44	3054.57	1755.37	2215.05	1831.40
黑龙江	2606.36	2862.96	2831.28	3431.21	2100.72	2438.55	2113.42
上海	1300.37	1787.48	1236.05	2056.88	1272.08	2037.11	1582.42
江苏	1314.11	1791.14	1285.62	2095.52	1232.51	1991.86	1531.93
浙江	1270.96	1769.86	1082.52	1910.25	1418.72	2176.16	1750.65
安徽	912.89	1385.82	933.24	1715.00	860.09	1626.92	1179.01
福建	1177.40	1638.25	852.45	1607.91	1524.09	2217.22	1853.80
江西	810.89	1306.33	616.79	1447.93	1063.96	1785.59	1397.41
山东	1283.26	1694.18	1393.87	2123.72	1002.03	1706.66	1242.63
河南	688.11	1087.09	883.61	1534.00	458.28	1222.76	771.60
湖北	433.03	913.57	539.28	1250.34	565.91	1287.33	897.18
湖南	462.24	935.58	233.02	1059.67	885.61	1516.53	1193.34
广东	1112.87	1363.06	726.11	1014.26	1668.07	2140.70	1930.36
广西	1026.48	1260.12	650.17	911.06	1589.27	2042.79	1843.41
海南	2698.35	2916.22	2304.04	2422.13	3241.62	3716.81	3515.32
重庆	0.00	499.46	403.69	845.93	578.78	1074.23	817.51
四川	499.46	0.00	794.67	638.53	767.85	817.88	805.63
贵州	403.69	794.67	0.00	831.26	942.00	1473.30	1213.32
云南	845.93	638.53	831.26	0.00	1339.06	1429.52	1437.33
陕西	578.78	767.85	942.00	1339.06	0.00	766.93	334.93
甘肃	1074.23	817.88	1473.30	1429.52	766.93	0.00	465.27
宁夏	817.51	805.63	1213.32	1437.33	334.93	465.27	0.00

注：各省份空间距离由 GeoDa 软件根据各省份质心坐标计算得到的弧度距离（Arc Distance）表示，单位为千米。

附录 E　零售业态结构调整客观环境描述数据整理①

表 E-1　　　　　　　2007~2016 年经济环境和消费环境数据

年份	国内生产总值（万亿）	增速（%）	消费信心指数
2007	24.6619	11.4	113.10
2008	30.0670	9.0	101.80
2009	33.5353	8.7	103.92
2010	39.7983	10.3	100.40
2011	47.1564	9.2	100.46
2012	51.9322	7.8	103.70
2013	56.8845	7.7	102.30
2014	63.6463	7.4	105.80
2015	67.6708	6.9	103.70
2016	74.4127	6.7	108.40

资料来源：历年《中国统计年鉴》。

表 E-2　　　　　　　2013~2016 年分群体人均可支配收入情况

年份	全国居民人均可支配收入（元）	低收入户（20%）人均可支配收入（元）	中等偏下户（20%）人均可支配收入（元）	中等收入户（20%）人均可支配收入（元）	中等偏上户（20%）人均可支配收入（元）	高收入户（20%）人均可支配收入（元）
2013	18310.8	4402.4	9653.7	15698.0	24361.2	47456.6
2014	20167.1	4747.3	10887.4	17631.0	26937.4	50968.0
2015	21966.2	5221.2	11894.0	19320.1	29437.6	54543.5
2016	23821.0	5528.7	12898.9	20924.4	31990.4	59259.5

资料来源：历年《中国统计年鉴》。

---

① 本附录为第四章第一节制图所用数据。

附录 F 全国工商和市场监管部门受理消费者咨询投诉举报情况

表 F－1　　　　　　　2011～2016 年处理消费者投诉数量　　　　单位：万件

状态变量	2011 年	2012 年	2013 年	2014 年	2015 年	2016 年
处理消费者投诉数量	84. 61	89. 27	101. 64	116. 22	129. 11	166. 7

资料来源：历年《全国工商和市场监管部门受理消费者咨询投诉举报情况分析报告》。

附录 G 典型有店铺零售业态经营情况数据整理

表 G－1　　　2011～2016 年全国连锁经营零售企业分业态从业人员　　单位：万人

业　态	2011 年	2012 年	2013 年	2014 年	2015 年	2016 年
便利店	7. 5	7. 1	7	7. 4	7. 8	8. 4
折扣店	0. 7	0. 8	0. 4	0. 3	0. 2	0. 2
超市	49. 9	59. 0	48. 7	46. 7	44. 5	43. 5
大型超市	38. 6	33. 3	53. 2	55. 6	56. 2	55. 9
仓储会员店	1. 2	5. 9	1. 4	1. 6	1. 5	1. 5
百货店	25. 0	26. 5	25. 5	27. 7	25. 8	26. 4
专业店	83. 1	96. 3	93. 8	93. 5	94. 3	92. 8
专卖店	16. 9	16. 7	17. 4	16. 1	14. 6	14. 1
家居建材商店	0. 7	0. 8	0. 4	0. 4	0. 4	0. 3
厂家直销中心	0. 1	0. 1	0. 0	0. 1	0. 4	0. 4

资料来源：历年《中国贸易外经统计年鉴》。

表 G－2　　　2011～2016 年全国连锁经营零售企业分业态经营面积　　单位：万平方米

业　态	2011 年	2012 年	2013 年	2014 年	2015 年	2016 年
便利店	107. 2	109. 7	111. 2	131. 4	144. 8	149. 6
折扣店	21. 4	26. 9	18. 5	17. 7	17. 7	18. 9
超市	1924. 5	2190. 9	1771. 3	1853. 3	1890. 8	1918. 7

业　态	2011 年	2012 年	2013 年	2014 年	2015 年	2016 年
大型超市	1843.7	1760.6	2744.9	3106.5	3109.2	3369.4
仓储会员店	54.4	234.2	90.4	64.8	66.4	69.7
百货店	1480.6	1722.3	1696.7	1860.9	1984.8	2104.4
专业店	6755.3	7142.5	6480.4	6848.2	8260.8	8480.6
专卖店	450.2	366.7	471.2	477.8	444.1	467.9
家居建材商店	62.5	60.8	32.4	45.0	44.5	32.7
厂家直销中心	4.0	0.2	0.6	3.1	3.3	2.8

资料来源：历年《中国贸易外经统计年鉴》。

表 G-3　　　2011~2016 年全国连锁经营零售企业分业态门店数量　　　单位：个

业　态	2011 年	2012 年	2013 年	2014 年	2015 年	2016 年
便利店	246.6	226.0	263.9	311.3	346.0	387.2
折扣店	36.1	47.6	34.3	32.9	29.5	31.5
超市	2766.9	3398.2	2915.9	2889.2	2981.8	3118.1
大型超市	2919.1	2594.5	4221.9	4734.2	4647.2	4962.9
仓储会员店	171.8	795.7	216.3	234.2	240.9	250.3
百货店	2671.5	3226.8	3251.8	3704.0	3806.1	3841.6
专业店	17233.2	22919.3	19629.0	22492.8	23345.8	20521.0
专卖店	1072.9	1031.0	2260.4	1582.7	1400.3	1739.7
家居建材商店	56.4	64.7	47.3	51.6	50.9	46.9
厂家直销中心	3.5	2.9	3.8	11.1	16.4	17.7

资料来源：历年《中国贸易外经统计年鉴》。

附录 H　典型有店铺零售业态经营效率测算

从现有的评价手段来看，数据包络分析方法对投入指标选择具有极强的包容性，不仅能够忽略各指标量纲上的差异，而且能够同时将定性和定量指标纳入投入指标体系。由于数据包络分析测算的是多样本之间的相对效率，所以本书并不做跨时期的测算，只是将每一年各种典型有店铺零售业态的规模效率和计算效率测算值直接计算算术平均数。这里，我们引入基于规模效用可变（VRS）假设的投入导向型的并具有松弛变量的数据包络分析模型（DEA-BCC 模型）。

1. 模型基本原理

数据包络分析方法（DEA）本质上是判断"决策单元"（decision making unit, DMU）是否位于可能集的"生产前沿面"上。假设在一个经济系统里面共有 n 个决策单元（$j=1,2,\cdots,n$），每个决策单元有相同的 m 项投入（$i=1,2,\cdots,m$），且有相同的 s 项产出（$r=1,2,\cdots,s$），可知第 j 个决策单元的第 i 项投入和第 r 项产出分别为 x_{ij} 和 y_{ij} 同时，还假定各项投入指标的权重系数为 v_i，各项产出指标的权重系数为 u_r。数据包络分析方法中经典的 CCR 模型下的技术效率分析表达式如下所示：

$$\max h_{jj} = \frac{\sum\limits_{r=1}^{s} u_r y_{rj}}{\sum\limits_{i=1}^{m} v_i x_{ij}} \tag{H.1}$$

$$\text{s. t.} \begin{cases} \dfrac{\sum\limits_{r=1}^{s} u_r y_{rj}}{\sum\limits_{i=1}^{m} v_i x_{ij}} \leqslant 1, j=1,2,\cdots,n \\ u_r \geqslant 0, r=1,2,\cdots,s \\ v_i \geqslant 0, i=1,2,\cdots,m \end{cases} \tag{H.2}$$

整个过程当且仅当 h_{jj} 目标值为 1 时，说明第 j 个决策单元相对于其他决策单元来说是有效的。班克（Banker），沙尔内（Charnes）和库珀（Cooper）等人在原有 CCR 模型基础上增加一个规模收益可变（variable return to scale, VRS）假设。进一步地，将技术效率（technical efficiency, TE）分解为纯技术效率（pure technical efficiency, PTE）和规模效率（scale efficiency, SE）的乘积。

$$\text{技术效率(TE)} = \text{纯技术效率(PTE)} \times \text{规模效率(SE)} \tag{H.3}$$

将原有 BCC 模型进行变量代换，由分式规划转化为线性规划，并整理为其对偶规划形式，并在此基础上引入松弛变量，整理后得：

$$\min \theta_{jj}$$

$$\text{s. t.} \begin{cases} \sum\limits_{j=1}^{n} x_i \lambda_j + s^- = \theta x_{ij} \\ \sum\limits_{j=1}^{n} y_r \lambda_j - s^+ = y_{rj} \\ \sum\limits_{j=1}^{n} \lambda_j = 1 \\ s^-, s^+, \lambda_j \geqslant 0, j=1,2,\cdots,n \end{cases} \tag{H.4}$$

当结果 $\theta_{jj} = 1$ 时，则称第 j 个决策单元为弱 DEA 有效；当 $\theta_{jj} = 1$ 且 $s^- = 0$，$s^+ = 0$，则称第 j 个决策单元为 DEA 有效。在这里，松弛变量是具有现实经济意义的，s^- 表示过剩量，s^+ 表示不足量，表示第 j 个决策单元距离有效前沿面的"距离"。当第 j 个决策单元没有达到 DEA 任何一种有效，通过规划（4）求得的最优解可以进一步计算出决策单元在 DEA 有效前沿面上的投影值。这使得我们调节投入和产出以使得效率达到最优化成为可能。

$$\widehat{x_{ij}} = \theta\, x_{ij} - s^- = \sum_{j=1}^{n} x_j \lambda_j$$

$$\widehat{y_{rj}} = y_{rj} + s^+ = \sum_{j=1}^{n} y_j \lambda_j$$

(H.5)

2. 指标选择和数据处理

样本选取了除食杂店和购物中心以外的共 10 类典型有店铺零售业态。从柯布—道格拉斯生产函数基本形式出发，以"年末从业人员数量（L，万人）"和"全社会固定资产投资总额（K，亿元）"作为投入要素，将"商品销售额（亿元）"作为产出。但由于各种零售业态的固定资产投资额数据不具有很好的获得性，所以利用"营业面积（万平方米）"近似代替"全社会固定资产投资总额（K，亿元）"变量。"年末从业人员数量（L，万人）""营业面积（万平方米）""商品销售额（亿元）"数据来源于历年《中国统计年鉴》。

3. 2016 年数据实证结果分析

由于每一年计算过程是一致的，这里仅以 2016 年实证结果为例进行分析，其他年份实证结果并不做赘述，见表 H-1。

表 H-1　　　　　　2016 年典型有店铺零售业态经营效率

业　态	技术效率（TE）	纯技术效率（PTE）	规模效率（SE）	规模报酬
便利店	0.592	0.686	0.864	递减
折扣店	0.592	1.000	0.712	递增
超市	0.449	0.550	0.816	递减
大型超市	0.484	0.547	0.884	递减
仓储会员店	1.000	1.000	1.000	不变

续表

业　态	技术效率 （TE）	纯技术效率 （PTE）	规模效率 （SE）	规模报酬
百货店	0.703	0.718	0.978	递减
专业店	1.000	1.000	1.000	不变
专卖店	0.982	1.000	0.982	递减
家居建材商店	0.707	0.899	0.787	递增
厂家直销中心	1.000	1.000	1.000	不变
10 种业态均值	0.751	0.840	0.902	—

注：10 种业态均值采用算术平均方法计算求得。

　　效率评估结果显示，2016 年我国 10 类典型有店铺零售业态经营效率呈现出以下几个特点：首先，从技术效率来看，专业店、专卖店、厂家直销中心经营效率均高于 10 种业态平均效率水平 0.751。其次，从纯技术效率来看，除百货店、便利店、超市、大型超市、家居建材商店外，其余业态均实现了纯技术效率有效（纯技术效率 =1），这表明半数业态能够充分利用现有的管理水平和人员结构有效地开展商品销售工作。最后，从规模效率指标看，在没有实现规模效率有效的 7 种业态中，专卖店、百货店、便利店、超市、大型超市由于劳动作要素投入过多出现了规模收益递减，而家居建材商店和折扣店则由于所投入要素不足而存在着规模效率递增。从模型原理可知，有店铺零售业态经营效率可以通过两方面得到改善，一方面，充分利用和改善现有的技术条件（管理水平和人员结构）；另一方面，在对劳动要素的投入使用上做好调控规划，做到合理配置，所以主要是通过调节"从业人员数量"和"经营面积"两项要素来实现，见表 H - 2。

表 H - 2　　　　　　　　　　投入要素松弛调控变量

业　态	从业人员数量（万人）	经营面积（万平方米）
便利店	- 5.061	- 47.001
超市	- 23.624	- 862.731
大型超市	- 25.320	- 1526.380
百货店	- 7.435	- 592.672
家居建材商店	- 0.030	- 3.314

4. 2012～2016 年数据实证结果整理，见表 H－3～H－7

表 H－3 　　　　　　　2012 年典型有店铺零售业态经营效率

业　态	技术效率（TE）	纯技术效率（PTE）	规模效率（SE）	规模报酬
便利店	0.728	0.782	0.932	递减
折扣店	0.534	0.643	0.831	递增
超市	0.455	0.558	0.816	递减
大型超市	0.513	0.615	0.834	递减
仓储会员店	1.000	1.000	1.000	不变
百货店	0.636	0.700	0.909	递减
专业店	1.000	1.000	1.000	不变
专卖店	0.755	0.907	0.832	递减
家居建材商店	0.389	0.507	0.766	递增
厂家直销中心	0.277	1.000	0.277	递增
10 种业态均值	0.629	0.771	0.820	—

注：10 种业态均值采用算术平均方法计算求得。

表 H－4 　　　　　　　2013 年典型有店铺零售业态经营效率

业　态	技术效率（TE）	纯技术效率（PTE）	规模效率（SE）	规模报酬
便利店	0.468	0.602	0.778	递减
折扣店	0.493	0.503	0.981	递减
超市	0.441	0.478	0.922	递减
大型超市	0.442	0.452	0.977	递减
仓储会员店	0.976	1.000	0.976	递减
百货店	0.576	0.578	0.996	递减
专业店	1.000	1.000	1.000	不变
专卖店	0.711	0.839	0.848	递减
家居建材商店	0.340	0.449	0.756	递增
厂家直销中心	1.000	1.000	1.000	不变
10 种业态均值	0.645	0.690	0.923	—

注：10 种业态均值采用算术平均方法计算求得。

表 H－5　　　　　　　　　2014 年典型有店铺零售业态经营效率

业　态	技术效率 （TE）	纯技术效率 （PTE）	规模效率 （SE）	规模报酬
便利店	0.654	0.671	0.975	递减
折扣店	0.549	0.635	0.864	递增
超市	0.431	0.471	0.913	递减
大型超市	0.446	0.462	0.966	递减
仓储会员店	1.000	1.000	1.000	不变
百货店	0.599	0.603	0.994	递减
专业店	1.000	1.000	1.000	不变
专卖店	0.915	0.995	0.919	递减
家居建材商店	0.536	0.671	0.800	递增
厂家直销中心	0.989	1.000	0.989	递增
10 种业态均值	0.712	0.751	0.942	—

注：10 种业态均值采用算术平均方法计算求得。

表 H－6　　　　　　　　　2015 年典型有店铺零售业态经营效率

业　态	技术效率 （TE）	纯技术效率 （PTE）	规模效率 （SE）	规模报酬
便利店	0.589	0.695	0.848	递减
折扣店	0.596	1.000	0.596	递增
超市	0.433	0.533	0.813	递减
大型超市	0.452	0.515	0.879	递减
仓储会员店	1.000	1.000	1.000	不变
百货店	0.652	0.668	0.977	递减
专业店	1.000	1.000	1.000	不变
专卖店	0.837	1.000	0.837	递减
家居建材商店	0.514	0.716	0.718	递增
厂家直销中心	1.000	1.000	1.000	不变
10 种业态均值	0.707	0.813	0.867	—

注：10 种业态均值采用算术平均方法计算求得。

表 H−7　　　　　　　2016 年典型有店铺零售业态经营效率均值情况

业　态	技术效率 （TE）	纯技术效率 （PTE）	规模效率 （SE）
便利店	0.606	0.687	0.879
折扣店	0.553	0.756	0.797
超市	0.442	0.518	0.856
大型超市	0.467	0.518	0.908
仓储会员店	0.995	1.000	0.995
百货店	0.633	0.653	0.971
专业店	1.000	1.000	1.000
专卖店	0.840	0.948	0.884
家居建材商店	0.497	0.648	0.765
厂家直销中心	0.853	1.000	0.853
10 种业态均值	0.689	0.773	0.891

注：10 种业态均值采用算术平均方法计算求得。

附录 I　典型有店铺零售业态经济发展
贡献水平测算

1. 模型设计及变量说明

零售业态发展对于刺激社会消费需求、推动经济社会发展和提升经济运行效率有着积极的外部性影响。这种外部性影响既有直接效用又有间接效用，很难用单一的结构方程将两方面效用综合展现出来，不仅关联机制难以被清晰表述，并且设定的中间变量更是不易被观测。利用状态空间模型对不同零售业态的经济发展贡献水平进行测试，模型原理同附录 C 和第五章第三节内容，这里不再赘述。在模型中"业态销售额增长"（retail format retail scale change，FRSch）作为输入变量，"经济总量变动"（gross domestic product，GDPch）作为输出变量，并采用递推形式来诠释状态变量的转换过程。

信号方程：$GDPch_t = C(1) + SV1 \times FRSch_t + U_t(C(2))$　　　　（I.1）

219

状态方程：$SV1 = SV1(-1)$ （Ⅰ.2）

并且，$FRSch_t = (FRS_t - FRS_{t-1}) / FRS_{t-1}$;

$$GDPch_t = (GDP_t - GDP_{t-1}) / GDP_{t-1} \quad\quad （Ⅰ.3）$$

其中，$FRSch_t$ 为可观测向量，$SV1$ 是与解释变量 $GDPch_t$ 相对应的状态向量。$SV1$ 表示每个时点国内生产总值变动对于零售业态销售额变动的敏感程度，简称状态向量 $SV1$ 为"经济发展弹性系数"。$C(1)$ 是常数，$U_t(C(2))$ 是均值为 0，方差为待估常数 $C(2)$ 的不相关扰动项。

2. 基于百货店数据的实证分析

应用 EViews 8.0 进行序列平稳性检验及模型实证。$FRSch_t$ 和 $GDPch_t$ 具有良好的平稳性。后经卡尔曼滤波算法估计，结果显示状态向量 $SV1$ 参数显著性良好。此外，常数项 $C(1)$ 由于并不显著，在随后的模型参数估计中予以剔除。

3. 典型有店铺零售业态经济发展贡献水平实证结果整理，见表Ⅰ-1

其他零售业态与百货店经济发展贡献水平计算过程相一致，这里不再赘述。

表Ⅰ-1   各业态经济发展贡献水平实证结果汇总

业　态	2012 年	2013 年	2014 年	2015 年	2016 年	均值
便利店	-0.509	-0.506	-0.282	-0.256	-0.301	-0.336
折扣店	0.577	0.580	0.165	0.141	0.089	0.244
超市	-2.214	-2.211	0.059	0.302	0.369	-0.370
大型超市	-1.664	-1.661	0.111	0.136	0.132	-0.320
仓储会员店	0.048	0.051	0.043	0.044	0.044	0.046
百货店	0.885	0.888	0.906	0.852	0.877	0.881
专业店	0.557	0.560	0.355	0.403	0.420	0.434
专卖店	-4.731	-4.728	0.082	0.057	0.051	-1.135
家居建材商店	1.252	1.255	-0.009	0.082	0.071	0.349
厂家直销中心	-1.080	-1.077	0.006	0.051	0.058	-0.240

注：10 种业态均值采用算术平均方法计算求得。

附录 J　2015～2020 年促进消费的主要政策

表 J−1 　　　　　　　2015～2020 年促进消费的主要政策

序号	标　　题
1	国务院《关于积极发挥新消费引领作用　加快培育形成新供给新动力的指导意见》
2	国务院办公厅《关于进一步促进旅游投资和消费的若干意见》
3	国务院办公厅《关于加强金融消费者权益保护工作的指导意见》
4	国务院办公厅《关于加快发展生活性服务业促进消费结构升级的指导意见》
5	国务院办公厅《关于开展消费品工业"三品"专项行动　营造良好市场环境的若干意见》
6	国务院办公厅《关于印发消费品标准和质量提升规划（2016—2020 年）的通知》
7	国务院办公厅《关于进一步扩大旅游文化体育健康养老教育培训等领域消费的意见》
8	国务院《关于进一步扩大和升级信息消费　持续释放内需潜力的指导意见》
9	国务院办公厅《关于加快发展冷链物流　保障食品安全　促进消费升级的意见》
10	国务院办公厅《关于印发完善促进消费体制机制实施方案（2018—2020 年）的通知》
11	国务院办公厅《关于深入开展消费扶贫　助力打赢脱贫攻坚战的指导意见》
12	工业和信息化部、国家发展和改革委员会《关于印发〈扩大和升级信息消费三年行动计划（2018－2020 年）〉的通知》
13	国务院办公厅《关于进一步激发文化和旅游消费潜力的意见》
14	国务院办公厅《关于加快发展流通促进商业消费的意见》
15	国务院办公厅《关于促进全民健身和体育消费推动体育产业高质量发展的意见》
16	《关于印发〈进一步优化供给推动消费平稳增长促进形成强大国内市场的实施方案（2019 年）〉的通知》
17	体育总局 发展改革委《关于印发〈进一步促进体育消费的行动计划（2019—2020 年）〉的通知》
18	民政部《关于进一步扩大养老服务供给 促进养老服务消费的实施意见》
19	三部门《关于印发〈推动重点消费品更新升级 畅通资源循环利用实施方案（2019－2020 年）〉的通知》
20	国务院办公厅《关于以新业态新模式引领新型消费加快发展的意见》
21	《关于促进消费扩容提质　加快形成强大国内市场的实施意见》
22	《关于稳定和扩大汽车消费若干措施的通知》
23	《关于支持新业态新模式健康发展　激活消费市场带动扩大就业的意见》

资料来源：中华人民共和国国务院官网信息。

附录 K 2015～2020 年流通和零售领域创新转型的主要政策

表 K-1   2015～2020 年流通和零售领域创新转型的主要政策

序号	标　　题
1	国务院办公厅《关于推进线上线下互动　加快商贸流通创新发展转型升级的意见》
2	国务院办公厅《关于推动实体零售创新转型的意见》
3	国务院办公厅《关于深入实施"互联网＋流通"行动计划的意见》
4	《关于开展 2018 年流通领域现代供应链体系建设的通知》
5	商务部办公厅 中华全国供销合作总社办公厅《关于深化战略合作 推进农村流通现代化的通知》
6	国务院办公厅《关于加快发展流通　促进商业消费的意见》
7	国务院办公厅《关于以新业态新模式引领新型消费加快发展的意见》

资料来源：中华人民共和国国务院官网信息。

参 考 文 献

[1] [德] 马克思.《政治经济学批判》导言、序言 [M]. 北京：中国人民解放军战士出版社，1971：1 – 35.

[2] [德] 瓦·图赫舍雷尔. 马克思经济理论的形成和发展（1843 – 1858）[M]. 马经青，译. 北京：人民出版社，1981：54.

[3] [美] 戴维·诺克. 社会网络分析 [M]. 杨松，译. 上海：世纪格致出版社，2012：26 – 50.

[4] [美] 塞利格曼. 经济史观 [M]. 陈石孚，译. 北京：商务印书馆，1920：1 – 40.

[5] [美] 约瑟夫·熊彼特. 经济发展理论 [M]. 何畏，等译. 北京：商务印书馆，1990：30 – 71.

[6] [美] 约瑟夫·熊彼特. 经济分析史（第二卷）[M]. 朱泱，等译. 北京：商务印书馆，1994：101.

[7] [日] 中西正雄. 零售吸引力的理论及测量 [M]. 吴小丁，译. 北京：科学出版社，2011：25 – 30.

[8] [英] 马歇尔. 经济学原理 [M]. 北京：商务印书馆，1982：59 – 98.

[9] Mob 研究院. 2019 "下沉市场" 图鉴 [DB/OL]. https：//baijiahao. baidu. com/s? id = 1636232240277848122&wfr = spider&for = pc.

[10] 蔡宏波. 网络经济下一定优胜劣汰——基于临界容量与蝴蝶效应的网络经济分析 [J]. 产业经济研究，2012（3）：41 – 49.

[11] 杜睿云，蒋侃. 新零售：内涵、发展动因与关键问题 [J]. 价格理论与实践，2017（3）：139 – 141.

[12] 方大春，孙明月. 高铁时代下长三角城市群空间结构重构——基于社会网络分析 [J]. 经济地理，2015（10）：51 – 56.

[13] 冯朝阳. 环渤海地区区域经济空间网络关联结构研究 [J]. 西部

论坛，2017（1）：43-52．

[14] 冯雷．国内外零售商业形态的实践与理论探索 [J]．财贸经济，1998（7）：22-37．

[15] 高铁梅，王金明，陈飞，刘红玉．计量经济分析方法与建模：EViews 应用及实例 [M]．北京：清华大学出版社，2009．

[16] 郭馨梅，张健丽，刘艳．互联网时代我国零售业发展对策研究 [J]．价格理论与实践，2014（7）：106-108．

[17] 郭馨梅，张健丽．我国零售业线上线下融合发展的主要模式及对策分析 [J]．北京工商大学学报（社会科学版），2014（9）：44-48．

[18] 黄国雄，王强．现代零售学 [M]．北京：中国人民大学出版社，2008：16-24．

[19] 黄漫宇．中国农村零售业态变革分析 [J]．农业经济问题，2011（9）：72-76．

[20] 黄民礼．双边市场与市场形态的演进 [J]．首都经贸大学学报，2008（3）：43-49．

[21] 纪汉霖，管锡展．双边市场及其定价策略研究 [J]．外国经济与管理，2008（3）15-23．

[22] 蒋传海．网络效应、转移成本和竞争性价格歧视 [J]．经济研究，2010（9）：55-65．

[23] 金永生．浅论西方零售组织演变理论及其历史轨迹——兼论中国流通领域零售组织的发展 [J]．河北经贸大学学报，1997（6）：63-70．

[24] 荆林波．零售业态的演变及其学说解释 [J]．北京市财贸管理干部学院学报，2002（6）：15-18．

[25] 李飞，贺曦鸣．零售业态演化理论研究回顾与展望 [J]．技术经济，2015（11）：34-46．

[26] 李飞．零售业态创新的路线图研究 [J]．科学学研究，2006（24）：654-660．

[27] 李飞．零售革命 [M]．北京：经济管理出版社，2003．

[28] 李飞．迎接中国多渠道零售革命的风暴 [J]．北京工商大学学报（社会科学版），2012（3）：16-24．

[29] 李桂华，刘铁．传统零售商"优势触网"的条件与权变策略 [J]．北京工商大学学报（社会科学版），2011（5）：14-22．

[30] 李海舰，魏恒．新型产业组织分析范式构建研究——从 SCP 到

DIM [J]. 中国工业经济, 2008 (7): 29 - 39.

［31］李明, 王云美, 司春林. 网络经济下锁定效应的经济学本质及成因研究——基于非转移成本的视角 [J]. 上海管理与科学, 2009 (10): 14 - 19.

［32］李瑞强. 我国零售商业发展的方向——华润连锁超市经营情况调查启示 [J]. 财经科学, 1998 (12): 30 - 37.

［33］李煜伟, 倪鹏飞. 外部性、运输网络与城市群经济增长 [J]. 中国社会科学, 2013 (3): 22 - 42.

［34］李越. 从世界城市零售业态变革规律看我国城市零售业态主体结构模式 [J]. 商业经济研究, 1997 (9): 15 - 16.

［35］李兆伟. 关于我国商业零售企业困境问题的探讨 [J]. 当代经济研究, 1998 (12): 73 - 77.

［36］林春艳, 孔凡超. 中国产业结构高度化的空间关联效应分析——基于社会网络分析方法 [J]. 经济学家, 2016 (11): 45 - 53.

［37］林力. 零售业态演化过程及业态划分依据探讨 [J]. 商业时代, 2014 (29): 3 - 5.

［38］刘大为, 李凯. 双边市场中平台企业兼容策略选择研究 [J]. 运筹与管理, 2011 (4): 179 - 182.

［39］刘军. 整体网分析 [M]. 上海: 世纪格致出版社, 2014: 20 - 22.

［40］刘向东, 李敏. 中国零售学术研究的现状与趋势——基于中国与美国、欧洲的比较分析 [J]. 中国人民大学学报, 2012 (2): 5 - 13.

［41］刘向东, 李子文, 陈成漳. 实体零售商该如何"触网" [J]. 商业经济与管理, 2017 (4): 5 - 15.

［42］刘向东, 沈健. 零售业态均衡与创新的要素分析——基于零售业态价格梯度模型的研究 [J]. 商业经济与管理, 2011 (4): 5 - 12.

［43］刘向东. 移动零售下的全渠道商业模式选择 [J]. 北京工商大学学报 (社会科学版), 2014 (3): 13 - 17.

［44］刘晓雪. 竞争与共生: 中国零售业态结构演变分析 [J]. 北京工商大学学报 (社会科学版), 2009 (1): 1 - 5.

［45］刘星原. 零售企业实行标歧立异经营战略的意义与内容 [J]. 北京商学院学报, 1998 (1): 41 - 48.

［46］柳思维, 王娟. 中国零售业态变迁与创新: 1978 - 2010 [J]. 湖南社会科学, 2012 (6): 106 - 110.

［47］吕玉明, 吕庆华. 中美网络零售业比较与我国网络零售业发展路

径研究［J］. 宏观经济研究, 2013（4）: 100 – 106.

［48］［德］马克思. 资本论（第二卷）［M］. 上海: 上海三联书店, 2011.

［49］［德］马克思. 资本论（第一卷）［M］. 上海: 上海三联书店, 2011.

［50］马龙龙. 我国高端消费外流成因与回流政策研究［J］. 价格理论与实践, 2014（6）: 17 – 19.

［51］孟利锋, 刘元元. 零售业态管理［M］. 北京: 清华大学出版社, 2013: 1 – 12.

［52］牛华勇, 崔校, 宁苏灵. 外资零售对中国零售业态结构优化的调节效应［J］. 中国流通经济, 2015（5）: 100 – 106.

［53］彭娟. 中国零售业态分类研究［J］. 商业研究, 2014（7）: 42 – 50.

［54］秦陇一. 我国零售业态结构的调整与创新［J］. 中国流通经济, 2003（3）: 14 – 17.

［55］曲创, 杨超, 臧旭恒. 双边市场下大型零售商的竞争策略研究［J］. 中国工业经济, 2009（7）: 67 – 75.

［56］曲振涛, 周正, 周方召. 网络外部性下的电子商务平台竞争与规制［J］. 中国工业经济, 2010（10）: 120 – 129.

［57］芮明杰, 李想. 零售业态的差异化和演进: 产业组织的视角［J］. 产业经济研究, 2007（2）: 1 – 7.

［58］商务部国际贸易经济合作研究院课题组. 下沉市场发展电商平台价值研究［DB/OL］. http: //www. caitec. org. cn/n6/sy_xsyj_yjbg/json/5187. html.

［59］商务部研究院流通与消费研究所课题组. 2020 年中国消费市场发展报告［DB/OL］. http: //www. caitec. org. cn/n6/sy_xsyj_yjbg/json/5610. html.

［60］石涛, 陶爱萍. 报酬递增: 特殊性向普遍性转化的分析［J］. 中国工业经济, 2008（4）: 4 – 12.

［61］宋则. 我国零售业发展中长期三大战略要点［J］. 中国流通经济. 2012（6）: 13 – 18.

［62］孙殿国. 大型零售商主导购物中心零售业态双边市场运行机理［J］. 河北经贸大学学报, 2015（1）: 102 – 106.

［63］孙晶，许崇正.空间经济学视角下"经济引力"模型的构建与运用——以 2010 年长三角地区经济数据为例［J］.经济学家，2011（7）：37－44.

［64］孙明贵.业态管理学原理［M］.北京：北京大学出版社，2004：2.

［65］陶伟军，文启湘.零售业态的生成与演进：基于知识的分析［J］.当代经济科学，2002（6）：52－57.

［66］万琴.中国网络零售市场影响因素的灰色关联度评价［J］.中国管理科学，2014（11）：143－147.

［67］王宝义."新零售"的本质、成因及实践动向［J］.中国流通经济，2017（7）：3－11.

［68］王宝义.中国电子商务网络零售产业演进、竞争态势及发展趋势［J］.中国流通经济，2017（4）：25－34.

［69］王德忠，庄仁兴.区域经济联系定量分析初探——以上海与苏锡常地区经济联系为例［J］.地理科学，1996（1）：51－56.

［70］王海波.网络零售业态发展的经济效应及对策［J］.理论与改革，2016（1）：161－164.

［71］王娟.基于消费者行为的零售业态嬗变：一个理论模型［J］.湖南社会科学，2015（3）：150－153.

［72］王庆喜.区域经济研究实用方法：基于 ArcGIS，GeoDa 和 R 的运用［M］.北京：经济科学出版社，2014：113－128.

［73］王庆喜.区域经济研究使用方法［M］.北京：经济科学出版社，2014：36－45.

［74］王晓东.由电商之争看我国零售业发展问题［J］.商业经济研究，2014（3）：47－49.

［75］王欣，吴殿廷，王红强.城市间经济联系的定量计算［J］.城市发展研究，2006（3）：55－59.

［76］吴小丁.哈夫模型与城市商圈结构分析方法［J］.财贸经济，2001（3）：71－73.

［77］吴小丁.新"零售之轮"理论及其对我国零售业态发展的启示［J］.财贸经济，1999（5）：46－49.

［78］夏春玉，杨宜苗.零售业态适应性评价及影响因素［J］.财贸经济，2007（10）：87－92.

［79］夏春玉.零售业态变迁理论及其发展［J］.当代经济科学，2002

（7）：70 -77.

[80] 徐从才，丁宁．服务业与制造业互动发展的价值链创新及其绩效——基于大型零售商纵向约束与供应链流程再造的分析 [J]．管理世界，2008（8）：77 -86.

[81] 徐从才，盛朝迅．大型零售商主导产业链：中国产业转型升级新方向 [J]．财贸经济，2012（1）：71 -77.

[82] 徐少丹．基于多维度视角的零售业态变迁分析——以中国和日本为例 [J]．商业经济与管理，2014（10）：15 -22.

[83] 徐晓琪．从消费品市场看我国大中型商业零售企业的困境与发展 [J]．商业研究，1998（12）：50 -57.

[84] 徐印州．新型零售业态的发展对中国商业格局的影响 [J]．经济管理，1998（8）：34 -36.

[85] 晏维龙．零售营销策略组合及零售业态多样化 [J]．财贸经济，2003（6）：83 -95.

[86] 晏维龙．生产商主导还是流通商主导——关于流通渠道控制的产业组织分析 [J]．财贸经济，2004（5）：10 -17.

[87] 晏维龙．流通革命与我国流通产业的结构变动 [J]．财贸经济，2002（10）.

[88] 易芳，魏中龙，刘文纲．零售业态、商圈与相关市场界定的关系探讨 [J]．价格理论与实践，2015（11）：144 -146.

[89] 于斌斌．演化经济学理论体系的构建与发展：一个文献综述 [J]．经济评论，2013（5）：139 -145.

[90] 余菜花，崔维军．安徽省城市空间经济联系的网络特征分析 [J]．华东经济管理，2012（9）：34 -39.

[91] 张弘，邓阳．新型城镇化对我国零售业态发展的影响研究 [J]．价格理论与实践，2015（10）：114 -116.

[92] 张永林．网络、信息池与时间复制 [J]．经济研究，2014（2）：171 -182.

[93] 赵德海．现代商品流通运行 [M]．北京：中国财政经济出版社，2003：58 -77.

[94] 赵德海．调整零售业态结构研究 [J]．商业研究，2002（7）：71 -78.

[95] 赵萍．国外零售组织演进假说及其局限性分析 [J]．经济理论与

经济管理, 2006 (1): 30 – 35.

[96] 赵泉午, 刘婷婷, 陈凤林. 零售业态与企业绩效的实证研究 [J]. 商业经济与管理, 2010 (9): 19 – 26.

[97] 赵树梅, 徐晓红. "新零售" 的含义、模式及发展路径 [J]. 中国流通经济, 2017 (5): 12 – 20.

[98] 中共中央编译局. 马克思恩格斯全集 (第二十九卷) [M]. 北京: 人民出版社, 1972: 604.

[99] 中共中央编译局. 马克思恩格斯全集 (第四卷) [M]. 北京: 人民出版社, 1972: 148.

[100] 中共中央编译局. 马克思恩格斯全集 (第四十六卷上) [M]. 北京: 人民出版社, 1972.

[101] 中国电子商务研究中心. 2016 年度中国网络零售市场数据监测报告 [DB/OL]. http: //www. 100ec. cn/zt/zhiku, 2017 – 05 – 17/2017 – 08 – 10.

[102] [日] 中西正雄, 吴小丁. 零售之轮真的在转吗 [J]. 商讯商业经济文荟, 2006 (1): 14 – 19.

[103] 周文仓. 西方零售业态发展理论及启示 [J]. 外国经济与管理, 1999 (8): 35 – 44.

[104] 周一星. 主要经济联系方向论 [J]. 城市规划, 1998 (2): 22 – 26.

[105] 周泽信. 我国市场化进程中的零售业态及其结构 [J]. 财贸经济, 2000 (1): 71 – 74.

[106] 朱智, 赵德海. 中国城乡商品流通市场一体化研究 [J]. 财贸经济, 2010 (3): 130 – 135.

[107] 祝合良. 扩大内需与我国流通业结构调整的基本思路 [J]. 商业经济与管理, 2011 (12): 5 – 12.

[108] Aghion Philippe, OliVier J Blanchard. On the Speed of Transition in Central Europe [J]. Analytic of Transition, 1994 (15): 1 – 48.

[109] Alderson W. Marketing Behavior and Executive Action [J]. Southern Economic Journal, 1957, 25 (1): 20 – 54.

[110] Alf Puttmer, Peter Nauptmann, Ralf Lucklum. Spice Model for Lossy Piezoceramic Transducers. IEEE Trans. UFFC. 2002, 44 (1): 60 – 65.

[111] Angeletos George-Marios, Alessandro Pavan. Efficient Use of Informa-

tion and Social Value of Information [J]. Economitrca, 2007 (4): 1103 – 1142.

[112] Applebaum, William. Guidelines for A Store-Location Strategy Study [J]. Journal of Marketing, 1966, Vol. 30 (10): 42 – 50.

[113] Armstrong Mark, Julian Wright. Two-sided Markets, Competitive Bottlenecks and Exclusive Contracts [J]. Economic Theory, 2007 (32): 353 – 380.

[114] Armstrong Mark. Competition in Two-Sided Markets [J]. RAND Journal of Economics, 2006 (37): 668 – 691.

[115] Baccara Mariagiovnna. A Field Study on Matching with Network Externalities [J]. American Economic Review, 2012 (5): 1773 – 1804.

[116] Battglini Marco, Rebecca B Morton, Thomas R. Palfrey. Information Aggregation and Strategic Abstention in Large Laboratory Elections [J]. American Economic Review, 2008 (2): 194 – 200.

[117] Bertinelli Luisito, Benteng Zou. Does Urbanization Foster Human Capital Accumulation [J]. The Journal of Developing Areas, 2008, 41 (2): 171 – 184.

[118] Beyers W B. Producer Services [J]. Progress in Human Geography, 1993, 17 (2): 221 – 231.

[119] Bills M, Klenow P. Does Schooling Cause Growth [J]. American Economic Review, 2000, 90 (5): 1160 – 1183.

[120] Brown J R, Dant R P. Supply Chain Management and the Evolution of the "Big Middle" [J]. Journal of Retailing, 2005 (2): 97 – 105.

[121] Chadha Bankim, Fabrizio Coricelli. Fiscal Constraints and the Speed of Transition [J]. Journal of Development Economics, 1997 (52): 221 – 249.

[122] Chen J, Doraszelski U, Harrington Joseph E. Avoiding Market Dominance: Product Compatibility in Markets with Network Effects [J]. Rand Journal of Economics, 2009 (4): 455 – 485.

[123] Chengze Simon Fan. Human Capital, Growth and Inequality in Russia [J]. Journal of Economics, 1998 (27): 618 – 483.

[124] Choi Jay Pil. Mergers with Bundling in Complementary Markets [J]. Journal of Industrial Economics, 2008 (56): 553 – 577.

[125] Choi Jay Pil. Tying in Two-sided Markets with Multi-homing [J].

Journal of Industrial Economics, 2010 (58): 607 – 626.

[126] Christian Schulz. Foreign Environments: The Internationalization of Environmental Producer Services [J]. The Service Industries Journal, 2005 (3): 337 – 354.

[127] Coffey W J. Forward and Backward Linkages of Producer Service Establishments: Evidence From the Montreal Metropolitan Area [J]. Urban geography, 1996, 17 (7): 604 – 632.

[128] Converse P D. New Laws of Retail Gravitation [J]. Journal of Marketing Research, 1949 (14): 379 – 384.

[129] Dewenter K L, Malatesta P H. State-Owned and Private Owned Firms: An Empirical Analysis of Profitability, Leverage, and Labor Intensity [J]. The American Economic Review, 2001 (91): 320 – 334.

[130] Dixon Timothy. The Role of Retailing in Urban Regeneration [J]. Local Economy (Routledge), 2005 (2): 168 – 182.

[131] Dressman A C R. Patterns of Evolution in Retailing [J]. Journal of Retailing, Vol. 44, Spring, 1968: 64 – 81.

[132] Economides Nicholas, Evangelos Katsamakas. Two-Sided Competition of Proprietary vs Open Source Technology Platforms and the Implications for the Software Industry [J]. Management Science, 2006 (52): 1057 – 1071.

[133] Evans David, Andrei Hagiu, Richard Schmalensee. A Survey of The Economic Role of Software Platforms in Computer-Based Industries [J]. CESifo Economic Studies, 2005 (51): 189 – 224.

[134] Farrell Joseph, Paul Klemperer. Coordination and Lock-In: Competition with Switching Costs and Network Effects [J]. Handbook of Industrial Organization, 2007 (3): 1967 – 2072.

[135] Farrell M J. The Measurement of Productive Efficiency [J]. Journal of the Royal Statistical Society, 1957, 8 (3): 224 – 248.

[136] Garcia-Castrillo P, Sanso M. Human Capital and Optimal Policy in a Lucas Type Mode [J]. Review of Economics Dynamics, 2000 (3): 757 – 770.

[137] Grossman G M, Helpman E. Quality Ladders in the Theory of Growth [J]. Review of Economic Studies, 1991 (58): 43 – 61.

[138] Herbert G Grubel, Michael A Walker. Service Industry Growth: Cause and Effects [R]. Fraser Institute, 1989: 279.

[139] Hollander S C. Notes on the retail accordion [J]. Journal of Retailing, 1966, 42 (2): 20 – 54.

[140] Howard V, Antonia M, Domingo G. Innovation and Performance in Spanish Manufacturing SMEs [J]. International Journal of Entrepreneurship and Innovation Management, 2008, 8 (1): 36 – 56.

[141] Huff D L. Determination of Intra-urban Retail Trade Areas, Real Estate Research Program [M]. University of California, Los Angeles, 1962: 14 – 16.

[142] Illris S. The Service Economy, a Geographical Approach [M]. Roskilde University, Denmark. England: John Wiley&Sons Ltd, 1991.

[143] John T Bowen Jr. , Thomas R. Leinbach. Air Cargo Services in Asian Industrialising Economies: Electronics Manufacturers and the Strategic Use of Advanced Producer Services [J]. Regional Science, 2003 (82): 309 – 332.

[144] Joseph A. Schumpeter, Capitalism, Socialism and Democracy, New York and London: Routledge Publish Press, 2003: 45.

[145] Kaivan Munshi. Community Networks and the Process of Development [J]. Journal of Economic Perspectives, 2014 (4): 49 – 76.

[146] Katz B G, Owen J. Privatization: Choosing the Optimal Time Path [J]. Journal of Comparative Economies, 1993 (17): 715 – 736.

[147] Katz Michael, Carl Shapiro. Product Compatibility Choice in a Market with Technological Progress [J]. Oxford Economic Papers, 1986 (38): 146 – 165.

[148] Kenneth J Arrow. The Economic Implications of Learning by Doing [J]. Oxford Journals, 1962, 29 (3): 73 – 155.

[149] Lord J D. Comparative Retail Structure of British and American Cities: Cardiff and Charllotte [J]. The International Review of Retail, 2011 (4): 391 – 423.

[150] Lucas R E Jr. On the Mechanics of Economic Development [J]. Journal of Monetary Economics, 1988 (22): 3 – 42.

[151] Machlup F. The Production and Distribution of Knowledge in the United States [M]. New Lersey: Princeton University Press, 1962.

[152] Mackay David B. A Microanalytic Approach to Store Location Analysis [J]. Journal of Marketing Research, 1972, Vol. 9 (5): 40 – 130.

[153] Maehiel van Dijk, Ondor Nomalor. Technological Regimes and Indus-

trial Dynamics: the Evidence from Dutch Manufacturing [J]. Industrial and Corporate Change, 2000, 9 (2): 173 – 194.

[154] Maria Jesus Freir-Seren. Human Capital Accumulation and Economic Growth [J]. Economic Letters 2001 (55): 425 – 429.

[155] Markovich Moenius. Winning While Losing: Competition Dynamics in the Presence of Indirect Network Effects [J]. International Journal of Industrial Organization, 2009 (3): 346 – 357.

[156] Maroniek T J, Walker B J. The Dialectic Evolution of Retailing [M]. Southern Marketing Association, 1974, Bunrett Geren: 140 – 150.

[157] Matthew O Jackson. Networks in the Understanding of Economic Behaviors [J]. Journal of Economic Perspectives, 2014 (4): 3 – 22.

[158] McNair M P. Significant Trends and Developments in the Postwar Period [M]. Pennsylvania: University of Pittsburgh Press, 1958: 18 – 40.

[159] Michal Kejak. Stages of growth in economic development [J]. Journal of Economic Dynamics & Control, 2003 (27): 771 – 800.

[160] Montgomery A L. Consumer Shopping and Spending Across Retail Formats [J]. Journal of Business, 2008 (2): 49 – 56.

[161] Muller E, Zenker A. Business Services as Actors of Knowledge Transformation: The Role of Kibs Inregional and National Innovation Systems [J]. Research Policy, 2001 (30): 1501 – 1516.

[162] Nair Harikesh, Pradeep Chintagunta, Jean-Pierre Du. Empirical Analysis of Indirect Network Effects in the Market for Personal Digital Assistants [J]. Quantitative Marketing and Economics, 2004 (2): 23 – 58.

[163] Ngai L R. Barriers and the Transition to Modem Growth [J]. Journal of Monetary Economies, 2004 (51): 1353 – 1383.

[164] Nielsen O. Development in Retailing [A]. Amsterdam: North-Holland Publishing Company, 1966: 101 – 115.

[165] Nocke Volke, Martin Peitz, Konrad Stahl. Platform Ownership [J]. Journal of the European Economic Association, 2007 (5): 46 – 72.

[166] Ohashi Hiroshi. The Role of Network Effects in the U. S. VCR Market, 1978 – 1986 [J]. Journal of Economics & Management Strategy, 2003 (12): 447 – 494.

[167] Olli Tahvonen, Seppo Salo. Economic Growth and Transitions Between

Renewable and Nonrenewable Energy Resources [J]. European Economic Review, 2001 (45): 1379 - 1398.

[168] Paul M Romer. Endogenous Technological Change [J]. Journal of Political Economy, 1990 (98): 71 - 102.

[169] Picot A, Kaulmann T. Comparative Performance of Government-owned and Private-owned Industrial Corporations: Empirical Results From Six Countries [J]. Journal of Institutional and Theoretical Economicas, 1989 (145): 298 - 316.

[170] Porter M E. Competitive Advantage [M]. John Wiley & Sons, 1998: 18 - 24.

[171] Porter M E. Clusters and the New Economics of Competition [J]. Harvard Business Review, 1998 (11 - 12): 77 - 92.

[172] Reilly W J. Methods for the Study of Retail Relationship [M]. University of Texas, 1929, Bulletin (2944): 22 - 40.

[173] Rihard Pomfret. Growth and Transition: Why Has China's performance Been so Different [J] Journal of Comparative Economics, 1997 (25): 422 - 440.

[174] Rohlfs Jeffrey. A Theory of Interdependent Demand for a Communications Service [J]. Bell Journal of Economics, 2014 (5): 16 - 37.

[175] Rosen Roberto. Two-Sided Markets: A Tentative Survey [J]. Review of Network Economics, 2005 (4): 142 - 160.

[176] Rysman Marc. Competition Between Networks: A Study of the Market for Yellow Pages [J]. Review of Economic Studies, 2012 (4): 71 - 86.

[177] Rysman Marc. The Economics of Two-Sided Markets [J]. Journal of Economic Perspectives, 2009 (23): 125 - 143.

[178] Selya R M. Taiwan as a Service Economy [J]. Geoforum, 1994, 25 (3): 305 - 322.

[179] Stango Victor. The Economics of Standards Wars [J]. Review of Network Economics, 2004 (3): 1 - 19.

[180] Stouffer Samuel A. Intervening Opportunities: A Theory Relating Mobility and Distance [J]. American Sociological Review, 1940, Vol. 5 (12): 67 - 845.

[181] Taylor G, Blewitt G, Steup D, Corbett S, Car A. Road Reduction

Filtering for GPS-GIS Navigation. Trans. in GIS, 2009, 5 (3): 193 – 207.

[182] Vasco M. Carvalho. From Micro to Macro via Production Networks [J]. Journal of Economic Perspectives, 2014 (4): 23 – 48.

[183] Vernon R. The Product Cycle Hypothesis in a New International Environment [J]. Oxford Bulletin of Economics & Statistics, 1979, 41 (4): 255 – 267.

[184] Wan G, Zhou Z. Income Inequality in Rural China: Regression-based Decomposition Using Household Data [J]. Review of Development Economics, 2005 (1): 107 – 120.

[185] White L A, Ellis J B. A System Construct for Evaluating Retail Market Locations [J]. Journal of Marketing Research, 1971, 8 (2): 6 – 43.

[186] Williams Dmitri. Structure and Competition in the U. S. Home Video Game Industry [J]. International Journal on Media Management, 2002 (4): 41 – 54.

[187] Yoo Byungjoon, Vidyan Choudhary, Tridas Mukhopadhyay. Electronic B2B Marketplaces with Different Ownership Structures [J]. Management Science, 2007 (53): 952 – 961.

后　记

　　本书是国家社会科学基金项目"基于供给侧改革的中国零售业态结构优化与创新研究"（16BJY125）和"数字化转型背景下流通供应链体系优化与创新研究"（19CJY048）的最终研究成果之一。

　　本书内容共由两篇构成，第一篇的核心思想主要基于笔者攻读博士学位期间发表的三篇CSSCI来源期刊论文：《网络零售业发展对中国地区消费格局的影响研究》《中国零售业业态结构调整与转型升级：动因、原则及操作标准》《中国网络零售业发展的收敛性与空间溢出效应研究》。这三篇文章凝结了笔者当时对中国零售业业态发展规律和态势的全部思考，特别是《中国零售业业态结构调整与转型升级：动因、原则及操作标准》一文于2018年8月被中国人民大学复印报刊资料全文索引，而后又在商务部2018～2019年度"商务发展研究成果奖"评选中获得二等奖。第二篇则是结合2018年以来零售业发展的新形势，对经典马克思流通理论、互联网经济"流量思维"和愈发激烈的下沉市场竞争的分析与阐释，对新型冠状病毒肺炎疫情发生后我国居民消费理念变化和业态创新趋势也有一定解读。

　　本书的出版首先要感谢导师赵德海教授多年来的悉心栽培和谆谆教诲，此外还要感谢经济科学出版社编辑们的辛苦工作，正是由于有了你们认真、细致的工作才有了本书的出版发行。

杨守德

2021年3月于哈尔滨